本书列入

2017年国家社会科学基金重大委托项目

“十三五”国家重点图书出版规划项目

中华传统文化百部经典

左传（节选）

郭丹 解读

国家图书馆出版社

图书在版编目（CIP）数据

左传：节选 / 郭丹解读. -- 北京：国家图书馆出版社，2018.12（2025.9 重印）
（中华传统文化百部经典 / 袁行霈主编）
ISBN 978-7-5013-6633-0

Ⅰ. ①左… Ⅱ. ①郭… Ⅲ. ①中国历史－春秋时代－编年体 ②《左传》－注释 Ⅳ. ① K225.04

中国版本图书馆 CIP 数据核字（2018）第 264292 号

国家图书馆出版社官方微信

书　　名　左传（节选）
著　　者　郭　丹 解读
责任编辑　张爱芳
重印编辑　于　浩
特约编辑　李玉莲
封面设计　敬人设计工作室

出版发行　国家图书馆出版社（北京市西城区文津街 7 号　100034）
　　　　　010-66114536　63802249　nlcpress@nlc.cn（邮购）
网　　址　http://www.nlcpress.com
印　　装　北京科信印刷有限公司
版次印次　2018 年 12 月第 1 版　2025 年 9 月第 3 次印刷

开　　本　710×1000　1/16
印　　张　24.5
字　　数　270 千字
书　　号　ISBN 978-7-5013-6633-0
定　　价　72.00 元（精装）

本册审订

瞿林东　　李梦生

中华传统文化百部经典

编纂办公室

张　洁　　张毕晓　　马　超　　袁　媛

编纂缘起

文化是民族的血脉，是人民的精神家园。党的十八大以来，围绕传承发展中华优秀传统文化，习近平总书记发表了一系列重要讲话，深刻揭示出中华优秀传统文化的地位和作用，梳理概括了中华优秀传统文化的历史源流、思想精神和鲜明特质，集中阐明了我们党对待传统文化的立场态度，这是中华民族继往开来、实现伟大复兴的重要文化方略。2017 年初，中共中央办公厅、国务院办公厅印发《关于实施中华优秀传统文化传承发展工程的意见》，从国家战略层面对中华优秀传统文化传承发展工作作出部署。

我国古代留下浩如烟海的典籍，其中的精华是培育民族精神和时代精神的文化基础。激活经典，熔古铸今，是增强文化自觉和文化自信的重要途径。多年来，学术界潜心研究，钩沉发覆、辨伪存真、提炼精华，做了许多有益工作。编纂《中华传统文化百部经典》，就是在汲取已有成果基础上，力求编出一套兼具思想性、学术性和大众性的读本，使之成为广泛认同、传之久远的范本。《百部经典》所选图书上起先秦，下至辛亥革命，包括哲学、文学、历史、艺术、科技等领域的重要典籍。萃取其精华，加以解读，旨在搭建传统典籍与大众之间的桥梁，激活中华优秀传统文化的价值，用优秀传统文化滋养当代中国人的精神世界，提振当代中国人的文化自信。

这套书采取导读、原典、注释、点评相结合的编纂体例，寻求优秀传统文化与社会主义核心价值观之间的深度契合点。以当代眼光审视和解读古代典籍，启发读者从中汲取古人的智慧和历史的经验，借以育人、资政，更好地为今人所取、为今人所用。力求深入浅出、明白晓畅地介绍古代经典，让优秀传统文化贴近现实生活，融入课堂教育，走进人们心中，最大限度地发挥以文化人的作用。

《百部经典》是一项重大文化工程。在中宣部等部门的指导和大力支持下，国家图书馆做了大量组织工作，得到学术界的积极响应和参与。由专家组成的编纂委员会，职责是作出总体规划，选定书目，制订体例，掌握进度；并延请德高望重的大家耆宿担当顾问，聘请对各书有深入研究的学者承担注释和解读，邀请相关领域的知名专家负责审订。先后约有500多位专家参与工作。在此，向他们表示由衷的谢意。

书中疏漏不当之处，诚请读者批评指正。

2017年9月21日

凡 例

一、《中华传统文化百部经典》的选书范围，上起先秦，下迄辛亥革命。选择在哲学、文学、历史、艺术、科技等各个领域具有重大思想价值、社会价值、历史价值和学术价值的一百部经典著作。

二、对于入选典籍，视具体情况确定节选或全录，并慎重选择底本。

三、对每部典籍，均设“导读”“注释”“点评”三个栏目加以诠释。导读居一书之首，主要介绍作者生平、成书过程、主要内容、历史地位、时代价值等，行文力求准确平实。注释部分解释字词、注明难字读音，串讲句子大意，务求简明扼要。点评包括篇末评和旁批两种形式。篇末评撮述原典要旨，标以“点评”，旁批萃取思想精华，印于书页一侧，力求要言不烦，雅俗共赏。

四、原文中的古今字、假借字一般不做改动，唯对异体字根据现行标准做适当转换。

五、每书附入相关善本书影，以期展现典籍的历史形态。

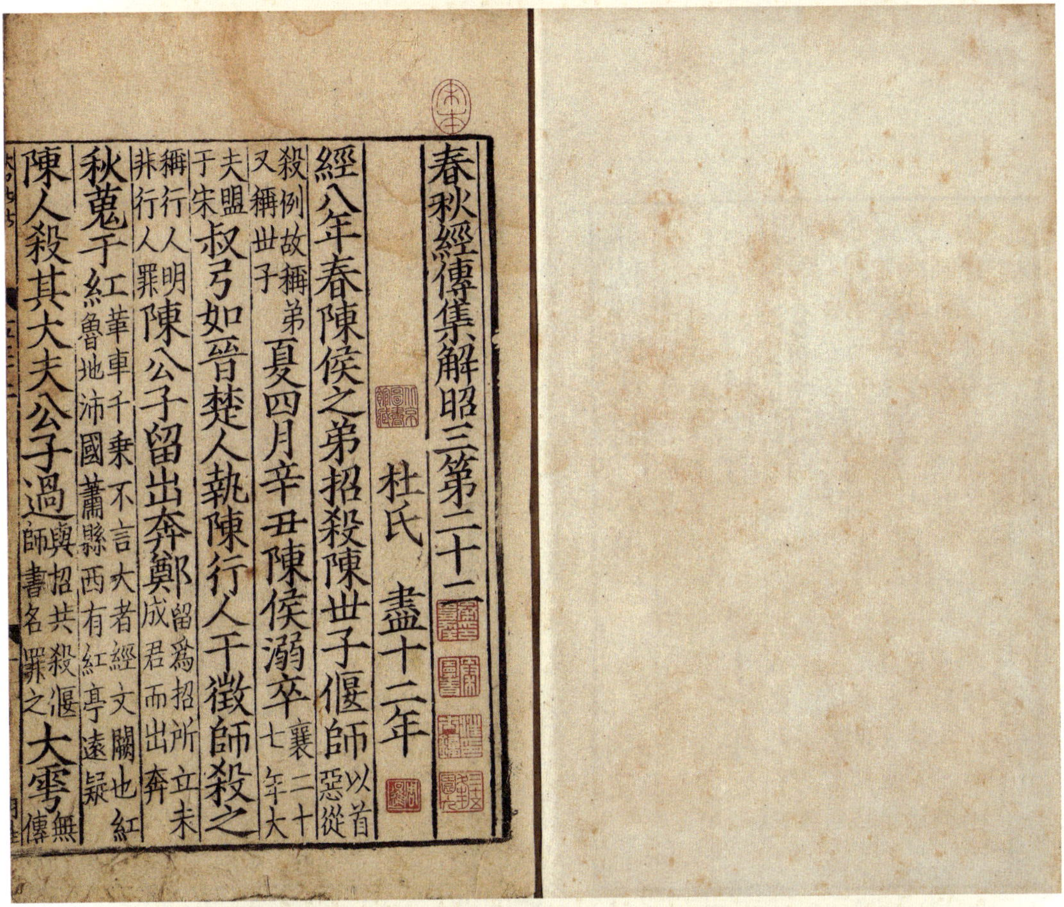
春秋經傳集解昭三第二十二
杜氏 盡十二年
經八年春陳侯之弟招殺陳世子偃師以首惡從殺例故稱弟又稱世子夏四月辛丑陳侯溺卒襄二十七年大夫盟于宋叔弓如晉楚人執陳行人干徵師殺之稱行人明非行人罪陳公子留出奔鄭留爲招所立未成君而出奔
秋蒐于紅革車千乘不言大者經文闕也紅魯地沛國蕭縣西有紅亭遠疑
陳人殺其大夫公子過與招共殺偃師書名罪之大雩無傳

春秋经传集解三十卷（存卷二十二）（晋）杜预撰
宋嘉定九年（1216）兴国军学刻本　国家图书馆藏

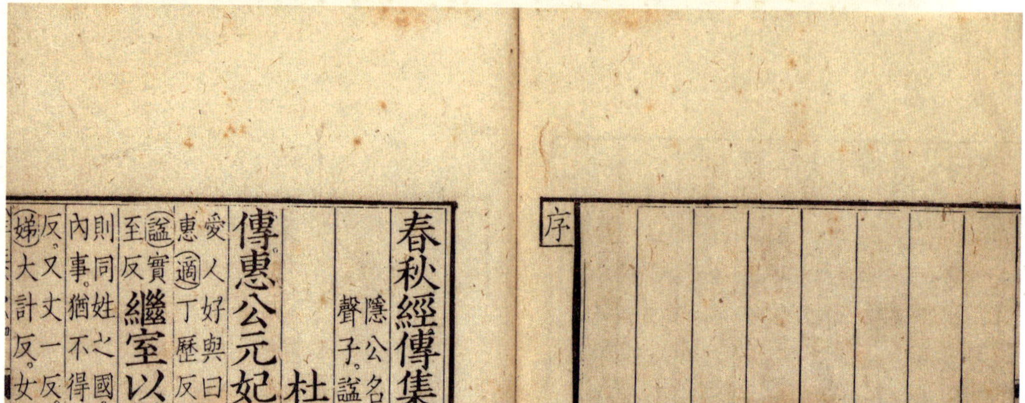
序

相臺岳氏刻梓荊谿家塾

春秋經傳集解隱公第一

隱公名息姑。惠公之子。母聲子。謚法。不尸其位曰隱

杜氏註　盡十一年

傳惠公元妃孟子言元妃。明始適夫人也。子。宋姓。○惠公名不皇。謚法。愛人好與曰惠。適丁歷反孟子卒不稱薨。不成喪也。無謚。先夫死。不得從夫謚。○謚實至反繼室以聲子生隱公聲。謚也。蓋孟子之姪娣也。諸侯始娶。則同姓之國。以姪娣媵。元妃死。則次妃攝治內事。猶不得稱夫人。故謂之繼室。○姪直結反。又丈一反。兄女也。娣大計反。女弟也宋武公生仲子。仲子生

春秋经传集解三十卷　（晋）杜预撰　（唐）陆德明释文

元相台岳氏荆溪家塾刻本　国家图书馆藏

目　录

导　读

一、名称、作者及其他……（1）
二、编年体史书的奠基之作……（8）
三、丰富的社会历史思想……（14）
四、非凡的文学成就……（21）

《左传》节选

1. 郑伯克段于鄢　隐公元年……（37）
2. 周郑交质　隐公三年……（44）
3. 石碏谏宠州吁　隐公三年、四年……（47）
4. 郑庄公戒饬守臣　隐公十一年……（51）
5. 臧哀伯谏纳郜鼎　桓公元年、二年……（56）
6. 季梁论民为神主　桓公六年……（62）
7. 曹刿论战　庄公十年……（66）
8. 楚灭息囚蔡侯　庄公十年、十四年、二十八年……（69）

9. 卫懿公好鹤 闵公二年 ……（72）
10. 齐伐楚盟于召陵 僖公四年 ……（75）
11. 宫之奇谏假道 僖公五年 ……（79）
12. 秦晋韩之战 僖公十五年 ……（84）
13. 泓之战 僖公二十二年、二十三年 ……（98）
14. 晋公子重耳之亡 僖公二十三年、二十四年 ……（102）
15. 晋楚城濮之战 僖公二十七年、二十八年 ……（116）
16. 烛之武退秦师 僖公三十年 ……（134）
17. 秦晋殽之战 僖公三十二年、三十三年 ……（138）
18. 楚太子商臣享江芈 文公元年 ……（147）
19. 郑败宋师获华元 宣公二年 ……（150）
20. 晋灵公不君 宣公二年 ……（155）
21. 王孙满对楚子 宣公三年 ……（161）
22. 晋楚邲之战 宣公十二年 ……（164）
23. 宋及楚人平 宣公十四年、十五年 ……（190）
24. 齐晋鞌之战 宣公十七年、成公二年 ……（196）
25. 楚归知罃于晋 成公三年 ……（211）
26. 晋归锺仪 成公九年 ……（214）
27. 晋侯梦大厉 成公十年 ……（217）
28. 吕相绝秦 成公十三年 ……（220）
29. 晋楚鄢陵之战 成公十六年 ……（227）
30. 魏绛戮扬干 襄公三年 ……（243）
31. 魏绛论和戎 襄公四年 ……（246）
32. 驹支不屈于晋 襄公十四年 ……（252）
33. 崔杼弑齐庄公 襄公二十五年 ……（257）
34. 弭兵之会 襄公二十七年 ……（265）

35. 吴公子季札观乐 襄公二十九年 ……（274）
36. 郑子产相国 襄公二十五年、三十年、三十一年 ……（282）
37. 郑徐吾犯之妹美 昭公元年 ……（300）
38. 楚灵王乾溪之难 昭公十二年、十三年 ……（302）
39. 伍员奔吴 昭公十九年、二十年 ……（317）
40. 王子朝告诸侯书 昭公二十六年 ……（322）
41. 鱄设诸刺吴王僚 昭公二十七年 ……（328）
42. 费无极谮杀郤宛 昭公二十七年 ……（332）
43. 吴楚柏举之战 定公四年、五年 ……（337）
44. 齐鲁清之战 哀公十一年 ……（352）
45. 楚白公胜之难 哀公十六年 ……（358）

附 录 ……（366）

一、春秋鲁国十二公世系表 ……（366）
二、《左传》所载十四次大战一览表 ……（367）
三、春秋时期各诸侯国及各族重要会盟一览表 ……（369）

主要参考文献 ……（373）

导读

一、名称、作者及其他

《左传》是《春秋》三传之一，也是儒家经典“十三经”中的一部。关于《左传》，我们先把几个基本问题介绍一下。

1.《左传》书名

《左传》，西汉人称之为“《左氏春秋》”，或“《春秋》古文”。《史记·十二诸侯年表·序》：

> 是以孔子明王道，干七十余君，莫能用，故西观周室，论史记旧闻，兴于鲁而次《春秋》，上记隐，下至哀之获麟，约其辞文，去其烦重，以制义法，王道备，人事浃。七十子之徒口受其传指，为有所刺讥褒讳挹损之文辞不可以书见也。鲁君子左丘明惧弟子人人异端，各安其意，失其真，故因孔子史记具论其语，成《左氏春秋》。

这恐怕是有关《左传》的最早的正式记载。《汉书·景十三王传·河间献王刘德》亦有“立《毛氏诗》《左氏春秋》博士”的记载。

《左传》系秦始皇“焚书坑儒”前就有的著作，所以又有“《春秋》古文”之称。《史记·吴太伯世家》太史公曰：“余读《春秋》古文，乃知中国之虞与荆蛮句吴兄弟也。”刘歆《移让太常博士书》称：“及《春秋》左氏丘明所修，皆古文旧书，多者二十余通，臧于秘府，伏而未发。”由此可知，“《春秋》古文”即指《左传》。

到了东汉，班固撰写《汉书》，称：“及（刘）歆校秘书，见古文《春秋左氏传》，歆大好之。”又称：“时丞相史尹咸以能治《左氏》，与歆共校经传。”又称：“初《左氏传》多古字古言，学者传训诂而已，及歆治《左氏》，引传文以解经，转相发明，由是章句义理备焉。”(《汉书·楚元王传·刘歆》)。在《汉书》中，既有《左氏》《左氏传》之类的简称，亦有《左氏春秋》和《春秋左氏传》混用的情况。那么，《左氏春秋》是如何变成《春秋左氏传》的呢？沈玉成先生认为：“经过一段时期，人们逐渐觉得《春秋左氏传》这一名称要比《左氏春秋》准确，于是就为学人所习惯使用，简称《左传》。”[①] 这样的推测是有一定道理的。此外，也多有将《春秋左氏传》简称作《春秋左传》者。

2.《左传》作者

《左传》的作者，司马迁在《史记·十二诸侯年表·序》中说是左丘明。班固《汉书·艺文志》基本上沿袭了司马迁的观点：

> 周室既微，载籍残缺，仲尼思存前圣之业……以鲁周公之国，礼文备物，史官有法，故与左丘明观其史记，据行事，仍人道，因兴以立功，就败以成罚，假日月以定历数，藉朝聘以正礼乐。有所褒讳贬损，不可书见，口授弟子，弟子退而异言。丘明恐弟子各安其意，以失其真，故论本事而作传，明夫子不以空言说经也。

班固此说并非盲目地附和司马迁。《汉书·艺文志》基本上来自于刘向、刘歆父子所做的《七略》，说明刘氏父子也是持此看法的。此外，两汉至魏晋的一些大儒硕彦如贾逵、郑玄、何休、桓谭、王充、许慎、范宁、杜预等人，也都没有不同意见。直到唐代才开始有人怀疑左丘明作《左传》。此后，持怀疑论者代不乏人。清代刘逢禄、康有为等人甚至认为是刘歆抄袭《国语》伪造。当然，也有人认为《左传》作非一人、成非一时者。如顾炎武即认为："左氏之书，成之者非一人，录之者非一世，可谓富矣，而夫子当时未必见也。"又说："《春秋》因鲁史而修者也，《左氏传》采列国之史而作者也。"② 今人白寿彝先生认同顾说，并依据唐代赵匡《春秋集传纂例·赵氏损益义》指出："从内容来看，它的作者不会是孔子所称道的左丘明，也不会同《国语》作者是一个人。"③ 还有一些学者提出其他看法。意见虽有不同，不过应当注意的是，正如许多先秦典籍一样，由于时代变迁，聚散无常，加上古代转写流传条件的限制，常有后人增损补入，因此总会发现与原书相矛盾之处。正如白寿彝先生所说："(《左传》) 并不排除后人之有所增益。书中也有一些解经的话，但跟经文多不相连属，当系后来经师们加上去的。"④

至于左丘明到底是什么人，《论语·公冶长》曾说："子曰：'巧言，令色，足恭，左丘明耻之，丘亦耻之。匿怨而友其人，左丘明耻之，丘亦耻之。'" 由孔子在言语中把左丘明放在自己之前对其颇为尊重来看，或者这个左丘明是年长于孔子的。那么，这个左丘明是《左传》的作者吗？这也是历来有争论的问题。今人汪受宽从"谥法"的角度加以论证，可供参考。汪受宽说："《左传》的最末一段，标出了鲁哀公之子姬宁的谥号（悼公），写了晋国韩、魏、赵合谋攻杀智伯，共分其地的事情。其中，又有'赵襄子'一谥。鲁悼公死于公元前 431 年，赵襄子死于公元前 425 年。既然《左传》中写到赵襄子的谥号，那么，左丘明至少也应该活到公元前 425 年以后。孔子死于公元前 479 年，终年 73 岁，到公元前 425 年已 54 年。如果左丘明比孔子长 1 岁，此时也 127 岁，如此年长的老人还能著书，是令人难以置信的，由此，可以肯定，左丘明绝不是比孔子年长的学者。”[⑤] 这样的推论是可信的。司马迁、班固所说的“左丘明”，并非《论语》里面所说的那个“左丘明”。

3.《左传》成书年代

关于《左传》一书的成书年代，历来有不同的看法。有的学者认为应在春秋末期[⑥]，有的认为应在战国中期[⑦]。两说皆自古沿续至今。实际上先秦史书与诸子著作一样，有一个口头传诵的授受过程。经学传授，一门之内，往往流传数代之后才开始写定。把一部近二十万字、包容各诸侯国史实和史料的巨著划定于一个短时期内甚至若干年内编撰而成，是不符合古代的实际情况的。有的学者认为，最初传授《左传》的人应该是个史官，他不仅有条件看到大量史料，而且保留了史官解说《春秋》的方式。《左传》的口头传诵，也经历了一个较长的时期。在传授过程中，传授者会随时加入一些解说《春秋》的书法、凡例。今天见到的那些属于战国时代的史事和其中一些文字上的战国文风，也是在传授过程中加入的[⑧]。这种看法，可作为我们了解《左传》成书时间和过程的参考。

4.《左传》与《春秋》

《左传》与《春秋》的关系，集中到一点，即《左传》是否是为《春秋》作“传”。所谓“传”，即解释《春秋》经文，为《春秋》作注。司马迁认为《左传》是解经之作。之后的班固，以及刘歆、陈元、韩歆、郑众等汉代古文经学家也都认定《左传》为解经之作。但两汉的今文经学家因政治功利和争立博士官的需要，否认《左传》是为《春秋》作“传”。虽然东汉的桓谭、西晋的杜预、唐代的孔颖达，以及近代的章太炎、刘师培等人坚持“传”经之说，但认定《左传》是一部独立史书的学者也不在少数。这里应该提到的，是今人杨伯峻先生研究《左传》与《春秋》

的关系时提出的见解。

杨伯峻先生指出：《左传》解释《春秋》有几种不同的方式。一是引《春秋》原文作说明，如《春秋》隐公“元年春王正月”句，《左传》说“元年春，王周正月，不书即位，摄也”。二是用事实补充甚至说明《春秋》，如鲁隐公被杀，《春秋》只写“公薨”二字，《左传》却详细记载了隐公被杀的经过。三是订正《春秋》的错讹。如襄公二十七年《春秋》载“十二月乙亥朔，日有食之”，《左传》订为“十一月乙亥朔，日有食之”。四是《左传》有时把几条相关的经文，合并成一传。五是《春秋》不载的，《左传》也加以补充记载，等等。（《春秋左传注》前言）杨伯峻以上观点说明，他是主张《左传》解经说的。

今人沈玉成说：“其实只要不存偏见，读一读《左传》全文，其中绝大部分的内容与经文完全对应，或解释经义，或补充史实，不过这种解释方式不同于《公》《穀》，这恰好是《左传》的幸运，就因为这样，它才能成为不朽的史学和文学名著。”⑨ 可以说，《左传》与《春秋》的确存在着密切的关系。正因为如此，有的学者根据编年体史书的特点，认为《左传》是一部以《春秋》为纲并仿照它的体例编成的编年史⑩。

其实，《左传》解经与否只是经学史上今文经学家与古文经学家之间的分歧，如果偏离了《春秋》与《左传》作为历史著作各自独立存在的价值而纠缠不休，意义并不大。《春秋》作为编年史，只是略具雏形的开端，还未能健全编年史的体制，而《左传》在历史编纂学上却有了长足的发展。正如梁启超所总结的《左传》特色：

> 第一，不以一国为中心点，而将当时数个主要的文化国，平均叙述。……当时史官之作，大抵皆偏重王室或偏重于其本国。左氏反是，能平均注意于全部。……第二，其叙述不局限于政治，常涉及全社会之各方面。左氏对于一时之典章与大事，固多详叙；而所

谓“琐语”之一类，亦采择不遗。故能写出当时社会之活态，予吾侪以颇明瞭之印象。第三，其叙事有系统，有别裁，确成为一种“组织体的”著述。……左氏之书，其断片的叙事，虽亦不少；然对于重大问题，时复溯原竟委，前后照应，能使读者相悦以解。[11]

这说明《左传》已经有意识地从某种历史联系的角度来统筹规划、取舍剪裁以编撰成书。所以，梁启超称赞说：“故左丘可谓商周以来史界之革命也，又秦汉以降史界不祧之大宗也。”[12] 钱穆也说：“《左传》是一部史学上更进一步的编年史，孔子《春秋》只是开拓者，《左传》才是编年史的正式完成。”(《中国史学名著·春秋三传》)

5.《春秋》三传

《春秋》三传，指的是《春秋左氏传》《春秋公羊传》与《春秋穀梁传》，简称《左传》《公羊传》与《穀梁传》。《公羊传》的作者，《汉书·艺文志》注为“公羊子，齐人”，颜师古注“名高”。《公羊传》大概写定成书于西汉景帝时期。《穀梁传》的作者，《汉书·艺文志》只有“《穀梁传》十一卷，穀梁子，鲁人”。“子”即“先生”之意，未知其名。陆德明《经典释文·序录》引麋信注，皆作“穀梁赤”。后世学者多认为《穀梁传》后于《公羊传》，大概写定于西汉昭帝、宣帝之时。《公羊传》与《穀梁传》重在解释《春秋》的“微言大义”，即从文字上寻绎经文书法的异同，以发掘其义例，从细微的语言差别中探求《春秋》之大义。

《左传》通过对历史事实的叙述，让人们理解《春秋》的史实和内涵。其实，《左传》这种以史实说话的方式，对于理解《春秋》的微言大义更有说服力，也对后世的经学研究产生了更大影响。如南宋吕祖谦研读《左传》，虽恪守先经后史的原则，却更重视《左传》的史学价值。

《公羊传》和《穀梁传》既为解经之作，当然与《左传》作为史书的性质不同，但是三传又有一定的联系，这是在读《左传》时必须加以注意的。

6.《左传》与《国语》

司马迁在《报任安书》中有“左丘失明，厥有国语”之说，又于《史记·五帝本纪》中说：“予观《春秋》《国语》……”《十二诸侯年表·序》中说：“于是谱十二诸侯，自共和讫孔子，表见《春秋》《国语》……”因之后人有认为《左传》与《国语》同为左丘明所作，且都是解释《春秋》之作。甚至还有《左传》与《国语》为“《春秋》内传、外传”之说。后世更有人发挥说，《国语》是左丘明作《春秋传》的稿本。所以，《国语》长期被目录学家列入“经部春秋类”中，以“准经典”的身份流传后世。之所以称《左》《国》为《春秋》内外传，除了上述原因，还因为二书中的史事有很多相同之处。《国语》记史时间始于西周穆王，终于鲁悼公（约前967—前453），在时间上与《左传》大体相同，而且有许多历史事件既见于《左传》，又见于《国语》。因此后人怀疑《左》《国》本为同一书。不过，自晋代开始，一直到近代，认为《左》《国》非一人所作者，也代不乏人。

关于《左传》《国语》的关系，较多的研究者对比后的看法是：《左传》《国语》是在战国时就已存在的两部书，它们都参考过相同的原始史料，但各自独立成书。《左传》晚于《国语》，《左传》可能参考了《国语》中的史料，甚至改编了《国语》中的某些记载，但《左传》并不是割裂《国语》而成的。

西汉时期，《左传》曾立为学官。所谓“学官”，指朝廷设立的主管学校教育的教官。汉武帝时设五经博士，专管某一经的传授，又称博士官。其后数经废立，《左传》成为“十三经”中的一部。《左传》记载了春秋时期二百多年的历史，是一部重要的编年体史书。总的来说，《左传》对传统文化的影响是巨大的。

二、编年体史书的奠基之作

《左传》是中国编年体史书的奠基之作。从内容来说，其全面展示了春秋时期，甚至是春秋之前的历史面貌，是一部伟大的历史著作。

1. 为编年体史书奠基

《左传》之前，中国史学的发轫，是以言、事分记的形式出现的。正如《汉书·艺文志》所说："古之王者世有史官。君举必书，所以慎言行，昭法式也。左史记言，右史记事，事为《春秋》，言为《尚书》，帝王靡不同之。"《礼记·玉藻》也有相类似的记载。《尚书》重在记言，《春秋》专于记事。单一的记言或记事的缺陷是看不到历史发展的主体——人的全方位的活动。《左传》却是一部"言事相兼"的历史著作。唐人刘知幾在《史通·载言》中说："逮左氏为书，不遵古法，言之与事，同在传中。然而言事相兼，烦省合理，故使读者寻绎不倦，览讽忘疲。"《左传》作者摈弃了单一的记言或记事的成法，博考旧史，广采佚闻，集记言记事于一身，展现了春秋时期二百多年的历史，以"言事相兼"的崭新面貌呈现于世人面前。

唐人刘知幾的《史通·六家》，论先秦两汉的史书体裁有六家，其中就有《左传》家。又在《史通·二体》中指出编年体与纪传体是主要史书体例，其中编年体以《左传》为代表。刘知幾认为编年体的长处是："系日月而为次，列时岁以相续，中国外夷，同年共世，莫不备载其事，形于目前，理尽一言，语无重出。"《左传》是一部以《春秋》为纲的编年体史书，基本上是按照《春秋》的编年次序，以鲁国国君在位的年代先后，从鲁隐公开始，经桓、庄、闵、僖、文、宣、成、襄、昭、定、哀十二公次序记载历史。在每年之中，又按照四时和月、日编排。如《春秋》隐公三年："三年春，王二月己巳，日有食之。三月庚戌，天王崩。"《左传》隐公三年："三年春，王三月壬戌，平王崩。赴以庚戌，故书之。"

文中有年（三年）、四时（春）、月（二月、三月）、日（庚戌、壬戌）。

2. 孕育多种史书体例

《左传》在描述人物事件时，主要采用了两种方式：一是以某一人物为中心，集中多年事件加以总叙；二是以时间为经、事件为纬而分年散见，但始终有一中心人物贯穿其间。

集中多年事件加以总叙，打破了时空的限制。如隐公元年“郑伯克段于鄢”一章，从庄公“寤生”，到消灭共叔段，到庄公母子和好，并非一年中发生的，也非同一地点发生。再如宣公二年的“晋灵公不君”章，晋灵公在鲁文公七年（前620）即位，至宣公二年（前607）已有十四年之久。《左传》宣公元年云：“于是晋侯侈，赵宣子为政，骤谏而不入，故不竞于楚。”可见晋灵公“不君”及与赵盾的矛盾，由来已久，并非只在鲁宣公二年才发生。宣公元年之记是作者的伏笔，等到宣公二年晋灵公死前总叙其不君之状，显示出晋灵公之死的必然性。这一章由几个小故事组成，以灵公和赵盾的矛盾斗争为线索贯串全篇，颇似《史记》中的“合传”。

“分年散见，隔‘传’相接”，突破了编年体史书按年记事的限制。分年散见本是编年体之成式，但有的人物时间跨度大，活动主要反映在一些重大事件上，并与其他事件有密切的关系，因此《左传》常采用以时间为经、事件为纬，“分年散见，隔‘传’相接”的方法记录人物行状。如子产，《左传》中写得最有风采的人物之一，其一生事迹，从襄公八年第一次登场，到昭公二十年病逝，历经四十余年。可以说郑国这四十余年的历史，就是子产这一人物的活动史。所以，如果以某一人物为中心，将其事迹集中起来，就成为这一人物的传记[13]。可以说，《左传》在史书的编撰形式方面，实际上已突破了编年体按年记事的框框，并已孕育着纪传体的雏形。诚如唐人刘知幾所说：“编年叙事，混杂难辨；纪传成体，区别易观。”（《史通·杂说上》）纪传体的产生，是史学体裁形式发展的必然结果。

另外，《左传》还孕育了后代史书编撰的其他体例。如晋公子重耳之亡，是僖公五年之事，作者把重耳十九年的流亡经历集中于鲁僖公二十三、二十四年两年之中，用倒叙的手法加以综述。僖公二十三年是他流亡的最后一年，二十四年是他返国即位的头一年，这样安排，前后衔接，首尾完具，在时序上显得非常条贯，可以看成晋公子重耳的传记。白寿彝先生曾说："像这样，《左传》把近二十年的事情写在一年的下面，总不好说是编年体。他写的是重耳流亡的总过程，可以说是纪事本末体。它写的又是这个重耳的事迹，也可以说是传记体。"⑭

3. 全方位展现春秋时期历史

（1）急剧变化的时代

与《春秋》一样，《左传》记事也按鲁国十二公次序编年，从鲁隐公元年（前 722）开始，到鲁哀公十四年（前 481），之后又延续到哀公二十七年（前 468）止。其后还附记鲁悼公四年（前 464）三家灭智伯之事。《左传》与《春秋》所记的时代，都是春秋时期二百多年的历史。但是与《春秋》相比，《左传》把春秋时期从王纲解纽、诸侯蜂起到大夫专权、陪臣执国命，直至家臣篡夺的整个过程都详细描述出来。

对于王纲解纽、礼崩乐坏、号令不行的局面，孔子曾慨叹：

> 天下有道，则礼乐征伐自天子出；天下无道，则礼乐征伐自诸侯出。自诸侯出，盖十世希不失矣；自大夫出，五世希不失矣；陪臣执国命，三世希不失矣。（《论语·季氏》）

从"礼乐征伐自天子出"到"自诸侯出""自大夫出"，再到"陪臣执国命"，是旧政权结构改变的三个阶段。如果以《左传》的记载来划分，从隐、桓二公到庄、闵二公时期，是王权衰落、诸侯雄起、礼乐征伐自诸侯出的时代；从僖公到襄公时期，新的政治制度逐渐确定，世卿执政的情况在各国非常普遍，是所谓“礼乐征伐自大夫出”的时期；昭公以降，进入春秋的末期，就是“陪臣执国命”的时代。《左传》的历史叙事，生动地反映了春秋这一大变革时期的时代面貌与时代精神。

春秋时期，上承夏、商、西周，下启列国并立、群雄争霸的局面，既宣告了旧的社会制度的逝去，又预示着新的社会制度的诞生。随着各诸侯国经济实力的增强，原为天下共主的周天子的地位遭到挑战，丧失了对诸侯列国的控制能力，甚至开始被等同于一般的列国诸侯。首发难者，就是《左传》中描述的春秋初期的枭雄郑庄公。据《左传》隐公三年记载：鉴于郑庄公实在张狂，周平王欲削弱郑庄公的势力，想让虢公与郑庄公作为左右卿士同掌王事。敢于向周天子的权威挑战的郑庄公，不但厉声质问至尊天子，还胁迫周平王用王子狐与郑太子忽交质，以此钳制周室。到了桓公五年（前 707），郑庄公竟然与周桓王在繻葛打了一战，郑人“射王中肩”，射掉了周天子的威风。尽管郑庄公后来仍不放弃“尊王”的幌子，但周王天子的威严已是“流水落花春去也”。随后，郑文公执周王使臣伯服、游孙伯（僖公二十四年），楚庄王之观兵问鼎（宣公三年），晋平公与周王争阎田（昭公九年），皆不把周天子放在眼里。到了春秋中期，形势就更惨了。僖公二十八年温地之会，刚刚当上霸主的晋文公竟然不可一世地召周王赴会。尽管孔子在《春秋》经文里闪烁其词地记载说“天王狩于河阳”，以此为尊者讳，为周天子婉言掩饰，但大树飘零，西风残照，谁也无法为周王朝挽狂澜于既倒了。

伴随着周室衰落而来的，是各诸侯国之间为争夺霸主地位而展开的激烈斗争。自郑庄公小霸叱咤诸侯之间以后，霸权代兴，霸主迭起。齐桓公九合诸侯，一匡天下。嗣后，晋文公策命为侯伯，成为霸主；秦穆公称霸西戎，楚庄王称霸诸蛮，就是昙花一现的宋襄公，也赶时髦做了几天的霸主梦。在这一场旷日持久的争霸斗争中，争夺最为激烈，时间最为长久，在《左传》中记载最为详细的是晋、楚两国的斗争。晋国之地在现在的山西南部，楚国之地在河南的南部及湖北的北部。中原在齐桓公去世之后，霸业消歇，晋国要取而代之，首先要抑制长期觊觎中原的楚国的扩张。晋国自晋文公即位之后，整顿内部，增强国力，扩充军队，奠定了“取威定霸”的基础。僖公二十八年（前632）城濮一战，晋文公打败楚国，终于戴上了霸主的金冠。南方的楚国，虽然城濮之战败于晋文公，但是争霸之心并没有泯灭，惨痛的失败反而激励它吸取教训，发愤图强，到楚庄王时，楚国乘着晋灵公无道、政在大夫之际，在邲地一战而败晋国，终于圆了问鼎中原的美梦。

春秋后期，列国大夫专权于诸侯公室。如三桓擅权鲁国，四分公室，驱逐昭公。这一阶段，一批有才干有心计的家臣，上升为大夫，有的竟支配了各诸侯国的政事。如在鲁国，季孙氏专权不久，家臣阳虎即崛起，击碎了季孙氏篡权的美梦。随着社会生产力的发展，从西周延续下来的以嫡长子继承制为核心的宗法制受到了冲击和挑战，权力下移已成为不可逆转的潮流。

（2）频繁的战争与丰富的军事思想

《左传》共记录了四百九十二起战争，加上《春秋》上有记而《左传》无记的三十九起，经传合记大小战争五百三十一起[15]。在二百多年的历史中发生如此众多的战事，可见春秋时期战争的频繁。《左传》中写得较详细的大战有十四次，有繻葛之战、长勺之战、韩原之战、泓之战、城濮之战、殽之战、河曲之战、灭庸之役、邲之战、鞌之战、鄢陵之战、平阴之役、柏举之战、艾陵之战等（见附录二《十四次大战一览表》）。

《左传》记载和描写的战争，蕴含着丰富的军事思想。

一是对战争功用的认识。《左传》作者认为，战争是政治的继续。春秋时期，政治斗争激烈复杂，军事冲突频繁发生，战争成为各诸侯国最大的政治之一。《左传》成公十三年刘康公所说的“国之大事，在祀与戎”，代表了时人对战争在国家政治斗争中的重要作用的认识。《左传》记载的绝大部分战争，尤其是十几次大战，无不为争霸而起，为争霸而战。时人认为，圣人靠战争兴起，乱人靠战争除掉。所以历代的兴废存亡，无不由战争来决定。不过，当时的君王，对战争的功用还有另一种认识，就是以战争消灭战争。如楚庄王，邲之战打败了晋军，奠定了霸主的地位，但是他却反对筑“京观”以炫耀武功，认为战争并不是目的。所谓武之七德之中的禁暴、戢兵，就是指消弭战争。所以他打出了“止戈为武”的大旗。应该说，这是很可贵的思想。

二是对战争与国家治乱关系的认识。《左传》作者认为，战争的胜负决定于国家的政治状况。正如晋、楚邲之战前晋国的士会所说：“德、刑、政、事、典、礼不易，不可敌也。”意谓战争取胜所必需的国内政治清明，包括政治、刑赏、典则、工商、经济、礼义等多方面的内容。

三是对民心向背作为战争胜负的决定力量的认识。《左传》在大量的战争描写尤其是对战争胜负的背景叙述之中力图揭示这样的真理：得民而战者胜。如著名的“曹刿论战”章，鲁国能在长勺之战（庄公十年）中以弱小的力量战胜强大的齐国，就在于取得了人民的支持。

四是对军阵和睦与将士同心同德是战争取胜的重要因素的认识。“帅乘和，师必有大功”（成公十三年）就是这个意思。

《左传》作者在记叙战争时，还特意记载了打仗出奇制胜的妙计、奇计和奇智谋略。笔者曾抽绎出十五个奇计谋略加以论述，如“先声夺人之计”“敌疲我打，以逸待劳之计”“设伏诱敌之计”“空城计”“曳柴扬尘之计”等等[16]。《左传》作者写这些战术奇计，正如《孙子兵法》所言，注重奇正结合，妙在奇正变化，善出奇者，像大地运行那样深藏不露，又像江河奔腾那样变化无穷，像天空那样深邃莫测，又像“有”生于“无”那样神妙奇谲。

（3）社会生活的方方面面

我们从《左传》的记载中，可以看到从周王室到诸侯宫廷中的日常生活、宫闱斗争，甚至听到夫妻密谈、床笫之语。春秋时期诸侯国之间交往聘问频繁。《左传》对盟会制度，包括礼乐制度，以及诸侯国之间交往聘问中的赋诗用诗，都记载得详细而生动有趣。此外，像妇女生活、宗法制度、典章文物制度、皂隶制度、坐贾行商，应有尽有。

三、丰富的社会历史思想

《左传》所记载的春秋时期，是一个急剧变化的时代，也是思想大解放的时代。许多先进思想和价值观，在《左传》里得以体现。

1. 民本思想

首先是对“人”的认识。春秋时期，全盛于殷商、西周时代的天道观已经动摇，人们对“天”“人”关系做出了新的解释，从重视天道转而重视人事。如僖公十六年，“陨石于宋五”，“六鹢退飞过宋都”。《左传》解释说：“陨石于宋五，陨星也。六鹢退飞过宋都，风也。”译作白话就是五石头掉落于宋国，是陨石自天上坠落；六鹢退飞，是因为大风吹得它们倒退。二者都是自然现象，毫不足怪。宋襄公却由天象联系到天命吉凶，问周内史叔兴：“是何祥也？吉凶焉在？”叔兴答以“非吉凶所兴也，吉凶由人”。又如昭公十八年郑国的子产针对别人指责他拒绝用宝玉禳除火灾反驳说：“天道远，人道迩，非所及也，何以知之？”虽然还不能完全排除“天道”，但已经意识到“天道”与人事无关了。这是历史认识上的一大进步。

在《左传》里，很多地方所说的“人”，已经是指一般的“人”，而不是“人君”。随着对“人”的认识的提高，推动了以民为本思想的形成。《尚书》中已有“敬天保民”的思想，强调“天视自我民视，天听自我民听”（《尚书·周书·泰誓中》），“民之所欲，天必从之”（《尚书·周书·泰誓上》），“民惟邦本，本固邦宁”（《尚书·夏书·五子之歌》）等等。到了《左传》，强调以民为本的言论就更多了。如桓公六年随国大夫季梁说的“夫民，神之主也，是以圣王先成民而后致力于神”，就是突出的代表。还有，庄公三十二年史嚚说：“吾闻之，国将兴，听于民，将亡，听于神。神聪明正直而壹者也，依人而行。”僖公十九年宋司马子鱼反对杀鄫子（鄫国国君）以祭次睢之社，说：“祭祀以为人也。民，神之主也。用人，其谁享之？”襄公二十三年鲁国的闵子马说：“祸福无门，唯人所召。”哀公元年陈国大臣逢滑认为“国之兴也，视民如伤，是其福也。其亡也，以民为土芥，是其祸也”。在这些人的思想里，虽然还有一个“神”存在，其实对天和神无条件的畏惧崇拜已基本上被否定，原先神圣无比的天和神已不再摆出一副神秘可怖的面孔。季梁将“成民”置于“致神”之前，提出“敬神保民”，实质是借“敬神”来表达他的“保民”理论。“神”虽然还保留着，但已被摆到了次要的地位，代之而起的是对“民”的重视，对人的作用的肯定。敬神告神，都离不开民力、民和、民心；只有民力普存、民和年丰、民心无违，才能取信于神，也才能取得神的福佑。包括战争，民心向背也是战争胜败的决定因素，曹刿论战揭示的就是这个道理。春秋中期以后，有关“保民”“爱民”“得民”“恤民”“成民”“抚民”“利民”的论述越来越多，都说明民本思想越来越为统治者和进步思想家所重视。

2. 历史变化思想

《左传》作者不但认识到民的重要，同时还认识到历史变化的规律。如鲁昭公十九岁被季氏立为国君，但是鲁国之政，在于季氏，昭公只是一个傀儡而已。昭公死后，晋国赵简子问史墨说：季氏赶走了国君，但百姓却顺服他，诸侯也亲附他，以至于国君死了也没人去惩罚他，为什么呢？史墨回答说：“物生有两、有三、有五、有陪贰。故天有三辰，地有五行，体有左右，各有妃耦，王有公，诸侯有卿，皆有贰也。天生季氏，以贰鲁侯，为日久矣。民之服焉，不亦宜乎？鲁君世从其失，季氏世修其勤，民忘君矣。虽死于外，其谁矜之？社稷无常奉，君臣无常位，自古以然。故《诗》曰：'高岸为谷，深谷为陵。'三后之姓，于今为庶，主所知也。"（昭公三十二年）史墨的意思，是说世界上万物有主有副，本不奇怪。季氏辅佐鲁君，也是常事。鲁国的国君几代都是放纵安逸，而季氏勤劳政事，安抚百姓，百姓必然记住季氏而忘记了国君。就像《诗经》里面唱的一样：高山可以变为深谷，深谷可以凸长为高岗。所以，"社稷无常奉，君臣无常位，自古以然"。史墨的认识，是对社会历史变化规律的深刻揭示，对后世统治者有很大影响。

3. 崇礼思想

春秋之际，礼制的一统天下被打破，礼崩乐坏、诸侯僭越、臣下犯上等"非礼"思想和行为盛行一时。面对礼崩乐坏的现实，一部分思想家尤其是儒家致力于复兴并强化礼制，这之中也包括《左传》的作者。《左传》中论"礼"的频率相当高。杨伯峻先生说："春秋时代重视'礼'，'礼'包括礼仪、礼制、礼器等，却很少讲'仁'。我把《左传》'礼'字统计一下，一共讲了四百六十二次；另外还有'礼食'一次，'礼书'、'礼经'各一次，'礼秩'一次，'礼义'三次。但讲'仁'不过三十三次，少于讲'礼'的至四百二十九次之多。并且把礼提到最高地位。"⑰

《左传》作者特别强调对礼制的强化，表现出鲜明的复礼崇礼倾向。一是认为"国之大事，在祀与戎"，所以对天子、诸侯间的婚娶丧葬、祭天敬祖等礼仪记载不厌其详。杜预《春秋释例》云：《左传》"以《周礼》为本，诸称凡以发例者，皆周公之旧制者也"。《周礼·春官·大宗伯》将礼划分为吉礼、凶礼、军礼、宾礼、嘉礼五类，后代礼学家都沿袭此种分法。宋代张大亨作《春秋五礼例宗》，干脆取《春秋》经传中有关事例，分属吉、凶、军、宾、嘉五礼，以明《春秋左传》中的礼制体例。

二是重视对等级名分的维护。如襄公三十一年记载：北宫文子认为，礼仪之本，在于区分“君臣、上下、父子、兄弟、内外、大小”。宣公三年记载：楚庄王“问鼎”的大逆不道在于对等级名分的僭越。三是对于礼的性质给予理论论证，使礼从约定俗成的形式规范提升到理论的高度。如隐公十一年论述礼的功用时说：“礼，经国家、定社稷、序民人，利后嗣者也。”礼，已经成为治国方略中最重要的一环。这一点，与孔子所说的“为国以礼”的思想是一致的（见《论语·先进》）。四是对于礼的内在规定性作了具体的阐述。桓公二年记载，臧哀伯认为，礼的内容可具体到宫室、服饰、车马、音声，皆有定数。五是对礼与仪的内涵加以区分。昭公二十五年记载子大叔论礼，认为“礼”不应只是一套人们所遵循的外在的仅供操作性的仪节形式，而应有其内在的本质规定性。

今人蔡尚思先生认为：“《左传》以礼为衡量一切的标准。”（《中国礼教思想史要目》）此话可能过于绝对，但从《左传》中表现出来的崇礼隆礼倾向来看，亦不无道理。

4.“和”“同”思想

关于“和”“同”思想，西周末年的太史史伯就已提出。史伯认为：“夫和实生物，同则不继。以他平他谓之和，故能丰长而物归之。若以同裨同，尽乃弃矣。”（《国语·郑语》）“和”是指众多相异事物的相成相济，即集合许多不同的对立因素而成的统一。“同”是指同一事物的简单相加，简单的同一。“和”与“同”，从哲学意义上来说，是具有朴素辩证法思想的一对范畴，或者说，就是辩证思想。《左传》昭公二十年详细记载了晏子论“和”“同”的一段话。晏子说：“和如羹焉，水、火、醯、醢、盐、梅，以烹鱼肉，燀之以薪，宰夫和之，齐之以味，济其不及，以泄其过。君子食之，以平其心。君臣亦然。”晏子以调羹做比喻论述“和”“同”之异。烹调鱼肉羹汤，除了要用醋、酱、盐、梅等不同的作料，以及适量的水和适当的火候之外，关键在于厨师对标准的掌握，味道太轻或太重要加以增减，达到和谐。这样烹调出来的鱼肉羹汤，不但味道鲜美，而且能平定君子之心。君臣关系也是如此，即下臣敢于直谏，君王能够采纳，然后可称为“和”。至于“同”就是没有区别的同一。晏子还从音乐的角度进一步加以说明。音乐要由气发动，有阳刚阴柔的体性区别，有风、雅、颂的不同，要用四方之物制成乐器，要审定五音、六律、七音，要歌八方之风、九功之德，还要用清浊、大小、短长、快慢、刚柔、高下、出入、周密、稀疏相调剂，这样才能组成一首和谐美妙的音乐。这样的音乐，君子听了，能内心平静；内心平静，德行就能和谐。与史伯相比，晏子对“和”“同”的论述，更加深入，又更加通俗。

5.“三不朽”说

《左传》襄公二十四年记载：“春，穆叔如晋，范宣子逆之，问焉，曰：‘古人有言曰，“死而不朽”，何谓也？’穆叔未对。宣子曰：‘昔匄之祖，自虞以上为陶唐氏，在夏为御龙氏，在商为豕韦氏，在周为唐杜氏，晋主夏盟为范氏，其是之谓乎？’穆叔曰：‘以豹所闻，此之谓世禄，非不朽也。鲁有先大夫曰臧文仲，既没，其言立。其是之谓乎！豹闻之，大上有立德，其次有立功，其次有立言。虽久不废，此之谓不朽。’”范宣子认为，其家族世代为贵族，家世显赫，香火不绝，这是“不朽”。穆叔（叔孙豹）却不以为然，认为那只叫“世禄”，并非“不朽”。“立德”“立功”“立言”才是“不朽”。“立德”是指树立高尚的足以为后世法的道德；“立功”是指要为国为民建立功勋；“立言”是指要留下有真知灼见的言论。“三不朽”说揭示了传统文化中一个重要的价值观，即要追求身后的不朽，就要有超越个体生命和物质追求的精神道德，以及功业上的建树。

6.知易行难观

《左传》昭公十年记载：晋平公卒，郑国大夫子皮要去晋国参加晋平公的葬礼，还要带厚礼献给新即位的新君。子产劝诫子皮不必带，子皮不听。后不出所料，子皮被拒绝见晋国新君，而且“用尽其币（礼物）”。

回国后，子皮叹息说："非知之实难，将在行之。"意思是说不是了解事情的道理有多难，难的是真正按照道理所说的去实行。"知"和"行"也是一对矛盾。子皮从出使的遭遇中，体会到知必行，知行应该统一的道理。这是古代认识论的一个重要思想，对后世影响深远。

7. 历史叙事原则与史学功用观

《左传》通过记载史实阐述了历史叙事的原则。《左传》认为，历史叙事成功的关键在于史官。"良史"首先要精通《三坟》《五典》《八索》《九丘》这些古籍，才能博古通今，殷鉴得失。其次是要能"秉笔直书""书法不隐"。如晋国的董狐、齐国的太史，不避强暴，秉笔直书，以至以身殉职。所以后来刘勰称赞说："辞宗丘明，直归南董。"（《文心雕龙·史传》）这样的精神，直接影响到司马迁，使《史记》成为"实录"史书的典范。

《左传》成公十四年："君子曰：《春秋》之称，微而显，志而晦，婉而成章，尽而不污，惩恶而劝善，非圣人，谁能修之？"其中，"惩恶劝善"是指《春秋》及其他历史著作的社会功用。它应该使"善人劝焉，淫人惧焉"（《左传》昭公三十一年），或如孟子所说的"孔子作《春秋》而乱臣贼子惧"。自此以后，"惩恶劝善"的目的与功能，不但为历代史学家所继承，而且成为中国古代叙事文学的一个重要传统与审美特质。

8. "君子曰"或"君子谓"

《春秋》中以"一字定褒贬"的"春秋笔法"虽然已是一种原始的历史评论方式，但因过于简洁而且隐晦，无法让史家充分阐述自己对历史事件的看法与评价。论赞式的史评肇端于《左传》[18]。《左传》中反复出现的"君子曰""君子谓"，开创了后代史书论赞体的先河。唐人刘知幾说："《春秋左氏传》每有发论，假'君子'以称之。"（《史通·论赞》）据统计，《左传》"君子曰""君子谓"共有七十八则[19]。这些"论赞"，用"以传附经"的体制来看，除僖公二十年一条附于篇末外，其余都不在每篇的篇末，而是采取随人随事夹叙夹议的方式，显现出尚未形成固定体式的状态。在这些“君子曰”或“君子谓”之中，作者或直接表达自己的立场、观点和思想感情，或对人事加以褒贬，或引述古人贤圣的话加以判断。兹举几例：

君子曰：“颍考叔，纯孝也，爱其母，施及庄公。《诗》曰：‘孝子不匮，永锡尔类。’其是之谓乎！”（隐公元年）

君子谓：“郑庄公失政刑矣。政以治民，刑以正邪。既无德政，又无威刑，是以及邪！邪而诅之，将何益矣！”（隐公十一年）

君子是以知秦穆公之为君也，举人之周也，与人之壹也。孟明之臣也，其不解也，能惧思也。子桑之忠也，其知人也，能举善也。《诗》曰：“于以采蘩，于沼于沚。于以用之，公侯之事。”秦穆有焉。“夙夜匪解，以事一人。”孟明有焉。“诒厥孙谋，以燕翼子。”子桑有焉。（文公三年）

第一则，是颍考叔为郑庄公献计，使其母子和好。作者褒扬颍考叔之纯孝，并引发出自己的感慨。第二则，批评郑庄公袒护射杀颍考叔的公孙阏是失政刑，郑庄公不能正确行刑罚而乞求神灵降罪，徒劳无益。第三则，褒扬秦穆公举人之周、用人之一、君臣和睦。像这样的“君子曰”的评论形式，确实与后来的“论赞”无异。《左传》之外，《国语》中亦有少量且大都简短的“君子曰”；《战国策》中的“论赞”则不一定都冠以“君子曰”，有的用“故”或“于是”，位置虽多在篇末，但已同事件融合在一起。司马迁正是在先秦史书的“君子曰”这种论赞体形式的基础之上，创立了“太史公曰”这一新体式，形成了一种固定的“论赞”

体史学批评模式。

此外,《左传》中还有许多可以作为格言警句的话语，对后世产生深刻影响。如“多行不义必自毙”(隐公元年)、“骄奢淫逸，所自邪也”(隐公三年)、“善不可失，恶不可长”(隐公六年)、“俭，德之共也；侈，恶之大也”(庄公二十四年)、“兄弟虽有小忿，不废懿亲”(僖公二十四年)、“人谁无过，过而能改，善莫大焉”(宣公二年)、“民生在勤，勤则不匮”(宣公十二年)、“国之大事，在祀与戎”(成公十三年)、“居安思危。思则有备，有备无患”(襄十一年)、“苟利社稷，死生以之”(昭公四年)、“为政者不赏私劳，不罚私怨”(昭公五年)等等，这些论述，从不同的角度反映了春秋时期人们的价值观及其追求，成为中华民族的民族精神和文化精神的重要组成部分。

四、非凡的文学成就

朱自清说:“《左传》不但是史学的权威，也是文学的权威。”(《经典常谈·春秋三传第六》)“文学的权威”，具体体现在以下几个方面。

1.《左传》善于叙事

《左传》作者以历史叙事解释《春秋》，从《春秋》那种极其简括的标题与新闻式的文体中脱胎而出，将叙事和写人结合，使之成为一部长篇叙事文学作品。

《左传》的文章，为历代古文家所称道，被奉为叙事文学之轨范。杜预《春秋左传集解·序》称赞《左传》叙事之美，谓:“其文缓，其旨远，将令学者原始要终，寻其枝叶，究其所穷。”唐人刘知幾《史通·杂说上》则曰:“《左氏》之叙事也，述行师，则簿领盈视，哤聒沸腾；论备火，则区分在目，修饰峻整；言胜捷，则收获都尽；记奔败，则披靡横前；申盟誓，则慷慨有余；称谲诈，则欺诬可见；谈恩惠，则煦如春日；纪严切，则凛若秋霜；叙兴邦，则滋味无量；陈亡国，则凄凉可悯；或腴辞润简牍，或美句入咏歌，跌宕而不群，纵横而自得。若斯才者，殆将工侔造化，思涉鬼神，著述罕闻，古今卓绝。”清人章学诚论《左传》叙事之法曰：“离合变化，奇正相生，如孙吴用兵，扁仓用药，神妙不测，几于化工，其法莫不备于《左传》。”（《论课蒙学文法》）刘熙载则曰：“左氏叙事，纷者整之，孤者辅之，板者活之，直者婉之，俗者雅之，枯者腴之。剪裁运化之方，斯为大备。”（《艺概·文概》）

（1）善于组织情节

《左传》记述的历史事件多是由故事情节构成的。如隐公元年的“郑伯克段于鄢”一节，《春秋》经文仅六个字，《左传》则增加了庄公寤生、共叔段请制、祭仲之劝、克段于鄢、颍考叔食肉、大隧母子相见等情节，把春秋初年的枭雄郑庄公打败弟弟段这一事件的前因后果都交代清楚了。不仅如此，整个事件的情节还颇有戏剧性。又如晋文公重耳流亡列国这一春秋中前期重要的历史事件，在《左传》中是由奔狄、季隗待子、乞食野人、醉遣、观裸、过郑、答楚、谢罪怀嬴、河边誓舅、寺人披进见、介之推不言禄等情节构成的（僖公二十三、二十四年）。这一连串的情节，为日后晋文公的称霸诸侯以及所采取的内政外交政策埋下伏笔，成为历史发展过程中不可或缺的环节。再如襄公二十五年“崔杼弑齐庄公”一事，《左传》也增记了大量情节，使得整个故事极为生动。作者先由孟公绰之口指出崔杼“将有大志”，预言崔将作乱；接着是崔杼娶棠姜、齐庄公通棠姜、以崔子之冠赐人等一系列情节的展开，借以深化崔、庄之间的矛盾，揭示崔、庄矛盾冲突爆发的必然性。这其间，又插入齐庄公鞭贾举一事，看似闲笔，其意却在说明齐庄公暴戾无道，必然多处树敌，并加速走向灭亡。此可谓“寻其枝叶”。此后情节发展进入高潮：崔杼称病不朝，引诱齐庄公入崔府探视，贾举勾结崔杼伏兵杀之。在事件的发展过程中，崔杼并未直接露面，可是我们始终可以感觉到躲在幕后导演这一场有声有色弑君闹剧的崔杼其人。

《左传》中甚至还有不少虚构的情节。如宣公二年钮麑触槐之前的自叹："不忘恭敬，民之主也。贼民之主，不忠；弃君之命，不信。有一于此，不如死也。"（宣公二年）既旌扬了赵盾之忠，又揭示了钮麑不愿戕害忠良却又君命难违的两难心态。这不过是钮麑触槐而死之前的内心独白，谁能听见？当然是出于作者的悬想。又如僖公二十二年春，晋太子圉质于秦，将逃归时与妻子嬴氏有一段对话。此乃夫妻间的密谋，外人何以知晓？亦无非来自作者的猜测。正如钱锺书先生所说："史家追叙真人实事，每须遥体人情，悬想事势，设身局中，潜心腔内，忖之度之，以揣以摩，庶乎入情合理。盖与小说、院本之臆造人物、虚构境地，不尽同而可相通；记言特其一端。"（《管锥编》第一册）

《左传》中还有相当多的梦境描写。笔者曾统计过，《左传》所写的梦，共有二十七处之多。这些梦境描写，亦属虚饰情节。左氏常通过梦境与梦象揭示情节发展或人物结局。如昭公三十一年，赵简子梦见一小孩光着身子一边跳舞一边唱出婉转悦耳的歌。于是担心此为噩梦，怕有灾祸加身。史墨用占星法进行占梦，解释说此梦预示六年之后的该月，吴国军队将进入楚国的郢都，但是又不能胜楚。果然，事隔六年，柏举一战，吴人打败楚国进入郢都。再如僖公二十八年的"晋楚城濮之战"，晋楚两国在城濮决战之前已对峙很久，形势有利于晋。然而晋文公迟疑不决，并于临战之前做了一个梦："梦与楚子搏，楚子伏己而盬其脑，是以惧。"梦象隐寓晋文公忧虑于晋楚两国恩怨与优柔寡断的深层心理。这种心理状态，对于晋国"取威定霸"的决战，无疑是十分有害的。子犯既了解晋文公的性格，又深谙此刻晋文公的心理，因此故意占为吉梦："我得天（晋文公仰卧向上，故云得天），楚伏其罪，吾且柔之矣。"以此坚定晋文公与楚国决战之意。又如《左传》宣公三年，浓墨重彩地描写了郑燕姞梦兰得子的故事。郑穆公（公子兰）在春秋中期算得上是郑国的一位贤君。左氏写燕姞梦兰而生郑穆公，恐怕是要以此象征其性本高洁。梦境描写，多是虚构的，梦是假，是幻，是奇，但其中又隐含着真，体现着真。梦境的描写，增强了《左传》的文学性和艺术魅力。

（2）善于描写细节

《左传》中有众多精彩的细节描写，加重了叙事的文学色彩。这些细节描写已不单单是写形，还致力于传神，常有画龙点睛的功效。如桓公元年记载："宋华父督见孔父之妻于路，目逆而送之，曰：'美而艳。'"写华父督的贪色，极其传神。再如襄公二十六年记载卫献公流亡国外多年回国时的情景："卫侯入。……大夫逆于竟者，执其手而与之言；道逆者，自车揖之；逆于门者，颔之而已。"三个细微的动作，活画出卫献公气量狭小、忌刻怀恨、骄横无信的性格。其他如用"染指于鼎，尝之而出"的细节，写公子宋未能吃到鼋羹的羞怒；用"投袂而起，屦及于窒皇，剑及于寝门之外，车及于蒲胥之市"等细节写楚庄王的狂怒之状，可以说都是神来之笔。大量精彩的细节描写，使人物形象"连性情心术，声音笑貌，千载如生"（清人冯李骅《左绣·读左卮言》），使史书的叙事更富于生活化，也更加小说化。这样的叙事方式，开创了以故事情节见长的中国古典小说的先河。

2.《左传》善于写人

《左传》描写了形形色色的历史人物，上至天子诸侯、王公卿相，下及行人商贾、皂隶仆役，共有三千多个，其中写得特别出色的有一百多人。《左传》叙写人物，基本上是以善、恶作为评判标准的。具体来说，《左传》所塑造的人物主要有霸主和雄主、贤臣、昏君和佞臣、爱国者，以及包括妇女在内的一大批栩栩如生的具有春秋时代特征的人物。

（1）五霸和雄主

春秋五霸中以晋文公的描写最为出色。晋文公重耳是晋献公的庶子，本来没有嗣位的希望，他自己也与世无争，安于现状。但是宫廷内的激烈争嗣斗争把他卷进了矛盾的旋涡，迫使他做出自己的选择。晋国发生骊姬之乱，群公子逃亡，重耳在列国流亡了十九年（僖公二十三、二十四年）。开始，他只是被动地避难逃亡，并没有回国争位的念头。但在经历了曹、宋、郑、楚等国的流亡生活，备尝艰辛之后，他身上的旧习气一荡而尽。在楚国，面对楚王割地为报的要挟，他以不卑不亢的回答加以拒绝了，显示出在斗争中的机智和策略。这与晋惠公为求回国轻易割地赂秦形成鲜明的对比。成熟了的重耳对君位的野心便发展起来。在秦国，他极力讨得秦穆公的欢心，争取秦穆公的支持以夺取君位。艰难复杂的环境，把重耳磨炼成一个成熟老练的政治家。等到他安定了国内，巩固了君位，又平定了周王室的内乱时，便不满足于做一国之君了，而是要出来做霸主以号令诸侯。到了僖公二十八年城濮之战，他一战打败了楚国，终于登上了霸主的宝座。

春秋后期的一位雄主，是吴王阖庐（公子光）。阖庐是吴子寿梦的嫡孙，诸樊的长子。吴国自从寿梦强大之后，虽也经历过几次动乱，但总的来说国内较稳定。吴国在寿梦时代，巫臣入吴，教吴乘车，教吴战阵，使吴国的军队大大提高了战斗力。当楚国的统治阶级渐趋衰落之时，吴国的新生力量正在兴起，显示出一股勃发进取的生气。阖庐也是个如郑庄公那样的枭雄。《左传》说其人“甚文”，不但“甚文”，还是个有勇有谋的雄杰。昭公十七年写公子光从楚国夺回吴国大战船的“馀皇舟”之战，写出了公子光的善谋与机变。在昭公二十三年的鸡父之战中，进一步显示了公子光的军事才能。几年之后，阖庐便用鱄设诸刺杀了吴王僚，夺取了君位，并很快使吴国强盛起来，在诸侯之中称霸一时。

（2）贤臣

贤臣中写得最出色的是子产。子产是郑国的名臣。子产当政之时，正是春秋后期社会矛盾不断加剧的时代。郑国虽有春秋初期郑庄公“小霸”的强盛，此时却已走向衰落。郑国的外部，南有强楚，北有晋霸，亲晋则楚怨，附楚则晋讨，左右为难；内部，“国小而偪，族大宠多”，同样面临着困境。子产执政，可谓受命于危难之际。子产大胆地进行内政改革，把城市乡村、上下尊卑和田地都治理得很好。子产知人善任，又有较清醒的民本思想。《左传》中记载子产不毁乡校，充分倾听下层的意见（襄公三十一年），都是他执政成功的重要因素。

在处理与诸侯国之间的关系时，子产采取依附晋国的策略，但又进行了有理有节的反抗强权的斗争。襄公二十二年，子产朝晋，历论晋、郑两国之间的关系，表明对晋国霸主的一贯态度以及郑国曾经服楚的原因，表明了郑国对于晋霸既愿归服又不屈从媚事的态度。襄公二十五年，子产献捷于晋，晋人责问伐陈之事，子产采取了既亲服又抗争的策略，表现出极大的灵活性，维护了郑国的权益和尊严。子产执郑国之政二十年，还没有哪件事情失败过。他是《左传》作者笔下最理想化的贤臣人物之一，对后世产生了重要影响。

贤臣的另一种范型是晏子和赵盾。晏子生活的时代，齐国霸权衰落，国君荒淫昏聩，佞臣专权肆虐，以致齐庄公为佞臣崔杼所杀。晏子刚直不阿的品质在崔杼弑君这一事件中表现得特别突出。崔杼杀了齐庄公之后，晏子立于崔氏门外，既不为齐庄公殉身尽忠，也不因崔杼弑君而逃亡。晏子认为，崔氏弑君为非，但齐庄公是“陵民之君”，为私欲而死，不值得为他殉葬或逃亡。所谓“陵民之君”，“为己死而为己亡”，臣下则不必死也不必亡，这与《孟子》中的“诛一夫纣”的民主思想颇为一致。所以，晏子在崔、庆二人的凶焰面前，表现出刚正不阿的品质。忠于社稷、爱护人民，是晏子行事的准则。他力谏省刑，劝行宽政，为政清廉，富贵不淫，勤恳俭朴，深得百姓的拥护。

晋国的赵盾，其特点是忠于国君，匡纠君过。即使像晋灵公那样的昏君暴君，赵盾仍不改其志，作有步骤有计划的进谏。赵盾“骤谏”晋灵公，结果反而招来杀身之祸，但是他希望国君改邪归正、励精图治的决心，却是不可移易的。所以钼麑称赞赵盾“不忘恭敬，民之主也”，宁可自己触槐而死也不愿伤害赵盾。晋灵公无道被杀，说明赵盾匡救君过计划的不可行以至彻底失败。赵盾的忠，当然也与为国爱民相联系，不过带有明显的维护等级名分的伦理倾向。如果把晏子和赵盾两个人物互相补充，或合而为一，便是作者所理想的完美的贤臣形象。

此外，《左传》中还有一批人物，如大义灭亲的石碏，忠勇正直的声伯，贤明诤谏的子鱼，廉洁不贪的子罕，秉公执法的魏绛，外举不避仇、内举不避亲的祁奚，审时度势的申叔时，毁家纾难的子文，慷慨捐躯的沈尹戌，等等，都是作者笔下所歌颂的贤臣的代表。

（3）昏君和佞臣

昏君如晋灵公。晋灵公“厚敛以雕墙”，实行重税，用来建造奢华的宫殿；还喜欢从高台上用可以打死人的弹弓打人，看人躲避弹丸惊慌失措的样子取乐。晋灵公滥杀宰夫，草菅人命，残暴成性，赵盾和士大夫都非常担心。但两人的劝谏不起作用，晋灵公口头上接受，其实根本不思悔改，还要想办法除掉他们。再如卫国的卫懿公。卫懿公好鹤，鹤是他的宠物，他让鹤乘高官的车子，并封予爵禄官位，引起国人怨怒。狄人来进攻时，国人都不愿意为卫国打仗。结果荧泽之役，卫师败绩，被敌所灭。此外，像莒国的国君莒共公暴虐而且喜剑，每铸剑成，必用人来试剑，都是暴虐无道、弃民残民的典型。

在昏君之中，楚灵王是作者写得极有声色的一个人物。对于楚灵王，并非一个“昏君”的定义就能概括得了。时人称楚灵王为“汰侈”，意即骄横奢侈。楚灵王是凭篡弑登上楚王宝座的。为了满足“汰侈”的欲望，他会诸侯于申地，以诸侯伐吴；又要诸侯拥戴自己做霸主。其后，又一再伐吴，作章华宫，灭陈，俨然是不可一世、叱咤诸侯的霸主。鲁昭公十二年，楚灵王到州来打猎，以此向吴国示威，并流露出求取周鼎和夺郑田的野心与贪欲，“汰侈”之气达到顶峰。大夫子革针对楚灵王的贪欲给予深刻的讽刺，使他有所醒悟。但是，膨胀了的野心是抑制不住的。楚灵王最终还是弄得众叛亲离，在政变中被迫自缢而死。

所谓“佞臣”，是指一批心怀异志的贰臣和助纣为虐的奸臣。前面已提到的齐国的崔杼，以及崔杼的同党庆封，可谓乱臣贼子的典型。崔杼迎立齐太子光（齐庄公），使他成为自己手里的一个傀儡。庄公即位不久，崔杼就杀了大夫高厚，兼并其家财。崔杼之妻棠姜，本为棠公之妻，棠公一死，崔杼便占为己妾。齐庄公贪色，与棠姜淫乱，崔杼由此怨恨庄公，同时也给崔杼蓄谋已久的弑君企图提供了实现的可能性。他不但公开杀了齐庄公，而且接连杀了三个敢于秉笔直书的太史，凶残嗜杀，令人发指。崔杼杀了齐庄公后，又与庆封勾结，要挟国人盟于太宫，齐国大权落入二人手中。与崔杼的恃权专横、凶残暴戾相比，齐大夫庆封更多的是老辣与狡猾。襄公二十七年，为独揽朝政，庆封借为崔杼平定家乱之名荡尽崔氏，竟使崔杼无家可归，自缢而死。庆封当国之后，专权、聚敛、嗜田、纵酒，与崔杼相比是有过之而无不及。

佞臣中还有一个是楚国的费无极。费无极是阴谋家的典型。《左传》中写了他去朝吴、出蔡侯朱、丧太子建、杀连尹奢（伍子胥之父伍奢）、灭郤氏几件事情，以揭露这个谗人阴谋家的嘴脸。

（4）爱国者

《左传》还叙写了一批爱国者的形象。其中不少人，千百年后还被人们引为爱国典范。如鲁国的曹刿，不顾乡人的阻拦进见“肉食者”，并以自己的聪明才智和爱国热情为鲁国赢得长勺之战的胜利。成公七年楚国伐郑，楚国的锺仪被郑国俘虏，仍然戴着南冠，弹奏着南音，即南方楚国的音乐。显示其不背本、不忘旧的深挚的故国之情与赤子之心。锺仪的爱国精神，一直垂范于后代。还有矫君命犒劳秦军的郑国商人弦高；乞师秦庭，七日哭不绝声的申包胥，都是爱国者。

恩格斯说：“有了人，我们就开始有了历史。”人是“一切社会关系的总和”。历史是人的社会实践留下的轨迹，人是历史实践的主体，也是认识历史的主体。书写历史主要是写人。我们说“文学是人学”，而《左传》是历史著作，却刻画出那么多生动的人物，这给我们一个启示，即文学是人学，史学也是人学！

3.《左传》记录的行人辞令

春秋时期，出使其他诸侯国的使者叫“行人”“行李”“行理”“行旅”，就是往来于周王朝和诸侯列国之间的使节。《左传》作者记载了不少委婉动听的行人说辞，反映了当时的社会风貌，也写出了历史人物的风采。

（1）辞令的功用

春秋时期，诸侯国之间关系复杂，斗争尖锐，因而行人辞令就显得非常重要。大国要“奉辞伐罪”，小国要对付大国的侵侮，辞令则成为攻伐的口实和斗争的工具。辞令如何，不但关系到个人的荣辱，而且关系到诸侯国的兴亡。

出色的行人辞令，在列国交往时有巨大的作用，甚至可以消弭兵燹之灾。这在《左传》中有许多例证。

最著名者当数僖公三十年的“烛之武退秦师”。城濮之战楚国战败，晋文公当上霸主。郑文公虽然参加了践土之盟，但因曾准备和楚国联合攻打晋国而已结怨于晋国。晋国要惩罚那些在城濮之战中离心背叛之国，于是联合秦国围郑。在秦晋两国强兵压境的危急关头，烛之武挺身而出，析之以理，惧之以势，诱之以利，终于说服秦穆公退兵，使郑国免除了一场兵燹之灾。

烛之武说秦穆公，先从亡郑说起，指出亡郑于秦无益。原因有三：一是“越国以鄙远”，难以实现；二是即使亡郑，得利的不是秦国而是晋国，“焉用亡郑以陪（倍）邻？”三是“邻之厚，君之薄也”，晋国强大，秦国必然削弱。接下来，烛之武再从不亡郑这一角度发挥。若不亡郑，不但于秦无害，反可以坐享其利。两相比较，孰优孰劣，显而易见。弦外之音，还有讥讽秦国受晋役使之意。为了瓦解秦晋联盟，加深两国的矛盾，烛之武又旧怨重提，指出晋国背信食言，历来如此。最后归结到晋之野心，不独在郑，还将侵秦。这样的深入剖析，犀利剀切，终于使秦穆公深思再三，翻然省悟，毅然退兵。

类似的例子还有僖公四年的“屈完如齐师”，僖公二十六年的“展喜犒师”，宣公三年的“王孙满对楚子”等。

行人辞令最为娴熟出色的，要数郑国的执政大臣子产。子产在与列国尤其是晋楚等霸主交往的时候，表现出极高的才辩。如襄公二十二年晋平公以郑国久不朝见为借口，“征朝于郑”，子产面对晋侯责难，一方面表示郑国不“忘职”，要服事晋国，另一方面又指责晋国“政令无常”，使郑国“无日不惕”；如果晋国仍不恤郑国，郑国只好与晋为敌。一番义正词严的反驳，使得晋国这个霸主收敛了它的淫威。襄公二十五年，郑伐陈后，子产献捷于晋。晋人三问，子产三答。针对晋国“何故侵小”的责难，子产答以大国“若无侵小，何以至焉？”可谓以其人之道，还治其人之身。昭公元年，楚公子围聘于郑，子产看出楚人心怀叵测，故拒之于城外。面对楚伯州犁的指责，子产大胆地揭露了楚人的阴谋。既有义正词严的反驳，也有委婉有力的陈述。

再看襄公三十一年“子产相郑伯以如晋”一节，可以进一步领略子产的巧于辞令。子产陪同郑简公觐见晋平公，晋平公却以有鲁丧为借口，拒不见郑君。针对晋国的傲慢无礼，子产强行拆除了晋国宾馆围墙而入。面对晋国的责备，子产据理反驳，批评了大国诛求无时而又蛮横无理的态度，终于使晋国承认自己的错误，改变了态度。

成公十三年的“吕相绝秦”也是一篇完整的行人辞令。晋国的吕相列举秦国的种种罪状，宣布与秦绝交。此文用了大量的排比句式，形成了一种气贯长虹的逻辑力量，它开启了战国策士铺张扬厉纵横辩难之风。

（2）辞令的修辞艺术

春秋时期的行人辞令所采用的修辞手法丰富多样。略举几例。僖公四年齐国讨伐蔡国之后又要借口攻打楚国，楚国使者用“风马牛不相及”比喻齐楚两国相距遥远，互不关涉。这是巧用比喻。僖公三十三年崤之战前，郑人发觉秦人欲偷袭郑国，便派皇武子辞去驻扎在郑国的秦将杞子、逢孙等三人。皇武子不好直接说你们走吧，只说我们这里东西匮乏，你们回自己国家的猎场去打猎吧，让我们休息一下。这是委婉含蓄。成公十三年“吕相绝秦”篇中，吕相在描述秦晋的历史交往中夸大其词，用了不少与事实有很大出入的内容。这是夸张虚构。僖公三十年“烛之武退秦师”篇中，烛之武见秦伯的第一句话是“秦、晋围郑，郑既知亡矣！若亡郑而有益于君，敢以烦执事”。这是以屈求伸。类似的例子还有一些，读者在阅读本书所选的章节时，自可从容涵泳体会。

4.《左传》孕育的文体

清人章学诚说：“后世之文，其体皆备于战国。”《左传》记载的是春秋时期的历史，成书于战国中前期，已经包含了多种文章体裁。后代人所说的诗、赋、颂赞、祝盟、铭箴、诔碑、哀吊、谐隐、史传、诸子、论说、檄移、章表、议对、书记等各体文章，已经在《左传》中出现或已见雏形。

（1）诗歌体裁

《左传》中的诗，包括“歌”“谣”“杂辞”“诗”“逸诗”“古谚语”等。身份不同的人，所用的诗体不同。贵族之作，则称“诗”，称“赋”，如祭公谋父作祈招诗（昭公十二年），郑庄公姜氏之赋（隐公元年），士蒍之赋（僖公五年）。而下层人之作，多是“讴”“谣”“诵”“谚”，如宋城者之讴（宣公二年），舆人之诵（僖公二十八年）等等。从内容及风格看，贵族之作，多从容典雅，温柔敦厚，郑庄公之赋曰：“大隧之中，其乐也融融！”虽矫情伪饰，却貌似温文尔雅。庶人百工之作，则辞浅会俗，诙谐尖刻，如“宋城者讴”：“睅其目，皤其腹，弃甲而复。于思于思，弃甲复来。”讥刺华元，入木三分。上述各类诗体虽还处于朦胧和未定型阶段，但无疑影响了后代各体诗的发展。逯钦立先生《先秦汉魏晋南北朝诗》所录先秦史传著作中的诗，基本上把《左传》中的诗体都收录了，可以参看。

（2）散文体裁

《左传》中的文章各体兼备。如僖公二十八年周襄王命重耳、襄公十四年周灵王命齐侯环为“诰命”体；哀公二年晋赵简子誓伐郑为“誓”体；哀公十一年亳城北之盟是“盟书”体；襄公十八年晋荀偃祷河、哀公二年蒯聩战祷于铁是“祷告”体；桓公二年臧哀伯谏鲁桓公纳郜鼎是“劝谏”体；襄公二十四年子产与范宣子书、昭公六年晋叔向诒郑子产书是“书信”体；襄公二十五年郑子产对晋人问陈罪是“应对”体等。

《左传》中的文体，有一些是属于首创。如鲁哀公孔子诔（哀公十六年），是留存下来的最早的诔文（《礼记·檀弓上》记鲁庄公诔御者，惜诔文无传）。还无社求拯于楚师，喻“眢井”而称“麦麹”（宣公十二年），叔仪乞粮于鲁人，歌“佩玉”而呼“庚癸”（哀公十三年），为最早见到的隐语。公孙夏命其徒所唱的“虞殡”之歌，是最早的挽歌。前面已论及，《左传》中的“君子曰”“君子谓”，则开了后代史书论赞体的先河。

《左传》中虽没有后代“小说”的概念，但许多叙事的篇章已是准小说或者说纯粹就是小说了。如隐公元年的“郑伯克段于鄢”，成公十六年的“楚子登巢车以望晋军”，昭公元年的“郑徐吾犯之妹美”，以及大量的战争篇章，都可作小说看。有的篇章的叙事手法，钱锺书称之为“纯乎小说笔法”（《管锥编》第一册），这是很中肯的。它们对后代的小说创作产生巨大影响，也为中国古代小说的发展提供了“史”的营养和依据。

5.《左传》中的文学思想

先秦时期，纯文学的观念并未形成，但《左传》作为一部全面反映春秋时期社会文化面貌的历史著作，保留了大量的春秋时期与文学有关的思想观念，对后代的文艺理论和文学创作，产生了深远影响。

（1）重实用与重功利

从春秋时期人们的审美取向来看，文学观念自萌芽时期开始，便带着强烈的为政教服务的实用性与功利性。僖公二十三年，晋公子重耳（晋文公）要出席秦穆公的宴会，子犯说："吾不如衰之文也，请使衰从。"这里的"文"，指言辞的文采，引申为善于辞令，正是赵衰的善"文"，使重耳取得秦穆公支持而回国夺取了君位。僖公二十四年，晋公子重耳回国当上国君后，介之推没有得到封赏，也不愿意去向晋文公申诉，说："身将隐，焉用文之？"这里的"文"指用言辞美化人的行为举止。襄公二十五年，郑国献俘虏于晋国，因以善于辞令闻名的子产的一番宏论而化解了晋国的责让。所以孔子说："'言以足志，文以足言。'不言，谁知其志？言之无文，行而不远。晋为伯，郑入陈，非文辞不为功。"文辞之功用如此，也就无怪乎春秋时人对其特别重视，以至把"立言"抬高到"不朽"的地位。在前面提到的"三不朽"说中，"立言"之不朽推动了春秋战国时期诸子驰说、著作蜂起局面的形成，以至于汉魏时期曹丕提出"盖文章，经国之大业，不朽之盛事"的文学理论。

《左传》中讲实用与重功利理念的具体实践，特别鲜明地体现在对《诗》《书》的运用上。春秋时期，"赋诗言志"主要遵循两条原则：一是"赋诗断章，余取所求焉"（襄公二十八年），一是"歌诗必类"（襄公十六年）。"赋诗断章"就是完全不顾原诗的整体内涵，而只取迎合己意的只言片语；"歌诗必类"则一方面要求所赋之诗必须与乐舞相配（春秋时期赋诗都有配乐），另一方面要求准确表达本人的思想。在这样的观念之下，所谓"赋诗言志"，只能是取其实用与求其功利了。

（2）中和之美

前面提到的晏子论"和""同"的哲学思想，反映了蕴含其中的以

“和”为美的美学观。“和”就是要适中，要和谐，要“济其不及，以泄其过”（昭公二十年），“物和则嘉成”（昭公二十一年）。所以中和为度，过则生灾，物皆如此。对于诗乐来说，只有“中声”“和声”才是美的。违反中和之美的诗乐，能使人忘却平和，心智迷乱，甚至产生疾病，因而“君子弗听”（昭公元年）。泠州鸠反对周景王铸大钟“无射”，是因其声音洪大，超过了感官的承受能力，非和谐之音。所谓“窕则不咸，摦则不容，心是以感，感实生疾。今钟摦矣，王心弗堪，其能久乎！”（昭公二十一年）在春秋时期人们的审美观念中，“和”乃是美之极则。晏子等人提出的“和”“中声”“和声”的美学观念，开启了儒家“中和之美”审美观与“温柔敦厚”诗教理论的先声。

《左传》中反映的春秋时期的文学观念与文学思想，尽管在认识和表达上还不是那么清晰，但已经显示出非常活跃的趋势，对某些问题已进行了有目的的总结与探索，这是非常可喜的。

在中国编年体史书中，《左传》是重要的一部；在中华传统文化经典中，《左传》也是重要的一部。《左传》对中华传统文化的影响是巨大且深远的。了解、熟悉《左传》这部经典著作，对于弘扬中华优秀传统文化有很大的帮助。本书以中华书局影印《十三经注疏》中的《春秋左传正义》为底本，参照杨伯峻《春秋左传注》等著作，主要选取其中记载重大历史事件或重要历史人物并具有较强文学性的名篇，以期窥见《左传》的历史意义、文章的特点和文化内涵。选文、注释和点评一定有许多不尽如人意的地方，敬请读者不吝赐教！

① 参见沈玉成、刘宁《春秋左传学史稿》，第81页，江苏古籍出版社1992年版。

② 《日知录集释》卷四“春秋阙疑之书”条，顾炎武著，黄汝成集释，第111—112页，岳麓书社1994年版。

③ 白寿彝《中国史学史》第一册，第228—229页，上海人民出版社1986年版。

④ 同③。

⑤ 汪受宽《谥法研究》，第274页，上海古籍出版社1995年版。按，汪受宽此说，是依据《公羊传》《穀梁传》所说孔子生于鲁襄公二十一年（前552）计算的，所以说左丘明也127岁。

⑥ 在当代学者中，胡念贻赞同此说，基本上同意古文家的传统意见而加以修正完善，见胡著《〈左传〉的真伪和写作时代考辨》，《文史》1981年版，总第11辑。白寿彝认为“可初步定为在战国早期”，见《中国史学史》第一册，第228—229页，上海人民出版社1986年版。

⑦ 在当代学者中，赞同此说的有杨伯峻、徐中舒、赵光贤、朱东润等，见杨伯峻《春秋左传注·前言》、徐中舒《〈左传〉的作者及其成书年代》、赵光贤《〈左传〉编撰考》、朱东润《〈左传选〉序》。

⑧ 参见沈玉成、刘宁《春秋左传学史稿》，第396页，江苏古籍出版社1992年版。

⑨ 同①。

⑩ 持此说者，如徐中舒先生，见徐著《〈左传〉的作者及其成书年代》。

⑪ 梁启超《中国历史研究法》，第16—17页，东方出版社1996年版。

⑫ 同⑪。

⑬ 宋代的王当，曾作《春秋列国诸臣传》，就是将《左传》从编年体改编为纪传体。韩席筹的《左传分国集注》、朱东润的《左传选》，都是按国别以人物为中心，把《左传》内容加以重新组合，连缀成文，有许多篇章，可以看成以时间为序的连贯成篇的人物传记。

⑭ 白寿彝《中国史学史》第一册，第231页，上海人民出版社1986年版。

⑮ 此据朱宝庆《左氏兵法》一书统计，陕西人民出版社1991年版。

⑯ 参见郭丹《左传国策研究》，人民文学出版社2004年版。

⑰ 杨伯峻《论语译注》，第16页，中华书局1980年版。

⑱ 《史通》郭延年《附评》则曰：“论赞不自《左传》‘君子曰’始，《尚书》典谟起曰：‘粤若稽古，’所从来久矣。”郭氏远溯论赞之始，然实未达斯篇论旨所寄。见张振佩《史通笺注·内篇·论赞》解题，第93页，贵州人民出版社1985年版。

⑲ 参见郑良树《竹简帛书论文集》，第93页，中华书局1982年版。

《左传》节选

1.郑伯克段于鄢

隐公元年　初，郑武公娶于申[1]，曰武姜[2]，生庄公及共叔段[3]。庄公寤生[4]，惊姜氏，故名曰“寤生”，遂恶之[5]。爱共叔段，欲立之。亟请于武公[6]，公弗许。

[注释]

[1] 郑武公：姬姓，名掘突。申：申国，姜姓，故城在今河南南阳。　[2] 武姜：武公妻姜氏。　[3] 共（gōng）叔段：郑庄公

《左传》常用“初”字作为倒叙、补叙追记使用，全书共八十六见。

近人林纾《左传撷华·自序》评《左传》之倒叙说：“又或一事之中，斗出一人，此人为全篇关键，而偏不得其出处，乃于间间中补入数行，即为其人之小传，却穿插在恰好地步，如天衣无缝。”

文章一开头即突出郑庄公“寤生”与姜氏“遂恶之”，既具戏剧性又为后来兄弟交恶、姜氏支持共叔段埋下伏笔。

弟，名段。兄弟间年岁小，故称“叔段”。段后出奔共地，又称“共叔段”。共，本为国名，在今河南辉县。 [4] 寤（wù）生：难产，指胎儿倒着生出来。寤，同“牾”。 [5] 恶（wù）：厌恶。之：指郑庄公。 [6] 亟：屡次。

姜氏为共叔段请求封地，而且是险要之地，足见其对共叔段的偏爱。

及庄公即位，为之请制[1]。公曰：“制，岩邑也[2]，虢叔死焉[3]。佗邑唯命[4]。”请京[5]，使居之，谓之京城大叔[6]。

［注释］

[1] 制：地名。又名虎牢关，在今河南荥阳。 [2] 岩邑：险要的城邑。 [3] 虢（guó）叔：虢仲之后。虢，有东虢和西虢，此指东虢。据《竹书纪年》记载：周幽王败后第四年，郑桓公灭虢。 [4] 佗：同“他”。唯命：唯命是从。 [5] 京：地名。故城在今河南荥阳东南。 [6] 大：同“太”。

共叔段私自扩大都城，暴露其野心。郑庄公不急于除掉太叔段，表现出他的城府。

“多行不义必自毙”揭示了一个真理：作恶的人、搞阴谋诡计的人、违法乱纪的人，都没有好下场，最终会搬起石头砸自己的脚。

祭仲[1]曰：“都，城过百雉[2]，国之害也。先王之制：大都，不过参国之一[3]；中，五之一；小，九之一。今京不度[4]，非制也，君将不堪[5]。”公曰：“姜氏欲之，焉辟害[6]？”对曰：“姜氏何厌之有[7]？不如早为之所，无使滋蔓[8]！蔓，难图也。蔓草犹不可除，况君之宠弟乎？”公曰：“多行不义，必自毙[9]，子姑待之[10]。”

［注释］

[1] 祭（zhài）仲：郑国大夫。 [2] 城：指城墙。过：超过。雉（zhì）：古代城墙长三丈高一丈为一雉。 [3] 参国之一：国都的三分之一。参，同“叁”。 [4] 不度：不合法度。 [5] 不堪：受到危害。 [6] 辟：同“避”。 [7] 何厌之有：有何厌。厌，满足。 [8] 滋蔓：滋生蔓延。 [9] 毙：倒仆，跌跤。此指失败。 [10] 姑：姑且。

既而大叔命西鄙、北鄙贰于己[1]。公子吕曰：“国不堪贰，君将若之何[2]？欲与大叔[3]，臣请事之；若弗与，则请除之。无生民心。”公曰：“无庸，将自及[4]。”大叔又收贰以为己邑，至于廪延[5]。子封曰：“可矣，厚将得众[6]。”公曰：“不义，不暱，厚将崩[7]。”

“可矣”极俭省地写出郑庄公的隐忍与爆发以及稳操胜券的心态。

共叔段一而再再而三地扩大势力，大臣们都看不过去了，郑庄公却仍沉得住气。郑庄公这种欲擒故纵的手段，连大夫公子吕都被迷惑了。

［注释］

[1] 既而：不久。鄙：边境之邑。贰于己：指一方面属于郑庄公，一方面属于自己。 [2] 公子吕：郑大夫，字子封。不堪贰：不能容忍两面听命的情况。若之何：怎么办。 [3] 欲与大叔：指把君位让给太叔。与（yǔ），给予。 [4] 无庸：不用，用不着。自及：自己遭祸。 [5] 贰：指上述两属之邑，即西鄙、北鄙。原先该地两属，现在段正式收作自己封地。廪（lǐn）延：地名，在今河南延津。 [6] 厚：势力雄厚。得众：得民心。 [7] 不义：不义于君。不暱（nì）：不亲于兄。暱，同“昵”，亲。崩：崩溃。

近人吴曾祺曰:“既失教于前,又纵恶于后,庄公之处心积虑,非成于杀乎!”(《左传菁华录》)

大叔完、聚[1],缮甲、兵,具卒、乘[2],将袭郑,夫人将启之[3]。公闻其期[4],曰:“可矣!”命子封帅车二百乘以伐京。京叛大叔段[5],段入于鄢,公伐诸鄢[6]。五月辛丑[7],大叔出奔共。

[注释]

[1] 完:修缮城廓。聚:收集粮草。 [2] 缮:修补。具:备足。卒:步兵。乘:车兵。 [3] 袭:偷袭。启:开启城门。 [4] 期:袭郑的时间。 [5] 京:此指京邑人。 [6] 诸:之于。 [7] 五月辛丑:五月二十三日。辛丑,二十三日,古代以干支纪年、月、日。

《春秋》三传中,《公羊传》《穀梁传》是解释《春秋》的微言大义的。《左传》虽不专释经文,但也会不时地插进对经文的微言大义的解释。此段文字就是解释《春秋》用词的含义和奥妙的,即所谓的“春秋笔法”。

书曰:“郑伯克段于鄢。”段不弟,故不言弟[1];如二君,故曰克[2];称郑伯,讥失教也:谓之郑志[3]。不言出奔,难之也[4]。

[注释]

[1] “段不弟”二句:指段不守弟道,所以《春秋》不称他为庄公之弟。不弟,不像兄弟,不守弟道。 [2] “如二君”二句:指段与庄公的对立,如同两个国君。庄公取胜,所以说“克”。 [3] 郑志:郑庄公的意愿。这里指阴谋。 [4]“不言出奔”二句:“出奔”是有罪之辞。段出奔共国,有罪,庄公有意养成段之罪,也有罪,不说“出奔”,是史官下笔为难之处。

遂寘姜氏于城颍[1],而誓之曰:“不及黄泉,无相见也[2]。”既而悔之。颍考叔为颍谷封人[3]，闻之，有献于公，公赐之食，食舍肉[4]。公问之，对曰：“小人有母，皆尝小人之食矣，未尝君之羹，请以遗之[5]。”公曰：“尔有母遗，繄我独无[6]！”颍考叔曰：“敢问何谓也[7]？”公语之故，且告之悔。对曰：“君何患焉？若阙地及泉，隧而相见[8]，其谁曰不然？”公从之。公入而赋：“大隧之中，其乐也融融[9]！”姜出而赋：“大隧之外，其乐也洩洩[10]！”遂为母子如初。

郑庄公“不及黄泉，无相见也”，是恨姜氏配合共叔段要推翻他；“既而悔之”，是怕背上不孝的骂名。

初，郑庄公“寤生”，姜氏“遂恶之”。此处“如初”二字，简要含蓄，独具匠心。唐人刘知幾《史通·叙事》说：“夫国史之美者，以叙事为工；而叙事之工者，以简要为主。”“如初”二字正是如此。

［注释］

[1] 寘（zhì）：同“置”。城颍（yǐng）：地名。在今河南临颍。 [2]“不及”二句：犹言不死不相见。黄泉，地下之泉。本指人死埋于地下。 [3] 颍考叔：郑大夫。颍谷：地名。在今河南登封。封人：管理、镇守边疆的地方官。 [4] 食舍肉：颍考叔吃东西时留下肉不吃。舍，置。指吃饭时将肉另放于一边。 [5] 羹（gēng）：有汁的肉。遗（wèi）：赠送。 [6] 繄（yī）：发声词，无义。可译为“咳”等语气词。 [7] 敢：谦辞。何谓：为什么这么说。 [8] 患：忧虑。阙：同“掘”。隧：动词，挖成地道。 [9] 赋：赋诗。融融：和乐相得的样子。 [10] 洩（yì）洩：和好欢乐的样子。

君子曰[1]：“颍考叔，纯孝也，爱其母，施及庄公[2]。《诗》曰：‘孝子不匮，永锡尔类。’其是之谓乎[3]！”

近人吴曾祺曰：“明谓郑庄不孝耳，却吞吐其词，不肯径出，故特婉妙。”（《左传菁华录》）

韩席筹指出：左氏每自立论议，辄以君子曰三字发之。后人作史，如史臣曰、赞曰，皆沿此例。（《左传分国集注》）

［注释］

[1]“君子曰”是《左传》的独有体例，用来表达作者对所记历史事件的评论意见。 [2] 纯孝：纯一专精之孝。施（yì）：延及，扩展到。 [3]“《诗》曰”句：《诗经》上说“孝子的孝心是无穷无尽的，永远感染同类的人”，说的就是这种情况。所引诗见《大雅·既醉》。匮（kuì），竭尽。锡，通“赐”。类，同类的人。是，这个。

［点评］

本文记述了春秋前期小霸郑庄公平定家族内乱的一段史实。春秋初期，王纲解纽，诸侯争霸，郑国率先崛起，与此同时郑国内部也发生了争夺权利的斗争。庄公母亲姜氏喜欢庄公之弟段，不断培植段的势力，以至于发展到母子联合起来准备里应外合攻打都城，篡位夺权。郑庄公得知此事后，欲擒故纵，最终一举挫败共叔段的政变，为春秋初年郑国的发展强大扫清了内部的隐患。本文叙写共叔段的扩张野心，层层深入：扩大都城，收西鄙、北鄙，最后准备袭郑都。郑庄公是一再隐忍退让：子姑待之；无庸，将自及；厚将崩；最后“可矣”，一举克段。明末清初金圣叹手批《才子古文》论本篇说：“一路写庄公，俱是含毒声，其辞音节甚短。”清魏禧《左传经世钞》说：“此篇写姜氏好恶之昏僻，叔段之贪痴，祭仲之深稳，公子吕之迫切，庄公之奸恨，颍考叔之敏妙，情状一一如见。”对于本篇写到郑庄公手下几个人物的表现，南宋吕祖谦评曰：“郑庄公有权谋，善用人，当时有祭仲、子封、原繁、洩驾、曼伯、子元之徒，皆为之用，故能以小而强。”(《左氏传说·看左氏规模》)本篇文章迂回曲折又富有戏剧性，就文学的角度来说，无疑是一篇绝佳的短篇小说。

2.周郑交质

周平王想要削弱郑庄公的势力，但又惧怕郑而不敢承认。

郑庄公敢强取温之麦与成周之禾，说明他眼里已无周天子。

隐公三年 郑武公、庄公为平王卿士[1]。王贰于虢[2]，郑伯怨王，王曰“无之”。故周、郑交质[3]。王子狐为质于郑[4]，郑公子忽为质于周[5]。王崩，周人将畀虢公政[6]。四月，郑祭足帅师取温之麦[7]。秋，又取成周之禾[8]。周、郑交恶[9]。

[注释]

[1] 卿士：执政大臣。 [2] 贰于虢：不单单信任郑伯，同时还信任虢公。此有偏信虢公的意思。虢，西虢公。 [3] 交质：郑国和周王互相交换人质。质，作抵押的人或物。此指人质。 [4] 王子狐：周平王之子。 [5] 公子忽：郑庄公太子，后即位为郑昭公。 [6]“王崩”二句：指周平王一死，周人准备将一部分权力

交给虢公。畀（bì），给予。 [7] 祭足：郑大夫祭仲。温：周王畿内的小国，在今河南温县。 [8] 成周：周的东都。遗址在今河南洛阳王城公园。禾：稷类谷物。 [9] 周、郑交恶：指郑国用武力强取了王室温地的麦子和成周的谷物，以示对周王重用虢公的抗议。这样一来，周王室和郑国结下了怨仇。

君子曰："信不由中[1]，质无益也。明恕而行[2]，要之以礼[3]，虽无有质，谁能间之[4]？苟有明信[5]，涧、溪、沼、沚之毛[6]，蘋、蘩、蕰藻之菜[7]，筐、筥、锜、釜之器[8]，潢、汙、行潦之水[9]，可荐于鬼神[10]，可羞于王公[11]，而况君子结二国之信，行之以礼，又焉用质？《风》有《采蘩》《采蘋》[12]，《雅》有《行苇》《泂酌》[13]，昭忠信也[14]。"

"二国"二字，有点睛之妙，说明此时周王在郑庄公眼里，只是和他一样的诸侯国国君了。近人吴曾祺说："二国句尤妙，周、郑既以等夷相待，故以二国目之，此所谓微文讽刺也。"（《左传菁华录》）

［注释］

[1] 信不由中：诺言不发自内心。信，指人的言语。中，同"衷"，指内心。 [2] 明恕：对自己发自诚心，对别人则能谅解。 [3] 要（yāo）：约束。 [4] 间（jiàn）：离间。 [5] 苟：假如。明信：明显的诚信。 [6] 涧、溪：山沟。沼（zhǎo）、沚（zhǐ）：池塘。毛：凡地上所生植物都叫毛。此指野草。 [7] 蘋（pín）：浅水中所长的植物。蘩（fán）：白篙，草本植物。蕰（wēn）藻：聚集的水草。以上在此均指野菜。 [8] 筐、筥（jǔ）：均为竹木编的盛东西的器具，方的为筐，圆的为筥。锜（qí）、釜

（fǔ）：均为烹饪用的器皿，有脚的叫锜，无脚的叫釜。 [9] 潢、汙（huáng wū）：此指不流动的死水。潢，积水池；汙，池塘。行潦（háng lǎo）：道路上的积水。 [10] 荐（jiàn）：进献。 [11] 羞（xiū）：进献食品。 [12]《风》：指《诗经》中的《国风》。《采繁》《采蘋》：《诗经·召南》中的两篇，均写妇女采集野菜以供祭祀。 [13]《雅》：指《诗经》中的《大雅》。《行苇（háng wěi）》《洞酌（jiǒng zhuó）》：《诗经·大雅》中的两篇，内容均有关宴享。 [14] 昭：显示，表明。

［点评］

清人冯李骅说："春秋初年，郑庄枭雄，为诸侯之冠。"（《左绣·读左卮言》）郑庄公的崛起，已经威胁到周王室。周平王让虢公担任卿士，目的是削弱郑庄公的权力。郑庄公有怨言，周平王竟不敢承认，可见郑国势力的强大。郑国与周王互换人质，实际上是把周朝廷也当作一个诸侯国看待了。周郑交质已经违背了君臣大义，而郑国敢于强取周王的麦子和禾稻，更是对周王权威的挑衅。实际上，郑庄公是用武力撕下了周王的尊严。君子之评，对双方都有责难，但更侧重于批评周王室，认为这种局面是因其不能以信服人，以礼驭下造成的，这也是《左传》崇霸贬王思想的反映。全文先讲事实，再进行评论，是《左传》典型的写法。君子的议论以"礼""信"为中心，引经据典，辞理畅达，对后世史论很有影响。

3.石碏谏宠州吁

隐公三年　卫庄公娶于齐东宫得臣之妹[1]，曰庄姜[2]，美而无子，卫人所为赋《硕人》也[3]。又娶于陈[4]，曰厉妫[5]，生孝伯[6]，早死。其娣戴妫生桓公[7]，庄姜以为己子。

《硕人》描写庄姜之美曰："手如柔荑，肤如凝脂，领如蝤蛴，齿如瓠犀，螓首蛾眉，巧笑倩兮，美目盼兮。"正可与此节对照看。

［注释］

[1] 卫庄公：名扬，卫武公之子，在位二十三年。东宫：太子所居之地，后常称太子为东宫。得臣：齐庄公的太子，未即位便已死去。　[2] 庄姜：卫庄公的妻子，是齐庄公嫡女，齐僖公姊妹。庄是丈夫谥号，姜是娘家的姓。　[3] 所为：为之。赋：作诗。《硕人》：《诗经·卫风》中的一篇，赞美庄姜之美。硕人，美人。硕，大。古人以硕大颀长为美。　[4] 陈：诸侯国名，妫（guī）姓，虞舜之后，都于宛丘，在今河南淮阳。　[5] 厉妫：人名，其中厉为谥号，妫为姓。　[6] 孝伯：卫庄公与厉妫之子。　[7] 娣（dì）：

妹妹。古代诸侯嫁女，要以侄娣陪嫁，所以自嫡室以下诸妾都叫“娣”。戴妫：人名，厉妫之妹，谥号戴。桓公：卫庄公之子，名完。

鲁隐公三年，卫桓公已即位十五年。因而此篇乃是追溯前事。后来石碏之子石厚与州吁谋弑卫桓公成功，石碏使人杀石厚及州吁，迎立桓公弟（公子晋）为卫君（宣公）。

公子州吁[1]，嬖人之子也[2]，有宠而好兵[3]，公弗禁，庄姜恶之。石碏谏曰[4]：“臣闻爱子，教之以义方[5]，弗纳于邪。骄、奢、淫、泆[6]，所自邪也[7]。四者之来，宠禄过也[8]。将立州吁，乃定之矣，若犹未也，阶之为祸[9]。夫宠而不骄，骄而能降，降而不憾，憾而能眕者鲜矣[10]。且夫贱妨贵，少陵长，远间亲，新间旧，小加大，淫破义，所谓六逆也[11]。君义，臣行，父慈，子孝，兄爱，弟敬，所谓六顺也[12]。去顺效逆，所以速祸也[13]。君人者将祸是务去[14]，而速之，无乃不可乎[15]？”弗听，其子厚与州吁游[16]，禁之，不可。桓公立，乃老[17]。

隐公四年 春，卫州吁弑桓公而立。

［注释］

[1] 公子州吁（xū）：卫庄公之子。 [2] 嬖（bì）人：指爱妾。嬖，宠幸。 [3] 好兵：喜欢玩弄兵器。 [4] 石碏（què）：卫大夫。 [5] 义方：正确的礼仪规矩。 [6] 泆：同“佚”，放荡恣肆。 [7] 所自邪：邪恶由此而来。 [8]“四者”二句：意谓骄、奢、

淫、佚，是给他的宠爱和俸禄过头了。 [9] 阶之为祸：指以宠爱为阶梯作乱。阶，阶梯。 [10]“夫宠而不骄”四句：受宠爱而不骄傲，骄傲而能安于地位下降，地位下降而能无所怨恨，怨恨而能自安自重，这样的人可不多。能降，安于地位下降。憾，恨。眕（zhěn），镇定自重的样子。鲜（xiǎn），少。 [11]“且夫贱妨贵”七句：州吁与桓公完相比，州吁庶出为贱，完夫人嫡子为贵；以年龄说，州吁年少，完年长；以亲疏说，州吁疏远，完亲近；以历史关系说，州吁是新进之人，完是耆旧之人；以情势说，州吁小，完大；以道义说，州吁淫邪，完忠义。所以如果立州吁，是犯了“六逆”。妨，妨害。陵，凌驾。间，离间。加，侵凌。破，破坏。逆，悖理的行为。 [12]“君义”七句：国君行事得宜，臣下坚决服从，父亲慈爱儿女，儿女孝敬父母，兄长爱护弟妹，弟妹尊敬兄长，这就是大家所说的六顺。顺，顺理之事。 [13] 速祸：加速祸患的到来。 [14] 君人：为人之君。将祸是务去：即“将务去祸”，一定要把祸患去掉。 [15] 无乃：恐怕，只怕。 [16] 游：交游，往来密切。 [17] 老：告老隐退。

[点评]

卫庄公宠爱公子州吁，州吁恃宠而骄，又喜欢弄武。石碏劝谏卫庄公不能过分溺爱公子，可是卫庄公不听劝。隐公四年，州吁果然杀了卫桓公自立为君。此节是《左传》作者补叙卫州吁其人，为隐公四年州吁弑卫桓公张本。石碏所论教育子女的道理，指出：骄横、奢侈、淫乱、放纵是导致邪恶的原因。宠爱和俸禄过了头，这不是爱子，而是害子，而且祸国。国君行仁义，臣下能恭行，为父有慈爱，为子能孝顺，为兄会爱护，为弟能恭敬，这六个方面是顺理的事情，应该做到。石碏直言敢谏，是春秋早期的一名诤臣。石碏这一番教育子女的话，今天仍令人深思。

4.郑庄公戒饬守臣

隐公十一年　秋七月，公会齐侯、郑伯伐许[1]。庚辰[2]，傅于许[3]，颍考叔取郑伯之旗蝥弧以先登[4]，子都自下射之[5]，颠[6]。瑕叔盈又以蝥弧登[7]，周麾而呼曰[8]："君登矣！"郑师毕登。壬午[9]，遂入许。许庄公奔卫。

郑庄公伐许，出发前在祖庙颁发兵器，子都因与颍考叔争车而结怨，因此子都用箭射颍考叔。后代演绎出"子都争车"的戏剧。

齐侯以许让公[10]。公曰："君谓许不共[11]，故从君讨之。许既伏其罪矣，虽君有命，寡人弗敢与闻[12]。"乃与郑人。

［注释］

[1] 公：鲁隐公。齐侯：齐僖公。郑伯：郑庄公。许：许国。　[2] 庚辰：初一日。　[3] 傅：附着，迫近。　[4] 蝥（máo）

弧：郑国旗帜名。先登：先登上城墙。 [5] 子都：郑国大夫公孙阏。 [6] 颠：从城上坠下。 [7] 瑕（xiá）叔盈：郑国大夫。 [8] 周麾：向四周挥动。周，遍；麾（huī），通“挥”。 [9] 壬午：初三日。 [10] 以许让公：把许国让给鲁隐公。 [11] 不共：不恭，不服从。 [12] 与（yù）闻：参与听闻，意即过问此事。

郑庄公此段告诫之语说得非常委婉，显示其城府之深及与他国交聘时很有策略。

郑伯使许大夫百里奉许叔以居许东偏[1]，曰：“天祸许国，鬼神实不逞于许君[2]，而假手于我寡人[3]。寡人唯是一二父兄不能共亿[4]，其敢以许自为功乎？寡人有弟[5]，不能和协[6]，而使糊其口于四方[7]，其况能久有许乎？吾子其奉许叔以抚柔此民也[8]，吾将使获也佐吾子[9]。若寡人得没于地[10]，天其以礼悔祸于许[11]？无宁兹许公复奉其社稷[12]。唯我郑国之有请谒焉[13]，如旧昏媾[14]，其能降以相从也[15]。无滋他族实偪处此[16]，以与我郑国争此土也。吾子孙其覆亡之不暇[17]，而况能禋祀许乎[18]？寡人之使吾子处此，不唯许国之为[19]，亦聊以固吾圉也[20]。”

［注释］

[1] 奉：事奉。许叔：许庄公之弟，名郑，谥桓公。许东偏：许国东部。 [2] 不逞：不满意。 [3] 假手：借某人之手。 [4] 唯是：

就是这。一二父兄：指同姓群臣。共亿：相安无事。[5] 寡人有弟：指郑伯克段于鄢一事。[6] 和协：相安，和睦相处。[7] 糊其口于四方：指四方求食。糊口，寄食。这是委婉的话。[8] 吾子：尊称，相当于“您”。抚柔此民：安顿好这些百姓。抚柔，安抚。[9] 获：郑国大夫公孙获。佐：协助。[10] 得没于地：指得以寿终埋葬于地。[11] 悔祸：撤除降予的祸害。[12] 无宁兹：愿使。无，发语词，无义；宁，宁可；兹，使。[13] 唯我郑国之有请谒：此句有省略，当为“唯我郑国之有请谒而是听”。请谒，请求。[14] 如旧昏媾：像对待已经结为姻亲的国家一样。昏媾，婚姻，姻亲。[15] 降以相从：屈己从人，即降格同意。[16]“无滋”句：意谓不要让旁人迫近这里。滋，同“兹”，使。[17] 覆亡：挽救危亡。不暇：没时间，来不及。[18] 禋（yīn）祀许：主持许国的祭祀。禋，虔诚斋戒。[19] 不唯许国之为：即不仅仅为许国。[20] 聊：姑且。圉（yǔ）：边境。

乃使公孙获处许西偏[1]，曰：“凡而器用财贿[2]，无置于许[3]。我死，乃亟去之[4]。吾先君新邑于此[5]，王室而既卑矣[6]，周之子孙日失其序[7]。夫许，大岳之胤也[8]，天而既厌周德矣，吾其能与许争乎[9]？”

明末清初人金圣叹批《才子古文》评郑庄公此段话说：“计又远，心又孤，极欲瞒人，更瞒不得。于是乎遂成曲曲折折，袅袅婷婷之笔。”

［注释］

[1] 许西偏：许国西部。[2] 而：同“尔”，你。财贿：财产。[3] 无：同“毋”，不要。[4] 亟：急，赶紧。[5] 新邑：指今河南新郑一带。郑国在西周初封时，国土在陕西华县东

北，平王东迁后，郑国立国于此，所以说“新邑”。 [6] 卑：衰微。 [7] 序：同“绪”，所承受的功业。此指周朝姬姓子孙力量逐渐衰弱。郑国本也是姬姓子孙。 [8] 大岳之胤（yìn）：太岳的后代。大岳，尧时的四岳之一。大，同“太”。胤，后代。 [9] 其：通“岂”。

礼，是宗法社会恪守的道德和伦理规范。郑庄公因为许违背了法度而讨伐许，许服罪了即宽恕许，是“可谓知礼”。

君子谓：“郑庄公于是乎有礼[1]。礼，经国家[2]，定社稷[3]，序民人[4]，利后嗣者也。许，无刑而伐之[5]，服而舍之[6]，度德而处之[7]，量力而行之，相时而动[8]，无累后人，可谓知礼矣。”

［注释］

[1] 于是：在这件事上。 [2] 经：经营治理。 [3] 定：安定。 [4] 序民人：使百姓有秩序。 [5] 无刑：不守法度。 [6] 服：服从。 [7] 度德：指郑国根据自己的威望。 [8] 相（xiàng）时而动：选择有利时机而后行动。

［点评］

郑庄公平定了国内共叔段之乱，又敢于与周王争强，其势力和野心日益膨胀。要扩展势力，必然要侵略别国。许国靠近郑国，国小而弱，于是郑庄公联合齐、鲁两国攻打许国。隐公十一年，三国攻下许国。但齐、鲁远在山东，不能占有地处河南的许国，于是将许国交与郑国托管。郑庄公让许国大夫百里侍奉许庄公的弟弟许叔主持许国国政，另派郑国大夫公孙获进行监督。这些计策，体现了郑庄公的心计。对于郑庄公戒饬守臣的言辞，后人多认为是老奸巨猾，口蜜腹剑。如近人吴曾祺说："庄非爱弟之人，其告许叔之言，虽非由衷，却自恻然动听，非奸雄不能为此语。"（《左传菁华录》）近人刘培极说："灭人之国，反作胶漆之语，何等狡狯。"（韩席筹《左传分国集注》引）虽如此，应该看到，此篇告诫之词，谋虑深远，分析透辟，措辞委婉曲折，有抑扬起伏之妙，堪称一篇上乘的辞令作品，表现了郑庄公擅于言辞的才能。

5.臧哀伯谏纳郜鼎

桓公元年　宋华父督见孔父之妻于路[1]，目逆而送之[2]，曰："美而艳[3]！"

此段只几个字，便极生动地写出华父督的"色相"，完全是小说笔法。东汉服虔注"目逆而送之"说："目者极视而睛不转也。"《史记·宋微子世家》改写为"督悦，目而观之"。金人王若虚《滹南遗老集》评论说："《左传》'目逆而送之'，其言甚文；《史记》乃曰'目而观之'，不成语矣。"

[注释]

[1] 华父督：名督，字华父，宋戴公之孙，好父说之子。孔父：名嘉，宋大司马。 [2] 目逆而送之：人从对面来，先以目迎之，走过后，又以目送之。逆，迎。 [3] 美而艳：美丽动人。美，指面目姣好；艳，指光彩动人。

桓公二年　春，宋督攻孔氏[1]，杀孔父而取其妻[2]。公怒，督惧，遂弑殇公[3]。

宋殇公立，十年十一战[4]，民不堪命[5]。孔父嘉为司马，督为大宰，故因民之不堪命[6]，先宣言曰[7]："司马则然[8]。"已杀孔父而弑殇公，召庄公于郑而立之[9]，以亲郑。以郜大鼎赂公[10]，齐、陈、郑皆有赂，故遂相宋公[11]。

夏四月，取郜大鼎于宋[12]。戊申[13]，纳于大庙[14]。非礼也。

宋殇公"十年十一战"中，除隐公五年取邾田与郑国无关外，其余皆宋、郑交战。

华父督为了收买人心，公然贿赂诸侯。鲁桓公把华父督贿赂他的郜鼎陈列于太庙，被评为不合礼制。

[注释]

[1] 宋督攻孔氏：此句应与元年传文"……美而艳"连读。宋督，即华父督。 [2] 取其妻：此是用武力强行霸占。 [3] 殇公：宋国国君，名与夷，因其年龄很小就被杀死了，所以谥号"殇"。 [4] 十年十一战：宋殇公在隐公四年即位，到桓公二年，共打了十一仗。 [5] 不堪命：不能忍受参与战争的命令。 [6] 故：有意。因：承。 [7] 宣言：扬言。 [8] 司马则然：大司马要这样做。司马掌管全国军队，所以宋督早就宣扬说，频年战争，是大司马要这样做的，把责任推给孔父嘉。 [9] 庄公：即公子冯，其时出居于郑国。 [10] 赂：以财物送人。 [11] 相宋公：华父督就当了宋庄公的相。 [12] 取郜大鼎于宋：鼎是郜国所铸，后归宋国。郜，姬姓小国，国境在今山东成武一带。郜国早被宋国所灭。此时宋华父督以郜鼎贿赂鲁国。 [13] 戊申：四月九日。 [14] 大庙：即太庙。鲁桓公想将郜鼎放置于鲁国太庙。

臧哀伯谏曰[1]："君人者将昭德塞违[2]，以临照百官[3]，犹惧或失之，故昭令德以示子孙。

本段的中心是“昭德塞违”，是从正面论述。

是以清庙茅屋[4]，大路越席[5]，大羹不致[6]，粢食不凿[7]，昭其俭也。衮、冕、黻、珽[8]，带、裳、幅、舄[9]，衡、紞、纮、綖[10]，昭其度也。藻、率、鞞、鞛[11]，鞶、厉、游、缨[12]，昭其数也。火、龙、黼、黻[13]，昭其文也。五色比象[14]，昭其物也。钖、鸾、和、铃[15]，昭其声也。三辰旂旗[16]，昭其明也。夫德，俭而有度[17]，登降有数[18]。文、物以纪之[19]，声、明以发之[20]，以临照百官，百官于是乎戒惧，而不敢易纪律。

［注释］

[1] 臧哀伯：鲁大夫，名达，僖伯之子。 [2] 君人者：做百姓的君王。昭：显扬。塞：堵塞。违：邪，不合德义，违礼之事。 [3] 临照：监视，示范。 [4] 清庙茅屋：以茅草盖屋作太庙。清庙，太庙。 [5] 大路：此处指祀天时所驾的玉辂。其中木辂最朴素，玉辂最奢华。路，通“辂（lù）”，指车子。越（kuò）席：用蒲草织成之席，铺于大辂中作车垫。越，通“括”，结、束。 [6] 大（tài）羹：肉汁。不致：不用五味调和，指很简朴。 [7] 粢食（zī sì）：古代供祭祀用的各类食物。不凿：不细舂，不进行精加工。 [8] 衮（gǔn）：古代天子及上公的礼服。冕（miǎn）：古代礼帽，大夫以上用。黻（fú）：祭服上用皮革做成以遮蔽腹膝之间的蔽膝。珽（tǐng）：古代自天子至士上朝时所用的笏。 [9] 带：指大带。礼服上用以束腰，其余下垂部分叫绅。等级不同，其带装饰不同。裳：下身的衣服，也叫裙。幅：绑脚布，

古人以布缠足背，上至于膝。舄（xì）：古代一种双底鞋，天子、诸侯有吉事时穿用。 [10] 衡：衡笄，用来加固帽子。紞（dǎn）：冠冕上用以系瑱玉（又叫充耳）的带子。纮（hóng）：冠冕上的纽带，由颔下挽上而系在笄的两端。綖（yán）：冠冕上的一种装饰，盖在冕上的一块布。 [11] 藻（zǎo）：垫玉的彩色板。率（shuài）：佩巾。鞞（bǐng）：刀鞘。鞛（běng）：同“琫”，佩刀刀把上的装饰物。 [12] 鞶（pán）：皮做的束衣带。厉：鞶带下垂作为装饰的部分。游（liú）：同“旒”，古代旌旗上悬垂的飘带。缨（yīng）：也叫“鞅”，套在马颈上的革带，驾车时用。 [13] 火、龙、黼（fǔ）、黻：皆衣裳上的花纹。火形是半环，龙即画成龙形，黼是黑白两色刺绣成一对斧头形，黻是用黑青两色刺绣成两个相背之弓形的花纹。 [14] 五色：青、黄、赤、白、黑，古代以此为正色。比象：即用五色绘画山、龙、花、虫之象。 [15] 钖（yáng）：马额头上的金属装饰，走时发出声响。鸾：通“銮”，古代的一种车铃。和：设在车轼（车前横木）上的小铃。铃：指设在旌旗上的小铃。 [16] 三辰：日、月、星。旂（qí）旗：古代旗帜的总称。 [17] 有度：有一定的制度。 [18] 登降：增减。有数：有一定数量。 [19] 文：指上文之火、龙、黼、黻。物：指五色比象。 [20] 声：指钖、鸾、和、铃。明：指三辰旂旗。

今灭德立违，而置其赂器于大庙[1]，以明示百官，百官象之[2]，其又何诛焉[3]？国家之败，由官邪也。官之失德，宠赂章也[4]。郜鼎在庙，章孰甚焉？武王克商，迁九鼎于雒邑[5]，义士犹或非之，而况将昭违乱之赂器于大庙，其若之

本段的中心是“灭德立违”，是从反面论述。

何[6]？”公不听。

周内史闻之曰[7]：“臧孙达其有后于鲁乎[8]！君违不忘谏之以德。”

[注释]

[1]“今灭德”二句：如今把受贿来的大鼎放置于太庙，是废除了道德而树立邪恶。赂器，郜鼎本受贿而得，故称。 [2]明示：公然展示。象之：以此为榜样。 [3]诛：惩罚。 [4]宠赂章：贿赂公行。章，同“彰”。 [5]九鼎：古代传说夏禹铸九鼎，象征九州，三代时奉为传国之宝。雒邑：即王城，在今河南洛阳。武王十一年，与商纣王战于牧野，灭商，纣王自焚死。成王七年，营建雒邑。迁鼎之事，恐非武王所为，臧哀伯顺口说及。 [6]若之何：怎么办。 [7]内史：周王室官名，掌策命诸侯及公卿大夫，凡四方之事都记载下来并宣读之。 [8]有后：指臧哀伯之后代能长享禄位。

[点评]

本篇先引桓公元年、二年宋国的太宰华父督弑宋殇公事件，这是臧哀伯谏郜鼎的起因。宋华父督杀了宋殇公，因害怕诸侯来讨伐，大肆贿赂各诸侯国。鲁桓公接受了华父督的郜鼎，把它置于太庙中。鲁大夫臧哀伯进谏鲁桓公，阻止其将郜鼎置于太庙。而且指出，作为一国之君，是“昭德塞违”，还是“灭德立违”，关系到国家的兴衰成败。臧哀伯由此阐述了礼的重要性，以德治国，以礼治国，是根本。近人林纾《左传撷华》曾评论左氏的论述说："然以大势论之，实得一偶字法。何云偶？每举一事，必有对也。"臧哀伯谏郜鼎，即是一正一反的偶对法。

6.季梁论民为神主

桓公六年　楚武王侵随[1]，使薳章求成焉[2]。军于瑕以待之[3]。随人使少师董成[4]。

鬬伯比言于楚子曰[5]：“吾不得志于汉东也[6]，我则使然[7]。我张吾三军[8]，而被吾甲兵[9]，以武临之，彼则惧而协以谋我[10]，故难间也[11]。汉东之国，随为大，随张[12]，必弃小国[13]。小国离，楚之利也。少师侈[14]，请羸师以张之[15]。”熊率且比曰[16]：“季梁在[17]，何益？”鬬伯比曰：“以为后图，少师得其君[18]。”王毁军而纳少师[19]。

《左传》写战争有许多出色的计谋描写。“羸师以张之”即为一例。

[注释]

[1]楚武王：名熊通，楚国第十七君。楚国本子爵，自他开始僭称王。随：诸侯国名，姬姓，在今湖北随州。 [2]薳（wěi）章：也作蔿章。求成：求和。 [3]军：此作动词，军队驻扎。瑕：随国地名。 [4]少师：官名。董成：主持和谈。董，主持。 [5]鬬伯比：即后来的令尹子文之父。鬬氏为芈姓，楚先王若敖之后。 [6]得志：指扩张国土。汉：汉水。汉水以东多姬姓小国。 [7]我则使然：是我们自己（失策）造成的。 [8]张：扩大。 [9]被吾甲兵：整顿武器装备。 [10]协以谋我：共同来对付我们。 [11]间：离间。 [12]张：自高自大。 [13]弃：轻视。 [14]侈：骄傲。 [15]羸（léi）师：此处指让军队故意表现出衰弱的样子。羸，衰弱。张：此指故意助长随军的骄傲。 [16]熊率且（jū）比：楚国大夫。 [17]季梁：随国贤臣。 [18]"以为后图"二句：意谓为以后打算，因为少师可以得到他们国君的信任。 [19]毁军：故意乱其军阵。纳：迎于军中。

少师归，请追楚师，随侯将许之。季梁止之曰："天方授楚[1]，楚之羸，其诱我也，君何急焉？臣闻小之能敌大也，小道大淫[2]。所谓道，忠于民而信于神也[3]。上思利民，忠也；祝史正辞[4]，信也。今民馁而君逞欲[5]，祝史矫举以祭[6]，臣不知其可也。"公曰："吾牲牷肥腯[7]，粢盛丰备[8]，何则不信？"对曰："夫民，神之主也。是以圣王先成民而后致力于神。故奉牲

季梁识破楚人诡计，劝谏随侯停止追击楚军。

"民，神之主""先民后神"，代表了春秋时期人们对天与民的认识。

以告曰‘博硕肥腯[9]’，谓民力之普存也[10]，谓其畜之硕大蕃滋也[11]，谓其不疾瘯蠡也[12]，谓其备腯咸有也[13]。奉盛以告曰‘洁粢丰盛[14]’，谓其三时不害而民和年丰也[15]。奉酒醴以告曰‘嘉栗旨酒’[16]，谓其上下皆有嘉德而无违心也[17]。所谓馨香[18]，无谗慝也[19]。故务其三时，修其五教[20]，亲其九族[21]，以致其禋祀[22]。于是乎民和而神降之福，故动则有成[23]。今民各有心，而鬼神乏主[24]，君虽独丰，其何福之有！君姑修政而亲兄弟之国，庶免于难[25]。”随侯惧而修政，楚不敢伐。

祭品丰厚、百姓富足，做什么事情都能成功，包括抵御大国入侵，这才是真正的“道”。

［注释］

[1] 天方授楚：上天正要壮大楚国。 [2] 小道大淫：小国有道而大国无度。 [3] 信：诚信。 [4] 祝史：主持祭祀祈祷之官。正辞：言辞正实不欺。 [5] 馁：饥饿。逞欲：力图满足自己的欲望。 [6] 矫举：用诈伪之辞。 [7] 牲牷（quán）：即牺牲，牛、羊等祭品。牷，毛色纯一的牲畜。肥腯（tú）：肥壮。 [8] 粢盛（chéng）：盛在祭器中的粮食。 [9] 博：广。硕：大。 [10] 民力之普存：指百姓财力普遍富足。 [11] 蕃滋：繁殖。 [12] 不疾瘯蠡：不生疾病。瘯蠡（cù luǒ），牲畜的一种病。 [13] 备腯咸有：品种齐全。 [14] 洁粢丰盛：指清洁的粮食盛满祭器。 [15] 三时：春、夏、秋，是务农之时。不害：指不违农时。 [16] 醴：酒。

嘉栗旨酒：清洁而美的好酒。[17]无违心：无异心。[18]馨香：芳香远闻。[19]谗：诬陷人的坏话。慝（tè）：邪恶。[20]务：致力于。此指努力耕作。五教：指父义、母慈、兄友、弟恭、子孝。[21]九族：从高祖、曾祖、祖父、父亲、本身，到子、孙、曾孙、玄孙共九代，称为九族。或说也包括异姓亲戚。[22]禋（yīn）祀：祭祀鬼神。[23]动则有成：做什么事情都能成功。[24]乏主：没有依靠。[25]庶：庶几，或许可以。

［点评］

楚国征伐随国，楚大夫鬬伯比建议军队故意示弱以麻痹随军，使其自高自大，使周围小国离心，最终达到消灭它的目的。随侯（国君）不知是计，想贸然出兵，随国大夫季梁反对，劝阻了随侯。本篇写了楚臣鬬伯比、随侯、随少师、季梁等人，中心是季梁及其论战。作者把季梁的论战写得波澜起伏，花团锦簇。季梁由此提出了一个重要的思想："忠于民而信于神"；"夫民，神之主也"。《尚书·五子之歌》里已有"民惟邦本，本固邦宁"和"敬天保民"的思想。季梁的言论，则在此基础上又推进了一步：要忠于百姓，百姓是神明的主人。这就是体现在《左传》中鲜明的民本思想。季梁的话虽然还有一个"神"在，但在他的理念中，对天和神的无条件的畏惧崇拜已基本上被否定，民是第一位的。要忠于百姓，修好政治且亲近兄弟国家，这才是治国的"大道"。随侯听从了季梁的建议，励精图治，楚国终于不敢轻易攻打随国。清人林云铭《古文析义》卷一指出，本篇"全篇问答，可与《宫之奇谏假道》篇参看。"读者尽可对照比较。

7. 曹刿论战

清人王源《左传评》曰："妙在'远谋'二字。""谋者战之本。未能远谋，何以战乎？"

曹刿与鲁庄公的战前对话，重在论民心向背与战争的关系。

庄公十年 春，齐师伐我[1]。公将战，曹刿请见[2]。其乡人曰："肉食者谋之[3]，又何间焉[4]。"刿曰："肉食者鄙[5]，未能远谋。"乃入见。问何以战。公曰："衣食所安，弗敢专也[6]，必以分人。"对曰："小惠未遍[7]，民弗从也。"公曰："牺牲玉帛[8]，弗敢加也[9]，必以信[10]。"对曰："小信未孚[11]，神弗福也。"公曰："小大之狱，虽不能察，必以情[12]。"对曰："忠之属也[13]，可以一战，战则请从。"

［注释］

[1] 齐师伐我：齐师伐鲁，是为了上一年公子纠的事。齐国公

子小白（齐桓公）与公子纠争位。鲁国支持公子纠。上一年，齐人逼鲁国在生窦这个地方杀死了齐国的公子纠，今年齐国又来伐鲁。 [2] 曹刿（guì）：又叫曹沫，生卒年不详，春秋时鲁国大夫（今山东东平人），著名的军事理论家。事迹可参见《史记·刺客列传·曹沫》。 [3] 肉食者：当时习惯语，指当官的贵族。 [4] 间（jiàn）：参与。 [5] 鄙：鄙陋，无远见。 [6]“衣食”二句：衣食这些用于生存的东西，我不敢独自占有。弗敢专，不敢专有享用，必分给群臣。 [7] 未遍：不能周遍，人人皆有。 [8] 牺牲：祭祀用的猪、牛、羊。玉：珠玉。帛：布匹。都是祭品。 [9] 加：增加，此指虚报。 [10] 信：诚信。 [11] 未孚：未取得信任。孚，信任。 [12] 必以情：指处理得合情合理。 [13] 忠之属：这是忠于百姓、为百姓尽力的表现。

公与之乘。战于长勺[1]。公将鼓之[2]。刿曰；“未可。”齐人三鼓，刿曰：“可矣。”齐师败绩。公将驰之[3]。刿曰：“未可。”下视其辙[4]，登轼而望之[5]，曰：“可矣。”遂逐齐师。

作者的用笔极其省俭。近人吴曾祺说：“写一时战状，他人数百言方尽者，此只以一二言了之，可谓简括之极，此等境界，万难学到。”（《左传菁华录》）

［注释］

[1] 长勺：在今山东曲阜。 [2] 鼓之：擂鼓进军。 [3] 驰之：追击齐军。 [4] 辙：车轮走过的痕迹。 [5] 轼：车前扶手横木，全车最高点。

既克，公问其故。对曰：“夫战，勇气也[1]，

“一鼓作气”的本意是说打仗时擂第一通鼓，士气就振作起来了。

一鼓作气，再而衰，三而竭。彼竭我盈[2]，故克之。夫大国难测也，惧有伏焉[3]。吾视其辙乱，望其旗靡[4]，故逐之。”

［注释］

[1]“夫战”二句：意谓作战，靠的是勇气。 [2] 竭：士气衰竭。盈：士气旺盛。 [3] 伏：埋伏。 [4] 靡：倒下。

［点评］

庄公十年（前684），齐兴师伐鲁，战于鲁地长勺，鲁国最终以弱胜强，史称齐鲁长勺之战，是著名的以弱胜强的战例。文中写战争的过程其实非常简略，重在写曹刿的“论战”。战前曹刿之三问，突出的是民心的向背；作战时曹刿之二“未可”，二“可矣”，体现其战机把握之准确。战后曹刿的评论，又紧扣战争经过，解释一鼓作气、彼竭我盈之理和下视登望之故。曹刿种种行为的原因于激战之中无暇解释，自然给读者留下悬念，待最后庄公问其故，才一一道出，令人豁然开朗。行文设计巧妙，简洁明了，布局详略有致，是《左传》之中描写战争的一篇短小精悍独具特色的作品。

8.楚灭息囚蔡侯

庄公十年　蔡哀侯娶于陈，息侯亦娶焉[1]。息妫将归，过蔡[2]。蔡侯曰："吾姨也[3]。"止而见之，弗宾[4]。息侯闻之，怒，使谓楚文王曰[5]："伐我，吾求救于蔡而伐之[6]。"楚子从之。秋九月，楚败蔡师于莘[7]，以蔡侯献舞归[8]。

楚国本企图灭掉汉东小国，息侯请伐，正中楚意。蔡国被灭四年后，息国也为楚所灭。

息妫，即息夫人，又称桃花夫人。后人以息夫人或桃花夫人之典为诗者众多，如王维、李白、杜牧等。

［注释］

[1] 蔡哀侯：蔡国国君，名献舞，此年为楚国所虏，留楚九年而死。息侯：息国国君。　[2]"息妫"二句：息妫由陈国到息国，必经过蔡国。息妫（guī），息侯夫人，陈国是妫姓，故称息妫。归，出嫁。　[3] 姨：妻子的姐妹。　[4] 弗宾：蔡哀侯对她不礼貌。　[5] 使：派人。　[6]"伐我"二句：指息侯要楚国假装进攻息国，息向蔡国求援，楚国就可以攻打它。　[7] 莘：蔡地，在今

河南汝南境内。 [8] 以：带着。此指抓住。

《吕氏春秋·长攻篇》记载楚王欲取息、蔡二国之事，与《左传》所记不尽相合，可参看。

庄公十四年 蔡哀侯为莘故[1]，绳息妫以语楚子[2]。楚子如息，以食入享[3]，遂灭息。以息妫归，生堵敖及成王焉。未言[4]。楚子问之，对曰："吾一妇人而事二夫，纵弗能死[5]，其又奚言？"楚子以蔡侯灭息，遂伐蔡[6]。秋七月，楚入蔡。

［注释］

[1] 为莘故：指上文庄公十年战于莘，蔡哀侯被俘之事。 [2] 绳：赞美。 [3] 以食入享：设享礼招待息侯。 [4] 未言：指息妫从不主动开口说话。 [5] 弗能死：指不能以死守志。 [6] "楚子"二句：指楚文王由于蔡哀侯的挑拨而灭息国，为取悦息妫，于是进攻蔡国。

庄公二十八年 楚令尹子元欲蛊文夫人[1]，为馆于其宫侧[2]，而振万焉[3]。夫人闻之，泣曰："先君以是舞也，习戎备也[4]。今令尹不寻诸仇雠[5]，而于未亡人之侧[6]，不亦异乎！"御人以告子元[7]。子元曰："妇人不忘袭仇[8]，我反忘之！"

［注释］

[1] 令尹：楚国官名，为楚国最高官职，掌军政大权。子元：楚文王之弟。蛊：引诱。文夫人：指文王夫人息妫。 [2]“为馆”句：指在息妫的宫殿旁建造馆舍。 [3] 振万：指万舞中的武舞，因舞时摇铃铎以和节奏，故称。万，万舞。 [4] 习戎备：演习备战。 [5]“今令尹”句：指不用于对付仇敌。寻，用。仇雠，仇敌。 [6] 未亡人：古代寡妇自称。 [7] 御人：息妫身边的侍者。 [8] 袭仇：攻袭仇敌。

［点评］

蔡哀侯和息国国君娶了息妫姊妹，蔡哀侯对息妫妹妹不敬，引起息君的不满。两人都想借楚国之力惩治对方，替自己出气。结果是引狼入室，蔡哀侯被囚，息国君更是亡国丧妻。息妫归楚后，不发一言，恪守妇道，因此被后人称赞。《左传》叙写了一批妇女，有具备政治家眼光的僖负羁之妻，有对诸侯列国利益关系了如指掌的卫国的定姜，有具有鲜明爱国情愫的许穆夫人等。息妫也是其中写得比较出色的一个。息夫人的“不言”，赢得后人诸多的赞叹。比较有名的有唐代宋之问的《息夫人》诗“可怜楚破息，肠断息夫人。仍为泉下骨，不作楚王嫔”；王维的《息夫人》诗“莫以今时宠，能忘旧日恩。看花满眼泪，不共楚王言”；李白的《望夫石》诗“有恨同湘女，无言类楚妃”，用的也是息夫人的典故。此后吟咏息夫人或桃花夫人的诗作历代不绝。

9. 卫懿公好鹤

卫懿公竟然给鸟禄位，使其乘轩车，荒唐透顶。兵临城下，国人不愿出战，叫卫懿公派鹤去打仗。此事看似很有戏剧性，其实是国人对昏庸的卫懿公的抗议。

闵公二年 冬十二月，狄人伐卫[1]。卫懿公好鹤[2]，鹤有乘轩者[3]。将战，国人受甲者皆曰[4]："使鹤[5]，鹤实有禄位，余焉能战[6]！"公与石祁子玦[7]，与甯庄子矢[8]，使守，曰："以此赞国[9]，择利而为之[10]。"与夫人绣衣，曰："听于二子[11]。"渠孔御戎，子伯为右，黄夷前驱，孔婴齐殿[12]。及狄人战于荧泽[13]，卫师败绩，遂灭卫。卫侯不去其旗[14]，是以甚败[15]。狄人囚史华龙滑与礼孔[16]，以逐卫人。二人曰："我，大史也[17]，实掌其祭[18]。不先，国不可得也[19]。"乃先之。至则告守曰："不可待也[20]。"夜与国人出。狄入卫，遂从之[21]，又败诸河[22]。

[**注释**]

[1] 狄人：生活于山西一带的少数民族。此狄人指赤狄，狄人的一支。 [2] 卫懿公：名赤，卫惠公之子，在位九年。 [3] 轩：四面有遮蔽的车，卿大夫所乘。 [4] 国人：本指当时的城市自由民，这里泛指百姓。受甲：授兵，临战前在祖庙领取甲胄武器。 [5] 使鹤：让鹤去打仗。 [6] 焉能战：怎么能打仗。 [7] 石祁子：卫国大夫。玦（jué）：有缺的环形玉佩，标志裁决之权。 [8] 甯（nìng）庄子：卫国大夫。矢：即箭，标志发布军令之权。 [9] 赞：助理。 [10] 择利而为之：选择有利的就做。 [11] 二子：指石祁子和甯庄子。 [12] 渠孔、子伯、黄夷、孔婴齐：都是卫国大夫。御戎：驾驭战车。右：车右。前驱：前锋。殿：殿后。 [13] 荧泽：在黄河之北，今河南淇县。 [14] 不去其旗：不肯拔掉车上的旗。卫懿公乘的车是主帅的车，败逃时不肯拔掉旗子，对方就知道主帅在哪里。 [15] 甚败：大败。 [16] 史华龙滑、礼孔：都是卫国大夫。 [17] 大史：即太史。 [18] 实掌其祭：是掌管祭祀的人。 [19]“不先”二句：古代对祭祀极为重视，所以掌祭祀的应该先入国。这是太史以此骗狄人。 [20] 待：抵御。 [21] 从之：指追击卫人。 [22] 河：指黄河。

[**点评**]

传说中夏启的儿子太康耽于游乐田猎，荒废政事，不理民情，人民不堪忍受，故有《五子之歌》讽刺他说：“内作色荒，外作禽荒。”（《尚书·五子之歌》）周初太保召公担心周武王玩物丧志，也告诫他说：“玩人丧德，玩物丧志。”(《尚书·旅獒》)今卫懿公正是“玩人丧德，玩物丧志”的昏君。卫懿公喜欢鹤，竟然给鹤大夫的待遇，让它乘坐轩车(春秋时期乘车等级：天子乘大辂，诸侯乘辂车，大夫乘轩车，士乘饰车)，还封给禄位，可见他的昏庸。喜欢鸟到了这种地步，国家的治理也就可想而知了。狄人打来了，国人不愿意作战，最后即使卫懿公亲征，又派了大臣勉强组成军阵抵御狄人，还是被打得大败。其中一个细节很有意思，即卫懿公败逃时还不愿意取下他主帅车子上的旗帜，狄人紧追不放，结果是卫国被狄人占领。作者看似据实叙事，其实“惩恶劝善”的用心正蕴含在叙事之中。

10. 齐伐楚盟于召陵

僖公四年　春，齐侯以诸侯之师侵蔡[1]。蔡溃，遂伐楚。

楚子使与师言曰[2]：“君处北海，寡人处南海[3]，唯是风马牛不相及也[4]，不虞君之涉吾地也[5]，何故？”

管仲对曰[6]：“昔召康公命我先君大公曰[7]：‘五侯九伯，女实征之[8]，以夹辅周室[9]。’赐我先君履[10]：东至于海，西至于河，南至于穆陵[11]，北至于无棣[12]。尔贡苞茅不入[13]，王祭不共，无以缩酒[14]，寡人是征[15]；昭王南征而不复[16]，寡人是问[17]。”

《左传》僖公三年记载：“齐侯与蔡姬乘舟于囿，荡公。公惧，变色。禁之，不可。公怒，归之，未之绝也。蔡人嫁之。”《史记·管晏列传》说：“桓公实怒少姬，南袭蔡，管仲因而伐楚……”

管仲假天子之名发出的责问有咄咄逼人之势。楚使的回应则针锋相对，异常巧妙。可以想象，管仲听到“问诸水滨”的回答，必定也无可奈何。

对曰：“贡之不入，寡君之罪也，敢不共给[18]？昭王之不复，君其问诸水滨[19]。”师进，次于陉[20]。

［注释］

[1] 齐侯：齐桓公。以：率领。蔡：国名，姬姓，在今河南汝南、上蔡、新蔡一带。 [2] 使与师言：派使者来到军中说。 [3]“君处北海”二句：意思为相距很远。古人以为中国的四周都是海，这里所谓北海、南海，即指极北和极南。不必指认实地。 [4] 风马牛不相及也：意谓即使马牛发情，也跑不到一起。风，牛马发情。另一解释是，即使牛马发情狂奔，也不能彼此到达。 [5] 不虞：不料。涉吾地：指入侵到我国。 [6] 管仲：又称管夷吾、管敬仲等，齐国名臣，辅佐齐桓公称霸。 [7] 召康公：周武王时太保召公奭。大公：即太公姜尚，齐国始封君。 [8] 五侯：指公、侯、伯、子、男五等爵位；九伯：指九州之长。女：通“汝”。征之：都可以征讨他们。 [9] 夹辅：辅佐。夹（xié），同“挟”。 [10] 赐我先君履：指征伐的足迹所到的范围。 [11] 穆陵：楚地名，大约在湖北麻城西北一带。 [12] 无棣：地名，在今山东、河北交界处。 [13] 尔：指楚王。苞：同“包”，束。茅：菁茅，用来滤酒。 [14] 共：同“供”。缩酒：用菁茅滤去酒糟。 [15] 是征：即征是，问你这是为什么。征，问罪。 [16]“昭王”句：昭王，即周昭王，成王之孙，晚年不理国事，人民怨恨，当他巡狩南方渡过汉水时，当地人故意把一只用胶粘的船让他乘，行至中流，船解体下沉，昭王与臣子都淹死了。不复，不回来。 [17] 是问：即问是。 [18]“贡之不入”三句：意谓贡品没给足，是我们楚

国的不是。 [19] 问诸水滨：问水边的人吧。诸，“之于”的合音。 [20] 陉（xíng）：地名，或谓在今河南郾城。

夏，楚子使屈完如师[1]，师退，次于召陵[2]。

齐侯陈诸侯之师[3]，与屈完乘而观之。齐侯曰：“岂不穀是为[4]，先君之好是继。与不穀同好，如何？”对曰：“君惠徼福於敝邑之社稷[5]，辱收寡君[6]，寡君之愿也[7]。”齐侯曰：“以此众战，谁能御之？以此攻城，何城不克？”对曰：“君若以德绥诸侯[8]，谁敢不服？君若以力，楚国方城以为城[9]，汉水以为池[10]，虽众，无所用之！”屈完及诸侯盟。

齐桓公邀屈完观阵，是向楚国示威。屈完从正反两方面回应说，齐国修好，我们欢迎；齐国以武力威胁，楚国则奉陪到底。屈完的回答，可谓有理有节。

[注释]

[1] 屈完：楚国大夫。 [2] 召陵：在今河南郾城。 [3] 陈：同“阵”，作动词，排列成战阵。 [4] 岂不穀是为：即“岂为不穀”。下句“先君之好是继”即“继先君之好”。不穀，国君自谦的称呼。穀，善。 [5]“君惠”句：意谓您为敝国的社稷求福。惠，表谦敬的副词。徼（yāo）福，求福。 [6] 辱：客气语。收：接纳。 [7] 寡君之愿也：这是我们楚君最大的愿望啊。 [8] 绥（suí）：安抚。 [9] 方城：山名，今河南叶县南有方城山。 [10] 池：护城河。

[点评]

齐桓公侵蔡，是因蔡姬荡舟引起，而伐楚，则是为了抑制楚国的扩张。其时南方楚国的国力日益强盛，连年出兵攻打郑国，企图入主中原。而周天子已有名无实，只有仰仗霸主了。为了阻遏楚国的北进，齐桓公乃于鲁僖公四年（前656）亲自率领齐、鲁、宋、陈、卫、郑、许、曹八国诸侯之师南下伐楚。楚国毫不示弱，与之进行了针锋相对的斗争，最后齐、楚订盟于召陵。齐桓公这次出兵虽未与楚作战，但却打击了楚国北进的锋芒，暂时消除了楚国对中原诸国的威胁。本篇记述了此次齐、楚斗争的全过程，行文起伏跌宕、文辞渊懿雅丽。文中所写七段辞令，段段精彩。战争并未进行，而行人辞令折冲于樽俎之间，委婉含蓄又针锋相对，刚柔得体而言简意深。此篇是春秋时期行人辞令典范之一。附带说一下，在此篇中，管仲似乎有点蛮横无理，其实管仲是有名的贤相和改革家，孔子对其极为称赞，说：“桓公九合诸侯，不以兵车，管仲之力也。”又说：“管仲相桓公，霸诸侯，一匡天下，民到于今受其赐。微管仲，吾其被发左衽矣。”（《论语·宪问》）

11.宫之奇谏假道

僖公五年　晋侯复假道于虞以伐虢[1]。宫之奇谏曰[2]："虢，虞之表也[3]。虢亡，虞必从之。晋不可启[4]，寇不可玩[5]，一之谓甚[6]，其可再乎？谚所谓'辅车相依[7]，唇亡齿寒'者，其虞、虢之谓也。"

公[8]曰："晋，吾宗也[9]，岂害我哉？"

对曰："大伯、虞仲，大王之昭也[10]。大伯不从，是以不嗣[11]。虢仲、虢叔，王季之穆也[12]，为文王卿士，勋在王室[13]，藏于盟府[14]。将虢是灭[15]，何爱于虞[16]？且虞能亲于桓、庄乎[17]？其爱之也[18]，桓、庄之族何罪？而以为

"辅车相依，唇亡齿寒"很形象地说明虢、虞两国之间的关系。今天人们常引用这句谚语比喻利害相关、互相依存的关系。

宫之奇征引历史，推断晋国将灭虢害虞，以批驳虞公“吾宗”的宗族观念。

宫之奇强调国家的存亡不是乞求神灵，而是要实行德政，要保护百姓，上下和谐。

戮，不唯偪乎[19]？亲以宠偪，犹尚害之，况以国乎[20]？”

公曰：“吾享祀丰洁[21]，神必据我[22]。”

对曰：“臣闻之，鬼神非人实亲[23]，惟德是依。故《周书》曰：‘皇天无亲，惟德是辅[24]。’又曰：‘黍稷非馨，明德惟馨[25]。’又曰：‘民不易物，惟德繄物[26]。’如是，则非德，民不和，神不享矣。神所冯依[27]，将在德矣。若晋取虞，而明德以荐馨香，神其吐之乎[28]？”弗听，许晋使。

宫之奇以其族行，曰：“虞不腊矣[29]，在此行也，晋不更举矣[30]。”

［注释］

[1] 晋侯：晋献公。复：再次。假：借。虞：国名，在今山西平陆东北。晋侯第一次借道在僖公二年，灭下阳。此为第二次。 [2] 宫之奇：虞国大夫。 [3] 表：指外围。 [4] 启：开，指让晋扩张其野心。 [5] 玩：玩忽。 [6] 一之谓甚：指上次借道已经是很严重了。 [7] 辅车相依：车载物必需用辅支持，辅和车是相互依靠的。辅，车厢两旁的板。 [8] 公：虞国国君。 [9] 吾宗也：晋、虞、虢都是姬姓诸侯国。宗，指同宗。 [10] 大伯、虞仲：大王的长子和次子。大，同“太”。大王：即古公亶父。古代宗庙的制度，始祖神位居中，第二代在左，叫昭；第三

代在右，叫穆。 [11] 不嗣：没继承王位。大伯知道大王想传位给小儿子王季，就和虞仲出走吴国，不继承王位。 [12] 虢仲、虢叔：虢国的开国祖先，王季的次子和三子。王季之穆：王季为昭，虢仲、虢叔为穆。 [13] 勋在王室：意谓对于王室有大功。勋，功勋。 [14] 盟府：主管策勋、封赏、盟誓的官署。 [15] 将虢是灭：即“将灭虢”。 [16] 爱：舍不得。 [17]“且虞”句：意谓虞国能比桓叔和庄伯更亲近晋侯吗？桓、庄，桓叔和庄伯。桓叔，晋献公曾祖；庄伯，晋献公祖父。 [18] 之：指桓、庄之族。 [19]“而以为戮”二句：桓叔、庄伯两族有什么罪过，晋侯却把他们杀掉，不就是因为晋侯感觉到他们的威胁吗？ [20]“亲以宠偪”三句：意谓亲近而且受宠，一旦威胁到晋侯，都尚且被杀害，更何况其他国家呢？ [21] 享祀：祭祀的祭品。 [22] 据：依靠，此指保护。 [23] 鬼神非人实亲：即“鬼神非亲人”。 [24]“皇天”二句：见于《尚书·周书·蔡仲之命》。意谓上天不亲近哪个人，只帮助有德行的人。 [25]“黍稷”二句：见于《尚书·周书·君陈》。意谓祭祀的黍稷并不算芳香远扬，光明的美德才能芳香远播。黍稷，古代祭祀所用谷物。馨，香气。明德，光明之德。 [26]“民不”二句：见于《尚书·周书·旅獒》。意谓人们不必改变自己的祭品，只有德行才可以充当祭品。易，变换。物，指祭品。繄（yì），是。 [27] 冯依：依靠。冯，同“凭”。 [28]“若晋取虞”三句：意谓如果晋国占领了虞国，再发扬美德，给神灵献上芳香的祭品，神灵难道会吐出来吗？荐，供献。 [29] 腊：年终的大祭。 [30] 不更举：不用再次出兵。

八月甲午[1]，晋侯围上阳[2]。问于卜偃曰[3]：“吾其济乎[4]”？对曰：“克之。”公曰：“何时？”

卜偃借童谣并结合天象预卜虢公将败。

对曰:“童谣云:‘丙之晨[5],龙尾伏辰[6],均服振振[7],取虢之旂[8]。鹑之贲贲[9],天策焞焞[10],火中成军[11],虢公其奔。’其九月、十月之交乎[12]。丙子旦[13],日在尾,月在策,鹑火中,必是时也。[14]”

冬十二月丙子朔[15],晋灭虢,虢公丑奔京师[16]。师还,馆于虞[17],遂袭虞,灭之,执虞公及其大夫井伯,以媵秦穆姬[18]。而修虞祀[19],且归其职贡于王[20]。故书曰[21]:“晋人执虞公。”罪虞[22],且言易也[23]。

最后一句话是《左传》作者解释《春秋》经文的微言大义。

[注释]

[1] 八月甲午:夏历是八月,周历是十月十七日。夏、商、周三代历法不同。 [2] 上阳:为南虢之地,在今河南陕县南。 [3] 卜偃:晋国掌管卜筮的大夫。 [4] 济:成功。 [5] 丙:丙子日。 [6] 龙尾:星名,东方七宿中的尾星。伏辰:日月会于尾星,故尾星伏而不见。辰,日月相会叫“辰”。 [7] 均服:戎服,色黑。振振:威武美好貌。 [8] 旂(qí):同“旗”。取旂意味获胜。 [9] 鹑(chún):鹑火星。贲贲(bēn):形容鹑火星发光的样子。 [10] 天策:星名,也叫傅说星,靠近太阳。焞焞(tūn):无光的样子。 [11] 火中:鹑火星出现在南方。中,某星出现在南方。成军:整顿军队。 [12] 交:晦朔交会之时。 [13] 旦:清晨。 [14]“日在尾”四句:日在尾星,月在天策星,鹑火

在正南，正是虢国被灭时。 [15] 丙子朔：按夏历为十月初一日。 [16] 丑：虢公名。 [17] 馆：驻扎。 [18]“执虞公”二句：指晋献公抓住了虞公及其大夫井伯，并在嫁女儿给秦穆公时，把井伯等人作为陪嫁。媵(yìng)，陪嫁的男女，此作动词。 [19] 虞祀：指晋祭祀虞国境内的山川之神。此指晋国并没有废掉虞国的祭祀。 [20]“且归”句：把虞国的赋税归于周王。职贡，赋税。 [21] 书：指《春秋》经文。 [22] 罪虞：怪罪虞国。意谓虞国被晋国所灭，罪在自己。 [23] 易：指晋国取虞容易。

[点评]

僖公二年，晋献公用名马美玉向虞国借道攻打虞之邻邦虢国。虞公贪图财宝，答应借道于晋。结果晋国借此灭了下阳。僖公五年，晋国再次向虞国借道，大夫宫之奇看清了晋国的野心，力谏虞公，虞公仍不吸取教训，不听宫之奇的劝告，答应晋国借道。最终晋国借道灭虢，回兵时顺道灭了虞国。本篇以事记言，围绕虞国存亡的中心论题，层层深入展开议论和驳难，有力地驳斥了虞公对宗族关系和神权的迷信，指出存亡在人不在神，应该实行德政，民不和，祭祀再丰盛，神是不会享用也不会保护你的。宫之奇之语言，优美精练，言简意赅；并征引经典、民谚，贴切、生动，具有很强的说服力。智深虑远的宫之奇与贪贿无才、昏聩愚昧的虞公形成了鲜明的对比。

12. 秦晋韩之战

鲁僖公四年，晋国发生骊姬之乱，太子申生自杀，群公子逃亡。僖公九年，出奔屈地的公子夷吾靠贿赂秦国回国当上国君。此段交代秦国所以伐晋，是因晋惠公多行不义。

僖公十五年 晋侯之入也[1]，秦穆姬属贾君焉[2]，且曰："尽纳群公子[3]。"晋侯烝于贾君[4]，又不纳群公子，是以穆姬怨之[5]。晋侯许赂中大夫[6]，既而皆背之。赂秦伯以河外列城五[7]，东尽虢略[8]，南及华山[9]，内及解梁城[10]，既而不与。晋饥，秦输之粟[11]；秦饥，晋闭之籴[12]。故秦伯伐晋。

[注释]

[1] 晋侯：晋惠公，名夷吾，晋文公重耳的庶弟。入：指晋惠公回国为君。 [2]"秦穆姬"句：指秦穆夫人曾将贾君托付给晋惠公。秦穆姬，秦穆公夫人，晋献公女儿。贾君，太子申生的妃子。 [3] 纳：收留。群公子：指因骊姬之乱逃亡在外的

众公子。 [4] 烝：指与上辈通奸。按辈分，贾君是晋惠公的嫂嫂。 [5] 怨之：怨恨晋惠公。 [6] 中大夫：指晋国内执政大臣。 [7] 河外：黄河以南。列城五：指共五座城。 [8] 虢略：虢国的边界。略，边界。 [9] 华山：山名，在陕西华阴境内。 [10] 解梁城：今山西解、临晋、虞乡三县之地。 [11] 输之粟：给晋国送粮食。此事在僖公十三年。 [12] 闭之籴（dí）：拒绝秦国来买粮。籴，买进粮食。此事在僖公十四年。

卜徒父借占卜预言晋惠公必败。

卜徒父筮之[1]，吉："涉河，侯车败[2]。"诘之[3]，对曰："乃大吉也。三败，必获晋君。其卦遇《蛊》䷑[4]，曰：'千乘三去，三去之余，获其雄狐[5]。'夫狐《蛊》[6]，必其君也。《蛊》之贞，风也；其悔，山也[7]。岁云秋矣，我落其实而取其材[8]，所以克也。实落材亡[9]，不败何待？"

［注释］

[1] 卜徒父：秦国卜官，名徒父。 [2] 侯车败：卜筮得到的卜辞预示的结果。侯车，晋侯之车。 [3] 诘之：秦穆公追问卜徒父。 [4]《蛊》（gǔ）：《周易》卦名。《巽》下《艮》上。 [5]"千乘三去"三句：是卦辞。意谓千乘之国三次进军，三次进军之后，能逮住那只雄狐。千乘（shèng），一千辆兵车，作为大国诸侯的代称。 [6] 狐《蛊》：指雄狐，暗指晋国君。这是解释卦名。 [7] 贞：内卦，代表己方；悔：为外卦，代表对方。《蛊》卦

由《巽》下《艮》上构成,《巽》为风,《艮》为山。风是秦的象征,山是晋的象征。这是解释卦辞。 [8]“岁云”二句:指时节已到了秋天,树上的果实都让风吹落了,山上的木材也可为我所用。 [9]实落材亡:果实落地,木材也丧失了。指到了败亡的时候了。

庆郑本是忠臣,但多次直言顶撞晋惠公,所以惠公不用他。可见晋惠公心胸狭小。

晋惠公又不听庆郑的劝告,刚愎自用,为后来的失败埋下伏笔。

三败及韩[1],晋侯谓庆郑[2]曰:“寇深矣[3],若之何[4]?”对曰:“君实深之,可若何[5]!”公曰:“不孙[6]。”卜右[7],庆郑吉,弗使[8]。步扬御戎[9],家仆徒为右[10]。乘小驷,郑入也[11]。庆郑曰:“古者大事[12],必乘其产[13],生其水土而知其人心,安其教训而服习其道[14]。唯所纳之[15],无不如志[16]。今乘异产,以从戎事,及惧而变,将与人易[17]。乱气狡愤[18],阴血周作,张脉偾兴[19],外强中干,进退不可,周旋不能[20]。君必悔之。”弗听。

[**注释**]

[1]及韩:指晋军退到韩原。韩,也称韩原,在今陕西韩城南。 [2]庆郑:晋国大夫。 [3]深:深入。 [4]若之何:怎么办。 [5]可若何:还能怎么办。 [6]不孙:指出言无礼。孙,同“逊”。 [7]卜右:以占卜的方式选择担任车右陪乘的人。 [8]弗使:不用庆郑。 [9]步扬:晋国公族大夫。御戎:驾驭兵车。 [10]家

仆徒：晋大夫。右：车右。 [11] 小驷：马的名称，比较矮小。郑入：郑人进贡的。 [12] 大事：指战争。 [13] 必乘其产：一定要用本国出产的马驾车。 [14]“生其水土”二句：此指本国马熟悉水土，听从教训。服习，熟悉，习惯。 [15] 纳之：使之，指好使唤。 [16] 如志：听从人愿。志，意愿。 [17]“今乘异产”四句：意谓现在用别国产的马来驾车打仗，一旦遇到意外情况，将因恐惧而改变常态，必然违反人的意图。易，相反。指马与人的意图相反。 [18] 乱气狡愤：指马呼吸、喘气而发怒。 [19] 脉：血管。偾（fèn）兴：紧张突起。 [20] 周旋：旋转。不能：不灵活。

九月，晋侯逆秦师[1]。使韩简视师[2]，复曰[3]：“师少于我，斗士倍我[4]。”公曰：“何故？”对曰：“出因其资[5]，入用其宠[6]，饥食其粟：三施而无报[7]，是以来也。今又击之，我怠秦奋，倍犹未也[8]。”公曰：“一夫不可狃，况国乎[9]？”遂使请战，曰：“寡人不佞，能合其众而不能离也[10]，君若不还[11]，无所逃命。”秦伯使公孙枝对曰：“君之未入[12]，寡人惧之[13]；入而未定列[14]，犹吾忧也。苟列定矣，敢不承命[15]！”韩简退曰：“吾幸而得囚[16]。”

韩简指出晋惠公“三施而无报”理亏，但惠公仍一意孤行。

《左传》中有许多委婉语。“敢不承命”，是委婉语，“吾幸而得囚”也是委婉语，这是《左传》重要的语言特点。

［注释］

[1] 逆：迎战。 [2] 韩简：晋大夫。视师：探视秦国兵

力。 [3] 复：复命。 [4] 斗士：拼死敢斗之士。 [5] 出因其资：晋惠公夷吾出奔，曾依靠秦国的资助。 [6] 入用其宠：回国也靠秦国帮助。见前文注释。 [7] 三施：即前面说的秦国对晋惠公的三次恩惠。 [8] 倍：斗志相差一倍。 [9]"一夫"二句：意谓一介匹夫还不可让人轻辱，何况一个国家？足见晋惠公不服气。一夫，普通人。狃（niǔ），轻慢。 [10]"能合"句：意谓既已把军队集合起来，就无法解散他们。言外非得较量一下不可。 [11] 君：指秦君。 [12] 未入：未回到国内。 [13] 惧之：替晋惠公担心。 [14] 未定列：君位未安定。 [15]"苟列"二句：意谓如今你君位安定了，我岂敢不接受贵君作战的命令呢？ [16] 幸而得囚：做俘虏已是幸运了。意谓能做俘虏已经很不错了，否则将战死。

此段描述晋惠公等六人的行状、对话，简洁而又层次清楚，与庄公十年齐鲁长勺之战的描写异曲同工。

壬戌[1]，战于韩原。晋戎马還泞而止[2]。公号庆郑[3]，庆郑曰："愎谏违卜[4]，固败是求[5]，又何逃焉？"遂去之[6]。梁由靡御韩简，虢射为右[7]，辂秦伯[8]，将止之，郑以救公误之[9]，遂失秦伯。秦获晋侯以归[10]。

晋大夫反首拔舍从之[11]，秦伯使辞焉，曰："二三子何其感也[12]！寡人之从晋君而西也[13]，亦晋之妖梦是践[14]，岂敢以至[15]？"晋大夫三拜稽首，曰："君履后土而戴皇天[16]，皇天后土，实闻君之言[17]。群臣敢在下风[18]。"

[注释]

[1] 壬戌：十四日。 [2] 還（xuán）泞而止：马陷于泥潭之中，回旋不得出来。 [3] 号庆郑：向庆郑呼救。 [4] 愎（bì）谏：不接受劝谏。违卜：违反卜辞。指不用庆郑为车右。 [5] 固败是求：即“固求败”，本来是自找失败。 [6] 去之：庆郑离开晋惠公。 [7] 梁由靡、虢射：都是晋国大夫。 [8] 辂（yà）：迎，迎战。 [9] 郑以救公误之：庆郑招呼韩简去救惠公，因此耽误了抓秦穆公的机会。 [10] 秦获晋侯：秦国活捉了晋惠公。 [11] 反首：头发披散，向下垂着。此表示哀痛。拔舍：拔营。 [12] 二三子：泛指你们这些人。慼：同“慽”，忧伤。 [13] 从晋君而西：指俘虏晋惠公西归。此为委婉说法。 [14] 晋之妖梦：指僖公十年，晋大夫狐突遇到太子申生的鬼魂，申生斥责惠公无道，必败于韩，晋人称此事为妖梦。 [15] 以至：太过分。 [16] 后土、皇天：都是对天的尊称。 [17] 实闻君之言：都听到您的话了。言外即为你不要食言。 [18] 敢在下风：都在下面听候吩咐。

穆姬闻晋侯将至，以太子罃、弘与女简璧登台而履薪焉[1]。使以免服衰绖逆[2]，且告曰：“上天降灾，使我两君匪以玉帛相见[3]，而以兴戎[4]。若晋君朝以入，则婢子夕以死；夕以入，则朝以死[5]。唯君裁之！”乃舍诸灵台[6]。

晋惠公夷吾是秦穆姬庶弟，所以穆姬要救惠公。看似与战争无关的闲笔，却丰富了历史细节，也为叙事增添了波澜。

[注释]

[1] 以：带领。太子罃（yīng）：即后来的秦康公。弘和简璧也是秦穆姬的子女。登台履薪：这是秦穆姬用木头搭的台，撤掉上

台的木梯，积薪其下，人站于薪上，表示要自焚而死。 [2] 免（wèn）服、衰绖（cuī dié）：都是丧服。 [3] 匪：同“非”。以玉帛相见：表示友好。 [4] 以兴戎：即大动干戈。 [5]“若晋君”四句：所谓朝、夕，指时间短暂。这是秦穆姬为救晋惠公而威胁秦穆公。 [6] 乃舍诸灵台：秦穆公不杀晋惠公，把他安置在灵台。灵台，秦国的宫名，在秦都郊外。

秦穆公是五霸中比较出色的霸主。作者于此细细写来，可见秦穆公用心深邃，恰与晋惠公形成鲜明对比。

大夫请以入[1]。公曰：“获晋侯，以厚归也[2]。既而丧归[3]，焉用之？大夫其何有焉[4]？且晋人感忧以重我[5]，天地以要我[6]。不图晋忧，重其怒也[7]；我食吾言[8]，背天地也。重怒难任[9]，背天不祥，必归晋君。”公子絷曰[10]：“不如杀之，无聚慝焉[11]。”子桑曰：“归之而质其大子[12]，必得大成。晋未可灭而杀其君，只以成恶[13]。且史佚有言曰[14]：‘无始祸[15]，无怙乱[16]，无重怒。’重怒难任，陵人不祥[17]。”乃许晋平[18]。

［注释］

[1] 大夫：秦国大夫。请以入：请把惠公带回秦国都城。 [2]“获晋侯”二句：俘获晋侯君，是重大胜利，是“厚”。 [3] 丧归：穆姬要自杀，那是“丧”。 [4] 何有：有何益处。 [5] 慼忧以重我：指晋大夫反首拔舍，以忧愁来感动我。 [6] 天地以要我：指着天地和我相约。要，约束。 [7]“不

图”二句：是假设句，意谓如果不考虑晋人的忧虑，会加重对我的怨恨。重其怒，加重他们的怨恨。 [8] 食吾言：指前已答应“岂敢以至”，所以不敢食言。 [9] 重怒：增加愤怒。难任：难以承当。 [10] 公子絷：秦大夫，穆公儿子。 [11] 聚慝：指晋惠公回国后仍将与秦为敌。慝（tè），邪恶。 [12] 质其大子：留下太子为人质。 [13] 成恶：造成更大的怨恨。 [14] 史佚：西周初年的史官。 [15] 无始祸：不要首发祸患。 [16] 怙乱：等于说乘人之危。怙，依靠。 [17] 陵人：欺凌别人。 [18] 平：讲和。

晋侯使郤乞告瑕吕饴甥[1]，且召之。子金教之言[2]，曰：“朝国人而以君命赏[3]。且告之曰：‘孤虽归，辱社稷矣！其卜贰圉也[4]。’”众皆哭。晋于是乎作爰田[5]。吕甥曰：“君亡之不恤，而群臣是忧，惠之至也[6]，将若君何？”众曰：“何为而可[7]？”对曰：“征缮以辅孺子[8]。诸侯闻之，丧君有君，群臣辑睦[9]，甲兵益多，好我者劝[10]，恶我者惧，庶有益乎！”众说[11]，晋于是乎作州兵[12]。

此段写战后之事，晋人谋复其君，振兴晋国。

［注释］

[1] 郤乞：晋大夫。瑕吕饴甥：晋大夫，姓吕，字子金，又称吕甥，食邑于瑕、阴二地，又称阴饴甥。此时饴甥在晋国内。 [2] 教之言：教郤乞怎么说话。 [3]“朝国人”句：意谓

你去接见国人并以晋君的名义赏赐东西给他们。朝国人，使国人朝。 [4] 卜贰圉：卜言惠公要立圉为国君。卜，占卜。贰，代替。圉（yǔ），惠公太子，后即位，是为晋怀公。 [5] 作爰田：开始废除周初以来土地定期分配的井田制，以税收赏群臣。 [6]“君亡”三句：意谓国君被俘流亡在外，不忧愁自己而担心国内群臣，这是最大的恩惠啊。恤，忧。 [7] 何为而可：怎么办才好。 [8] 征：征收赋税。缮：修整军备。孺子：即太子圉。 [9] 辑睦：和睦。 [10] 劝：勉励。 [11] 说：同“悦”。 [12] 作州兵：改革兵制，训练地方武装。

史苏之言是卜筮之辞，是预言，其实是事后追记。

初，晋献公筮嫁伯姬于秦[1]，遇《归妹》䷵之《睽》䷥[2]。史苏占之曰[3]：“不吉。其繇曰[4]：‘士刲羊[5]，亦无衁也[6]。女承筐，亦无贶也[7]。西邻责言[8]，不可偿也。《归妹》之《睽》，犹无相也[9]。’《震》之《离》，亦《离》之《震》[10]。‘为雷为火，为嬴败姬[11]。车说其輹[12]，火焚其旗，不利行师，败于宗丘[13]。《归妹》《睽》孤[14]，寇张之弧[15]，侄其从姑，六年其逋[16]，逃归其国，而弃其家[17]，明年其死于高梁之虚[18]。’”及惠公在秦，曰：“先君若从史苏之占，吾不及此夫[19]。”韩简侍，曰：“龟，象也[20]；筮，数也[21]。物生而后有象，象而后有滋[22]，滋而后有数。

先君之败德，及可数乎[23]？史苏是占，勿从何益[24]？《诗》曰[25]：'下民之孽[26]，匪降自天，僔沓背憎[27]，职竞由人[28]。'"

下民的罪孽，不是自天而降的。当面谈笑奉承，背后相互憎恨，这终究是人为的啊！

［注释］

[1] 筮嫁：出嫁时进行占筮。伯姬：即秦穆姬。 [2]《归妹》：卦名，《兑》下《震》上。之：变为。《睽（kuí）》：卦名，《兑》下《离》上。 [3] 史苏：晋献公之时的占卜官。 [4] 繇：卦辞。 [5] 刲（kuī）：刺。 [6] 衁（huāng）：血。 [7] 无贶：无实，无所得。贶（kuàng），赐予。 [8] 西邻：指秦国。责言：指责的话。 [9]"《归妹》之《睽》"二句：从卦名来讲，"归妹"是嫁女之意，"睽"是隔绝之意，所以《归妹》变为《睽》，是婚姻走向破裂，对秦晋关系是没有帮助的。相，助。无相，无助。 [10]"《震》之《离》"二句：《归妹》卦是《兑》下《震》上；《睽》卦是《兑》下《离》上。《归妹》之《睽》就等于《震》变《离》，而《震》变《离》和《离》变《震》是一样的。 [11]"为雷"二句：《震》代表雷，《离》代表火，是晋国的象征，也是火气太盛的象征。火盛是女子嫁后反害其娘家的预兆，所以说"为嬴败姬"。嬴，秦国姓；姬，晋国姓。 [12] 说：通"脱"。輹（fù）：车厢下面钩住车轴的木头。 [13] 宗丘：即韩原。 [14] 孤：孤绝。 [15] 弧：弓。 [16]"侄其从姑"二句：意谓太子圉是伯姬侄子，二年后即鲁僖公十七年，太子圉入秦为人质，因此说"侄其从姑"。僖公二十二年圉逃归本国，所以是"六年其逋"。逋（bū），逃亡。 [17]"逃归其国"二句：圉在秦娶秦穆公女儿怀嬴，逃回时怀嬴留在秦没有回晋国，因此说"弃其家"。 [18] 高梁：晋地名，在今山西临汾。 [19] 不及此：不会遭此失败。 [20] 龟，

象也：用龟甲来占卜，吉凶表现在形象上。象，指火灼龟甲之后裂纹的形象。 [21] 筮，数也：用蓍草占筮，吉凶表现在数目上。数，筮草成卦所得的数目。 [22]“物生”二句：意谓事物要先生成，才有形象。有形象之后才能演变。滋，滋生，生长。 [23] 及可数：倒装句，即“数可及”。难道数得完吗？ [24] 勿：语首助词，无义。从何益：听从了有什么好处。 [25]《诗》：见《诗经·小雅·十月之交》。 [26] 孽：妖孽。 [27] 僔沓：指在一起热烈谈论。僔（zǔn），聚语；沓（tà），杂沓。背憎：背地里互相憎恨。 [28] 职：语助词。竞：同“竟”，终究。

阴饴甥“不和”之对答，出人意表，应对绝妙。

阴饴甥从晋国内“小人”“君子”不和说起，自报德和报怨两方面暗示秦穆公应该放回晋惠公。近人吴曾祺赞曰：“婉曲周至，足为千古辞令之祖。战国说士极多，无能出其右者。”(《左传菁华录》)

十月，晋阴饴甥会秦伯，盟于王城[1]。秦伯曰：“晋国和乎[2]？”对曰：“不和。小人耻失其君而悼丧其亲[3]，不惮征缮以立圉也[4]，曰：‘必报仇，宁事戎狄[5]。’君子爱其君而知其罪[6]，不惮征缮以待秦命[7]，曰：‘必报德，有死无二[8]。’以此不和。”秦伯曰：“国谓君何？”对曰：“小人慼，谓之不免[9]；君子恕[10]，以为必归。小人曰：‘我毒秦[11]，秦岂归君？’君子曰：‘我知罪矣，秦必归君。贰而执之[12]，服而舍之，德莫厚焉，刑莫威焉[13]！服者怀德，贰者畏刑，此一役也，秦可以霸。纳而不定[14]，废而不立，以德为怨，秦不其然[15]！’”秦伯曰：“是吾心也[16]。”改馆晋侯[17]，馈七牢焉[18]。

[注释]

[1] 王城：在今陕西大荔东。 [2] 和：团结一致。 [3] 失其君：指惠公被俘。丧其亲：指将士战死。 [4] 不惮：不怕。 [5] “必报仇”二句：意谓宁可事奉戎狄，也一定要报仇。 [6] 知其罪：了解惠公的错误。 [7] 待秦命：等待秦国送惠公回国的命令。 [8] “必报德”二句：意谓秦国如果送惠公回国，我们一定要报答秦国的恩德，死也不敢有二心。死无二，死无二心。 [9] 慼：同“慽”，忧愁。不免：指秦君不肯赦免惠公。 [10] 恕：宽恕。 [11] 毒秦：害苦了秦。 [12] 贰而执之：心怀二心，就俘虏他。 [13] 刑莫威焉：意思是刑罚也没有比这更威严的了。威，威严。 [14] 纳而不定：既送惠公回国，又不能使他安定君位。 [15] 不其然：不会这样。 [16] 是吾心也：说到我心坎上了。 [17] 馆：作动词，安置在宾馆。 [18] 馈：赠送。七牢：牛、羊、猪各七头。

蛾析谓庆郑曰[1]：“盍行乎[2]？”对曰：“陷君于败，败而不死，又使失刑[3]，非人臣也。臣而不臣，行将焉入？”十一月，晋侯归。丁丑[4]，杀庆郑而后入。

《国语·晋语三》“惠公杀丕郑（庆郑）”条亦记载此事，可以对照参看。

是岁，晋又饥，秦伯又饩之粟[5]，曰：“吾怨其君，而矜其民[6]。且吾闻唐叔之封也[7]，箕子曰[8]：‘其后必大[9]。’晋其庸可冀乎[10]？姑

作者记秦穆公此言，实为僖公二十四年晋文公重耳在秦国护送下回国即位之事张本。

树德焉[11]，以待能者[12]！”于是秦始征晋河东[13]，置官司焉[14]。

［注释］

[1] 蛾析：晋大夫。 [2] 盍行乎：庆郑害得晋惠公战败被俘，所以蛾析劝他逃走。盍，何不。行，逃走。 [3] 失刑：当受刑罚而逃走。 [4] 丁丑：二十九日。 [5] 饩（xì）：赠送。 [6] 矜：哀怜。 [7] 唐叔：周武王之子，成王时始封于晋，为晋始祖。 [8] 箕子：殷纣王的叔父。 [9] 其：指唐叔。 [10] 其庸：难道。冀：希望得到，图谋它。 [11] 姑树德焉：意谓我还是多树立德行吧。 [12] 能者：有才能的人。 [13] 征：赋税，此作动词，征收赋税。河东：即上文的“河外列城五”之地。 [14] 置官司：设置官吏，负责管理。

［点评］

晋国发生骊姬之乱后，众公子逃亡。僖公九年，公子夷吾厚赂秦穆公，由秦国护送他回国即位，是为晋惠公。晋惠公夷吾是个贪婪、无信、无义的小人，当上国君后并不兑现原先的诺言，对于秦穆姬的劝告也置若罔闻。他与太子申生的妃子通奸，又不收留逃亡在外的各位公子。秦穆公一而再、再而三地施惠于晋国，但是晋惠公皆背施不报。于是秦国讨伐晋国，在韩原与晋惠公打了一仗。韩之战，晋惠公大败，自己也为秦国俘虏，这完全是他“背施、幸灾、贪爱、怒邻”的结果。本篇详细描写了韩之战的经过，其中写庆郑对晋惠公的怨气，以至失去抓捕秦穆公的机会，写秦穆姬对晋惠公的营救，写阴饴甥的交聘辞令，都是精彩之笔，体现了《左传》作者在战争中不忘刻画人物的特点。

13.泓之战

子鱼大司马之谏有理，可惜忠言逆耳，宋襄公听不进去。

僖公二十二年　夏，宋公伐郑[1]。子鱼曰[2]："所谓祸在此矣。"

楚人伐宋以救郑[3]。宋公将战，大司马固谏曰[4]："天之弃商久矣[5]，君将兴之，弗可赦也已[6]。"弗听。

冬十一月己巳朔[7]，宋公及楚人战于泓[8]。宋人既成列[9]，楚人未既济[10]。司马曰："彼众我寡，及其未既济也请击之。"公曰："不可。"既济而未成列，又以告。公曰："未可。"既陈而后击之[11]，宋师败绩[12]。公伤股[13]，门官歼焉[14]。

国人皆咎公[15]。公曰:“君子不重伤[16],不禽二毛[17]。古之为军也,不以阻隘也[18]。寡人虽亡国之余[19],不鼓不成列[20]。”子鱼曰:“君未知战。勍敌之人[21],隘而不列[22],天赞我也。阻而鼓之[23],不亦可乎?犹有惧焉[24]。且今之勍者,皆吾敌也。虽及胡耇[25],获则取之,何有于二毛[26]?明耻教战[27],求杀敌也。伤未及死,如何勿重[28]?若爱重伤[29],则如勿伤[30];爱其二毛,则如服焉[31]。三军以利用也[32],金鼓以声气也[33]。利而用之,阻隘可也[34];声盛致志[35],鼓儳可也[36]。”

《淮南子·泛论训》说:“古之伐国,不杀黄口,不获二毛,于古为义,于今为笑。古之所以为荣者,今之所以为辱也。”正可用来批评宋襄公。

僖公二十三年 夏五月,宋襄公卒,伤于泓故也。

[注释]

[1] 宋公:宋襄公,名兹父,宋桓公之子。鲁僖公十年立,二十三年卒,在位十四年。春秋五霸之一。 [2] 子鱼:宋公子目夷,时为大司马,掌管军队,即下文的大司马。 [3] “楚人伐宋”句:宋襄公称霸,郑伯不买他的账,仍然和楚国来往,于是宋襄公会合卫侯、许男、滕子伐郑,楚国因此来救郑国。 [4] 固谏:坚决劝阻。 [5] 天之弃商:指商朝为周所灭。宋国本是商人后裔。 [6] 弗可赦:违天之罪是不可赦免的。 [7] 己巳朔:初一

日。 [8] 泓：河流名，属于宋国，在今河南柘城北。 [9] 既成列：已经摆好阵势。 [10] 未既济：还没有全部渡过泓水。 [11] 陈：同“阵”，军阵。 [12] 败绩：大败。 [13] 股：大腿。 [14] 门官：国君的亲兵。 [15] 咎（jiù）：罪，归罪。 [16] 重伤：对已受伤的敌人再加以伤害。 [17] 禽：同“擒”。二毛：头发两种颜色，指头发花白的老人。 [18] 不以阻隘：不把敌人逼到险要地方以取胜。 [19] 亡国之余：指殷商人的后代。 [20] 鼓：作动词，击鼓进军。此指进攻。 [21] 勍敌：强敌。勍（qíng），强。 [22] 隘而不列：处于险隘之地还未列阵。 [23] 阻而鼓之：凭险而进攻他们。 [24] 犹有惧：就上述情况，还怕打不赢。 [25] 胡耇（gǒu）：老年人。 [26] 何有：有何可怜惜的呢？有何舍不得呢？ [27] 明耻：明白国耻之心。教战：教以战术。 [28] 勿重：不再加伤害。 [29] 爱：怜惜。 [30] 如：不如，应该。 [31] 服：投降。 [32] 以利用：抓住有利时机用兵。 [33] 金鼓以声气也：金鼓是用来鼓舞士气的。 [34] 阻隘可也：敌人在险隘之处，正是可利用的时机。 [35] 声盛：金鼓洪亮。致志：鼓舞士气。 [36] 鼓儳：进攻未成列的敌人。儳（chán），队列参差不齐。

[点评]

僖公十七年，齐桓公死后，齐国陷入争立国君的混乱之中。宋襄公发动诸侯之兵讨伐齐国，终于立了齐孝公。在齐桓公去世之后，晋文公尚未崛起，宋襄公多次召集诸侯，称霸之心便膨胀起来。僖公十九年他抓了滕宣公、杀了鄫国君来祭祀次睢的土地神，又讨曹、伐郑，欲以力服人，却被楚人玩弄于股掌之上。宋襄公野心很大，他想继承齐桓公的霸业，不自量力地与强大的楚国干起来，看起来不可一世，其实是一只蠢猪。泓之战，他提出“不重伤，不禽二毛”的迂腐主张，以此来显示他的仁义，终于以失败告终，最后连命也葬送了。对于宋襄公的“仁义”，宋代的苏轼曾给予严厉的批评，他的《宋襄公论》即指出：“宋襄公非独行仁义而不终者也，以不仁之资，盗仁者之名尔。”本篇刻画了宋襄公这样一个徒有霸心而无霸术的形象，又重点写司马子鱼的论战，驳斥“不鼓不成列”“不擒二毛”“不重伤”等宋襄公的谬论，并一针见血地指出“君未知战”。子鱼的论战，其中三句反问连用，一气而下，透彻明确，痛快淋漓，无懈可击。

14. 晋公子重耳之亡

此篇以“重耳之及于难”句领起，用倒叙的手法集中叙写重耳逃亡的全过程。

僖公二十三年　晋公子重耳之及于难也[1]，晋人伐诸蒲城[2]。蒲城人欲战，重耳不可，曰：“保君父之命而享其生禄，于是乎得人[3]。有人而校[4]，罪莫大焉。吾其奔也[5]。”遂奔狄[6]。从者狐偃、赵衰、颠颉、魏武子、司空季子[7]。狄人伐廧咎如[8]，获其二女：叔隗、季隗[9]，纳诸公子[10]。公子取季隗，生伯儵、叔刘，以叔隗妻赵衰，生盾[11]。将适齐，谓季隗曰：“待我二十五年，不来而后嫁。”对曰：“我二十五年矣[12]，又如是而嫁，则就木焉[13]。请待子。”处狄十二年而行。

流亡之初，重耳只是被动逃亡。

[注释]

[1] 及于难：指骊姬之难。《左传》僖公四年，晋献公听信宠姬骊姬的谗言，逼死太子申生，公子重（chóng）耳、夷吾同时出逃。 [2] 蒲城：今山西隰县，重耳的封邑。 [3] “保君父之命”二句：意思是我是靠了父王的命令才有了养生的俸禄，因此才得到众人的拥护。保，依靠。生禄，以采邑的赋税来养生的俸禄。得人，得到众人拥护。 [4] 有人：即“得人”。校：同“较”，较量，对抗。 [5] 其：表语气，还是……吧。奔：出逃。 [6] 狄：古代北方的少数民族。 [7] 狐偃：重耳的舅父，字子犯。赵衰（cuī）：字子馀。颠颉（xié）：晋大夫。魏武子：名犨（chōu）。司空季子：一名胥臣。 [8] 廧咎（qiáng gāo）如：狄族的别种，隗姓。 [9] 叔、季：指排行。古人以孟、仲、叔、季排行。 [10] 诸：之于。公子：指重耳。 [11] 盾：即赵盾。 [12] 二十五年：指已经二十五岁了。 [13] 就木：进棺材。木，棺材。

过卫，卫文公不礼焉[1]。出于五鹿[2]，乞食于野人[3]，野人与之块[4]。公子怒，欲鞭之。子犯曰：“天赐也[5]。”稽首[6]，受而载之。

重耳的成功，更多得益于手下大臣的智慧与力量。

及齐，齐桓公妻之[7]，有马二十乘[8]，公子安之[9]。从者以为不可[10]。将行，谋于桑下[11]。蚕妾在其上，以告姜氏[12]。姜氏杀之，而谓公子曰：“子有四方之志[13]，其闻之者吾杀之矣。”公子曰：“无之[14]。”姜曰：“行也。怀与安[15]，实败名[16]。”公子不可。姜与子犯谋，醉而遣

再写重耳胸无大志，安于现状。

之[17]。醒，以戈逐子犯。

及曹，曹共公闻其骈胁[18]，欲观其裸[19]。浴，薄而观之[20]。僖负羁之妻曰[21]：“吾观晋公子之从者，皆足以相国[22]。若以相，夫子必反其国[23]。反其国，必得志于诸侯[24]。得志于诸侯，而诛无礼，曹其首也。子盍蚤自贰焉[25]。”乃馈盘飧[26]，置璧焉。公子受飧反璧[27]。

近人吴曾祺说：“季隗、齐姜、怀嬴及僖负羁妻，前后映带生情，以为章法，最有机趣。”（韩席筹《左传分国集注》引）

重耳“受飧反璧”，符合其“文而有礼”的特点。与前相比，其心态已悄然发生变化。

［注释］

[1] 不礼：不以礼待之。焉：之，代词，指重耳。 [2] 五鹿：卫地，在今河南濮阳东北莎鹿城。 [3] 野人：乡下人。 [4] 块：土块。 [5] 天赐：上天的赐予。子犯认为土块是土地的象征，表示上天将赐予重耳土地，象征能回国当国君。 [6] 稽首：叩头。 [7] 妻（qì）之：把齐国宗室女儿嫁给他。 [8] 乘（shèng）：古时一车四马为一乘。 [9] 安之：安居于齐，不想走了。 [10] 从者：即跟随重耳逃亡的狐偃、赵衰一帮人。 [11] 桑下：桑树下。 [12] 蚕妾：养蚕的女奴。姜氏：齐桓公嫁给重耳的齐女。 [13] 四方之志：指远大的志向。 [14] 无之：重耳未参与策划离齐，因此不承认。 [15] 怀与安：眷恋享受，安于现状。 [16] 败名，败坏功名。 [17] 遣之：把重耳送出齐国。 [18] 骈胁：腋下肋骨连成一片。 [19] 欲观其裸：指想乘重耳裸身时看看。裸，裸体。 [20] 薄：同“迫”，迫近，靠近。 [21] 僖负羁：曹国大夫。 [22] 相国：做国家的辅佐之臣。 [23] 夫子：那个人，指重耳。 [24] 得志于诸侯：指称霸

诸侯。[25]盍："何不"的合音词。蚤：同"早"。贰：不同的态度。即表示一下与众不同的态度。[26]飧（sūn）：晚饭。[27]反璧：表示不贪财。反，同"返"。

及宋，宋襄公赠之以马二十乘。

及郑，郑文公亦不礼焉。叔詹谏曰[1]："臣闻天之所启[2]，人弗及也。晋公子有三焉[3]，天其或者将建诸[4]，君其礼焉。男女同姓，其生不蕃[5]。晋公子，姬出也[6]，而至于今，一也。离外之患[7]，而天不靖晋国[8]，殆将启之，二也。有三士足以上人而从之[9]，三也。晋、郑同侪[10]，其过子弟[11]，固将礼焉，况天之所启乎？"弗听。

叔詹之言，意指重耳有天助。郑文公不听劝告，几年后在城濮之战时遭到晋文公的报复。

［注释］

[1]叔詹：郑大夫。[2]天之所启：指天所帮助的人。启，开，赞助。[3]三焉：三个与众不同的地方。[4]其或者：其、或者，都是揣测副词。建诸：建立他，立他为君。诸，"之乎"的合音。[5]"男女同姓"二句：近亲通婚，子孙不会繁盛。蕃，繁盛。[6]姬出：重耳为犬戎狐姬之子，姬姓女所生。晋国是姬姓国，所以是同姓。[7]离：同"罹"，遭受。外：指逃亡国外。[8]不靖晋国：重耳虽逃亡国外，晋国内却不能安定。前面有晋惠公遭受韩原之败。[9]三士：指跟随重耳的狐偃、赵衰和贾佗。上人：超过一般人。[10]同侪（chái）：同等地位。[11]其过子弟：那些来往经过郑国的晋国子弟。

重耳明知楚成王之意，故意不正面回答，更不承诺报答，在委婉中表示了强硬的态度。重耳于流亡中变得成熟，与晋惠公割地求得秦国帮助回国即位形成对比。

及楚，楚子飨之[1]，曰："公子若反晋国，则何以报不穀[2]？"对曰："子女、玉帛，则君有之[3]，羽、毛、齿、革则君地生焉[4]。其波及晋国者，君之余也[5]，其何以报君？"曰："虽然[6]，何以报我？"对曰："若以君之灵，得反晋国，晋、楚治兵[7]，遇于中原[8]，其辟君三舍[9]。若不获命[10]，其左执鞭、弭[11]，右属櫜、鞬[12]，以与君周旋[13]。"子玉请杀之[14]。楚子曰："晋公子广而俭[15]，文而有礼[16]。其从者肃而宽[17]，忠而能力[18]。晋侯无亲[19]，外内恶之。吾闻姬姓，唐叔之后[20]，其后衰者也[21]，其将由晋公子乎[22]。天将兴之，谁能废之？违天必有大咎[23]。"乃送诸秦。

[注释]

[1]楚子：楚成王。 [2]不穀：君王自称的谦辞。穀，善。 [3]子女：指男女奴隶。 [4]"羽、毛、齿、革"句：鸟羽、兽毛、象牙、牛皮这些物产楚国也很多。 [5]"其波及晋国者"二句：意谓晋国有的只是你楚国流散到我国的而已。波及，流散到。 [6]虽然：即使如此。 [7]治兵：交战。 [8]中原：即原中，原野之中，指战场。 [9]辟：同"避"。三舍：一舍三十里，共九十里。 [10]不获命：不能获得您退兵的命令。此

指不能获得您的谅解。 [11] 鞭、弭：鞭，马鞭；弭（mǐ），不加装饰的弓。 [12] 属：手摸着。櫜（gǎo）、鞬（jiàn）：箭袋和弓套。 [13] 与君周旋：即与你打一仗了。周旋，打仗的委婉语。 [14] 子玉：楚国大夫，时为令尹。 [15] 广：志向远大。俭：检束，指严于律己。 [16] 文：说话有文采。 [17] 肃：态度严肃。宽：待人宽厚。 [18] 能力：能为重耳效力。 [19] 晋侯：指晋惠公。无亲：参看前面《秦晋韩之战》一篇。 [20] 唐叔：晋国始祖，周成王的弟弟。 [21] 其后衰者也：指晋国德泽久长，不会马上衰落。 [22] 将由晋公子乎：指将由重耳振兴晋国。 [23] "违天"句：指杀了重耳是违背天意，必有大祸。

秦伯纳女五人，怀嬴与焉[1]。奉匜沃盥[2]，既而挥之[3]。怒曰："秦、晋匹也[4]，何以卑我[5]！"公子惧，降服而囚[6]。

向怀嬴赔罪，说明重耳已具有政治家处理大国之间关系的清醒与理智。

他日，公享之[7]。子犯曰："吾不如衰之文也[8]，请使衰从。"公子赋《河水》[9]，公赋《六月》[10]。赵衰曰："重耳拜赐[11]。"公子降[12]，拜，稽首，公降一级而辞焉[13]。衰曰："君称所以佐天子者命重耳[14]，重耳敢不拜。"

《诗经·小雅·六月》首章："六月棲棲，戎车既饬。四牡骙骙，载是常服。玁狁孔炽，我是用急。王于出征，以匡王国。"经赵衰提醒，重耳从赋诗中明白了秦穆公的意图，故以大礼拜谢。

［注释］

[1] 怀嬴：秦穆公之女，原嫁给晋怀公，怀公逃归后，再嫁给晋文公重耳，又称文嬴。与焉：也在其中。 [2] 奉匜（yí）沃盥（guàn）：主语是怀嬴。奉，同"捧"。匜，盛水的盘子。沃，

浇。盥，洗。古人洗手，一人浇水，一人捧盘接水。 [3] 既而挥之：主语是晋公子重耳。既而，洗完之后。挥之，挥洒湿手，让怀嬴走开。此为轻率的不礼貌的行为。 [4] 匹：匹敌，相等。指地位相等。 [5] 何以卑我：凭什么以我为卑。指如此轻率地对待我。 [6] 降服而囚：脱去上衣，自囚以谢罪。 [7] 公：秦穆公。 [8] 衰：赵衰。文：有文辞，善交聘辞令。 [9] 赋：宴会上宾主都可以指定诗篇，让乐工演奏，称赋诗。《河水》：逸诗篇名。重耳以此诗表示对秦穆公尊敬。 [10]《六月》：《诗经·小雅》篇名。《六月》是歌颂尹吉甫辅佐周宣王征伐的诗，秦穆公以此暗示将以武力支持重耳回国。 [11] 拜赐：拜谢秦穆公的好意。 [12] 降：退到阶下。 [13] 公降一级而辞：秦穆公下阶一级，表示不敢接受降拜的大礼。 [14] 佐天子者：《六月》是歌颂尹吉甫辅佐周宣王北伐的诗，所以称"佐天子者"。

僖公二十四年　春，王正月，秦伯纳之[1]，不书，不告入也[2]。

子犯于重耳即将回国即君位时表示要离开，既是对重耳的考验，也是为重耳回国后处理的一系列事件张本。

及河[3]，子犯以璧授公子[4]，曰："臣负羁绁从君巡于天下[5]，臣之罪甚多矣，臣犹知之，而况君乎？请由此亡[6]。"公子曰："所不与舅氏同心者，有如白水[7]。"投其璧于河[8]。

济河，围令狐[9]，入桑泉[10]，取臼衰[11]。二月甲午[12]，晋师军于庐柳[13]。秦伯使公子絷如晋师[14]。师退，军于郇[15]。辛丑[16]，狐偃及秦、晋之大夫盟于郇。壬寅[17]，公子入于晋师[18]。丙午[19]，入于曲沃[20]。丁未[21]，朝于武宫[22]。戊申[23]，使杀怀公于高梁[24]。不书，亦不告也。

在秦穆公的武力支持下，重耳迅速回到晋国。“朝于武宫”，说明他已经夺得政权。重耳即位时，已经六十二岁。

［注释］

[1] 纳之：派兵护送重耳回国。 [2]“不书”二句：《春秋》经文没有记载这件事，是因为重耳回国之事没有向鲁国报告。 [3] 河：黄河。 [4]“子犯”句：指子犯把一块玉璧交给重耳，表示自己要就此离开重耳。 [5] 负羁绁：指任仆役随从奔走。羁，马笼头。绁（xiè），马缰绳。巡于天下：逃亡的委婉说法。 [6] 亡：奔逃，此指离开重耳。 [7] 所：假设连词，如果。舅氏：舅父。有如白水：指河水发誓。 [8] 投其璧于河：表示取信于河神。 [9] 令狐：在今山西临猗西。 [10] 桑泉：在临猗东北。 [11] 臼衰（jiù cuī）：在今山西运城。 [12] 甲午：二月无甲午日，恐记日有错。 [13] 晋师：指晋怀公的军队。庐柳：在临猗境。 [14]“秦伯”句：此时晋国军队还是在晋怀公手里，公子絷到晋国军队中传达秦国命令，要他们退撤。公子絷，秦公子。如，前往。 [15] 郇（xún）：在临猗西南。 [16] 辛丑：甲午后第七天。 [17] 壬寅：辛丑第二天。 [18] 入于晋师：晋军转向重耳，所以重耳能进入晋军中。 [19] 丙午：壬寅后第四天。 [20] 曲沃：晋国宗庙所在地，在今山西闻喜东北。 [21] 丁未：丙午第二天。 [22] 武宫：晋曲沃武公之庙。晋国每位国君即位，都要先朝拜武宫。 [23] 戊申：丁未第二天。 [24] 高梁：在今山西临汾。

寺人披虽是个小臣（宦官），但其言辞井井有条。其中“又将及难”一句，颇能引起晋文公的注意。寺人披的这一番辩白，使晋文公由怨恨转为信任，从善如流，免除了一场灾难。

吕、郤畏偪[1]，将焚公宫而弑晋侯[2]。寺人披请见[3]，公使让之[4]，且辞焉，曰：“蒲城之役[5]，君命一宿[6]，女即至[7]。其后余从狄君以田渭滨[8]，女为惠公来求杀余，命女三宿[9]，女中宿至[10]。虽有君命，何其速也。夫袪犹在[11]。女其行乎[12]。”对曰：“臣谓君之入也，其知之矣[13]。若犹未也，又将及难[14]。君命无二[15]，古之制也。除君之恶，唯力是视[16]。蒲人、狄人，余何有焉[17]？今君即位，其无蒲、狄乎[18]？齐桓公置射钩而使管仲相[19]，君若易之[20]，何辱命焉[21]？行者甚众，岂唯刑臣[22]。”公见之，以难告[23]。三月，晋侯潜会秦伯于王城[24]。己丑晦[25]，公宫火，瑕甥、郤芮不获公[26]，乃如河上，秦伯诱而杀之[27]。晋侯逆夫人嬴氏以归[28]。秦伯送卫于晋三千人，实纪纲之仆[29]。

［注释］

[1] 吕、郤：吕甥（瑕甥）、郤芮，都是晋惠公旧臣。 [2] 公宫：晋侯的宫庭。晋侯：指重耳，此时已即君位，史称晋文公。 [3] 寺人披：寺人，即阉人，宦官，名披。 [4] 让：责

备。[5] 蒲城之役：指僖公五年，寺人披曾奉晋献公之命至蒲城追杀重耳。[6] 一宿：一夜。此指住一夜后到蒲城。[7] 女：同“汝”，你。[8] 田：同“畋”，打猎。渭滨：渭水之滨。[9] 三宿：是第四日。[10] 中宿：第二宿后第三日。[11] 夫袪犹在：意谓寺人披伐蒲城，重耳越墙逃走，寺人披斩得的重耳的一只袖管还在呢。袪（qū），袖管。[12] 女其行乎：等于说你走吧。[13] 知之：知道为君之道。[14] “若犹”二句：意谓你如果还不懂为君之道，还会有灾难。及难，赶上灾难。[15] 君命无二：执行君命无二心。[16] 唯力是视：即唯视力，尽自己能力之所及。[17] “蒲人、狄人”二句：意指杀一个蒲人或狄人，于我有什么不同？余何有，对我有什么关系呢？[18] “今君即位”二句：意谓现在您当了国君，难道就没有像当年在蒲和狄那样的反对者吗？[19] 置射钩而使管仲相：齐桓公和公子纠争位时，管仲奉公子纠之命射中桓公的衣带钩，后因鲍叔牙推荐，齐桓公又重用管仲。[20] 易之：改变齐桓公的做法。[21] 何辱命焉：何须你下命令。[22] 刑臣：受过宫刑之臣，寺人披自称。[23] “公见之”二句：晋文公接见寺人披，寺人披报告了吕、郤的阴谋。难，指吕、郤焚烧公宫的阴谋。[24] 潜会：秘密地会见。王城：秦地，在今陕西大荔东。[25] 晦：月终之日。[26] 不获公：因寺人披告密，晋文公躲过此难。[27] 杀之：杀吕、郤二人。[28] 逆：迎接。嬴氏：指怀嬴。[29] 纪纲之仆：管理门户之仆人。

初，晋侯之竖头须[1]，守藏者也[2]。其出也，窃藏以逃，尽用以求纳之[3]。及入[4]，求见。公辞焉以沐[5]。谓仆人曰[6]：“沐则心覆[7]，心覆

接见竖头须，说明晋文公能改变成见。

则图反[8]，宜吾不得见也。居者为社稷之守[9]，行者为羁绁之仆[10]，其亦可也[11]，何必罪居者？国君而仇匹夫[12]，惧者甚众矣。”仆人以告，公遽见之[13]。

赵姬能够不为自己和自己的儿子争正位，而让位于叔隗和赵盾，在宗法社会的背景下，实难能可贵。

狄人归季隗于晋，而请其二子[14]。文公妻赵衰[15]，生原同、屏括、楼婴。赵姬请逆盾与其母[16]，子余辞[17]。姬曰：“得宠而忘旧，何以使人[18]？必逆之！”固请，许之。来，以盾为才[19]，固请于公，以为嫡子[20]，而使其三子下之[21]，以叔隗为内子[22]，而己下之。

［注释］

[1] 竖头须：竖，小臣；头须，人名。 [2] 藏（zàng）：库藏，仓库。 [3]“其出也”三句：意思是当年重耳逃亡时，头须偷走府库中的财物，全部用在设法让重耳回国这件事上。纳，接纳重耳回国。 [4] 入：指重耳回国。 [5] 辞焉以沐：晋文公以洗头为借口辞谢不接见。沐，洗头。 [6] 谓仆人曰：主语是竖头须。 [7] 沐则心覆：洗头时低头向下，心也向下，所以说心覆。 [8] 图反：考虑问题颠倒。 [9] 居者：留在国内的人。社稷之守：看守社稷。 [10] 羁绁（xiè）之仆：牵马的仆人。羁绁，马笼头和马缰绳。 [11] 其亦可也：意谓跟您逃亡的人和替您守藏奔走的仆役，这两种人都是一样的。其，指居者和行者。 [12] 仇：仇视。匹夫：普通人，指这些小臣。 [13] 遽：

立即，马上。 [14] 二子：指伯儵、叔刘。 [15] 妻赵衰：把女儿嫁给赵衰。妻（qì），作动词。 [16] 赵姬：重耳女儿。 [17] 子余：赵衰，字子余。辞：辞谢，指不同意接回赵盾和他的母亲叔隗。 [18] “得宠”二句：意谓得到宠爱而忘记了旧人，还如何使唤别人？ [19] 才：有才干。 [20] 嫡子：当成正妻所生的儿子。 [21] 下之：居于赵盾之下。 [22] 内子：嫡妻，正妻。

晋侯赏从亡者，介之推不言禄[1]，禄亦弗及[2]。推曰：“献公之子九人，唯君在矣。惠、怀无亲[3]，外内弃之。天未绝晋，必将有主。主晋祀者[4]，非君而谁？天实置之，而二三子以为己力[5]，不亦诬乎[6]？窃人之财，犹谓之盗，况贪天之功以为己力乎[7]？下义其罪[8]，上赏其奸[9]，上下相蒙[10]，难与处矣！”其母曰：“盍亦求之？以死，谁怼[11]？”对曰：“尤而效之[12]，罪又甚焉。且出怨言，不食其食[13]。”其母曰：“亦使知之[14]，若何？”对曰：“言，身之文也[15]。身将隐[16]，焉用文之？是求显也[17]。”其母曰：“能如是乎？与女偕隐[18]。”遂隐而死。晋侯求之，不获，以绵上为之田[19]，曰：“以志吾过，且旌善人[20]。”

晋文公对随从流亡者论功行赏，却少了介之推。介之推则颇有众人皆醉我独醒的气度，“不言禄”，亦不“贪天之功以为己力”，且“隐而死”。唐人郭郧《寒食寄李补阙》诗云：“介子终知禄不及，王孙谁肯一相怜。”

“以志吾过”表现了晋文公知过能改的气度。

[注释]

[1] 介之推：晋大夫，姓介，名推，曾跟随文公流亡。不言禄：没有提出要求赏赐。 [2] 弗及：指赏赐也没加给介之推。 [3] 无亲：无亲近之人。 [4] 主晋祀者：主持晋国宗庙祭祀的人。 [5] 二三子：那些人，指从亡者。 [6] 诬：欺骗。 [7]“窃人之财”三句：意思是偷人家的财物，尚且叫他盗贼，何况贪天之功以为自己的力量呢？ [8] 义其罪：以其罪为义。即把罪恶当作正义的行为。 [9] 上赏其奸：在上的又对他们所做的坏事加以赞赏。 [10] 相蒙：相互欺骗蒙蔽。 [11] 谁怼：即怨恨谁。怼(duì)，怨恨。 [12] 尤而效之：指明知他们是错的又去效仿。尤，过失，罪过。 [13] 不食其食：指不再接受他的俸禄。 [14] 使知之：让晋文公知道你的牢骚。 [15] 言，身之文也：意谓言辞是身体上的装饰。文，文饰。 [16] 隐：隐居。 [17] 是求显也：意谓把他的怨愤告诉晋文公，反而是去求得显达了。求显，求显达，求为人所知。 [18] 女：同“汝”。偕隐：一起隐居。 [19] 绵上：地名，在今山西介休东南。田：祭田。 [20] 旌：表扬。

[点评]

鲁僖公四年，晋献公听信宠妃骊姬之谗言，迫害太子申生，太子申生自缢身亡，申生之弟重耳、夷吾亦被逼出奔。公子重耳在外流亡十九年，备尝艰辛，艰苦磨炼，最终在秦穆公的帮助下回国夺取政权，史称晋文公。本篇运用追叙之手法，从公子重耳出奔狄国写起，将十九年中晋文公重耳出奔、流亡、回国夺取政权，以及回国后赏善罚恶之史实集中分载于僖公二十三、二十四年之中。流亡之初，重耳胸无大志，被动逃亡，但在经历了所到之国的不同遭遇，以及政治风云的磨炼之后，重耳逐渐成熟，并且能利用秦国的支持回国夺取君位。回国后处理的几件事情，又证明他足以成为强大晋国的中兴之主。全文叙事脉络清晰，人物形象丰满；通过一系列故事冲突，描绘出公子重耳的性格发展过程，塑造了一位砥砺成才的春秋霸主形象。本篇是《左传》中的名篇。其写法，实为后代纪传体和纪事本末体史书之滥觞。

15. 晋楚城濮之战

由子文、子玉治军之宽严，可见二人性格的区别。

僖公二十七年　楚子将围宋[1]，使子文治兵于睽[2]，终朝而毕[3]，不戮一人。子玉复治兵于蔿[4]，终日而毕，鞭七人，贯三人耳[5]。国老皆贺子文[6]，子文饮之酒。蔿贾尚幼[7]，后至，不贺。子文问之，对曰："不知所贺。子之传政于子玉[8]，曰：'以靖国也[9]。'靖诸内而败诸外[10]，所获几何？子玉之败，子之举也。举以败国，将何贺焉？子玉刚而无礼，不可以治民[11]。过三百乘[12]，其不能以入矣[13]。苟入而贺，何后之有[14]？"

"刚而无礼"是对子玉性格的精辟概括，为后面城濮之战楚国失败、子玉自杀埋下伏笔。

［注释］

[1] 楚子：楚成王。围宋：包围宋国。　[2] 子文：楚国令尹，名鬬穀於（wū）菟（tù）。睽：楚地名。　[3] 终朝（zhāo）：一个上午。　[4] 子玉：名得臣，此时已代子文任楚国令尹。蒍（wěi）：楚地名。　[5] 贯耳：军中刑罚，用箭穿耳，比鞭刑重。　[6] 国老：国中退职老臣。　[7] 蒍贾：一名伯嬴，楚名相孙叔敖之父。　[8] 传政于子玉：指将令尹之职传给子玉。　[9] 靖：安定。　[10]“靖诸内”句：意谓传政给子玉，国内虽可获得暂时的安定，但对外却可能要失败。　[11] 治民：此当指治军。　[12] 过三百乘（shèng）：兵车超过三百辆（二万二千五百人）。一车四马为一乘。　[13] 其不能以入矣：此指子玉无能力指挥太多的军队，超过三百乘，就要失败，不能全师回国。　[14]“苟入”二句：意谓如果子玉凯旋，再来祝贺也不迟。

冬，楚子及诸侯围宋[1]。宋公孙固如晋告急[2]。先轸曰[3]：“报施、救患[4]，取威、定霸[5]，于是乎在矣[6]。”狐偃曰：“楚始得曹，而新昏于卫[7]，若伐曹、卫，楚必救之，则齐、宋免矣[8]。”于是乎蒐于被庐[9]，作三军[10]，谋元帅[11]。赵衰曰：“郤縠可[12]。臣亟闻其言矣，说礼、乐而敦《诗》《书》[13]。《诗》《书》，义之府也[14]；礼、乐，德之则也[15]；德、义，利之本也[16]。《夏书》曰：‘赋纳以言，明试以功，车服以庸[17]。’君

韩席筹《左传分国集注》引近人林纾语曰：“报宋赠马之施，救宋被围之患，取威重于诸侯，定霸业于晋国，四事皆在救宋之一举矣。”

晋三军将帅谦让、和睦、文武兼具，预示着城濮之战晋国的胜利。

其试之。”乃使郤縠将中军，郤溱佐之[18]；使狐偃将上军，让于狐毛[19]，而佐之。命赵衰为卿，让于栾枝[20]、先轸。使栾枝将下军，先轸佐之。荀林父御戎，魏犨为右[21]。

[注释]

[1] 及诸侯：据经文记载，随楚成王一起围宋的诸侯还有陈、蔡、郑、许等国。 [2] 宋公孙固：宋庄公的孙子，曾为大司马。 [3] 先轸：晋国将领，又称原轸。 [4] 报施、救患：报施，指晋文公重耳流亡于宋国，当时宋襄公赠马八十匹，现应报恩。救患，救宋被围之患。 [5] 取威：在诸侯中取得威望。定霸：奠定霸业。 [6] 于是乎在矣：在此一举。 [7]“楚始得曹”二句：指楚国刚得到曹国的同盟，新近又与卫国结为婚姻。昏，同“婚”。 [8] 齐、宋免矣：去年楚伐齐，侵占榖地，狐偃估计晋伐曹、卫，既可使齐、宋免于楚国的侵略，又可用以激楚。 [9] 蒐（sōu）：检阅军队，亦指演习。被庐：晋国地名。 [10] 作三军：闵公元年晋献公作二军，文公乘此机会建立三军（中军、上军、下军）。 [11] 谋元帅：商量元帅的人选。晋国三军各置将、佐，称为六卿。中军主将为元帅、正卿。 [12] 郤縠（hú）：晋大夫。 [13] 说：同“悦”。敦：崇尚。 [14] 义之府也：道义的府库，指道义集中的著作。 [15] 则：法则，准则。 [16] 本：根本。 [17]“赋纳以言”三句：引文见今《尚书·虞书·益稷》，意谓使用一个人，应全面听取他的意见，把具体的任务交给他，使他受到明白的考验，如果成功，就赏赐给他车马服饰作为酬劳。赋纳，听取。试，尝试。功，事，具体任务。庸，功绩。 [18] 郤

溱：晋国将领。佐之：为副手。 [19] 狐毛：晋国将领。狐偃是其弟。 [20] 栾枝：又称栾贞子。 [21] 荀林父：又称中行桓子；魏犨（chōu）：又称魏武子。

晋侯始入而教其民[1]，二年，欲用之。子犯曰："民未知义[2]，未安其居。"于是乎出定襄王[3]，入务利民[4]，民怀生矣[5]。将用之。子犯曰："民未知信，未宣其用[6]。"于是乎伐原以示之信[7]。民易资者[8]，不求丰焉[9]，明征其辞[10]。公曰："可矣乎？"子犯曰："民未知礼，未生其共[11]。"于是乎大蒐以示之礼，作执秩以正其官[12]。民听不惑[13]，而后用之。出穀戍，释宋围[14]，一战而霸[15]，文之教也。

晋文公教民知义、知信、知礼的治国方略，终使其一战而霸。

［注释］

[1] 教其民：训练百姓作战。 [2] 未知义：不懂得道义。 [3] 出定襄王：当时周王朝发生王子带之乱，晋文公平定其乱。事在僖公二十五年。 [4] 入务利民：在国内，则注重为百姓谋福利。 [5] 怀生：即指安居乐业。怀，眷恋。生，产业。 [6] 未宣其用：不明白信义的作用。宣，明白。 [7] 伐原：在僖公二十五年。 [8] 易资：交换商品，即做买卖。 [9] 不求丰：不过分地求利。 [10] 明征其辞：明码实价。 [11] 共：同"恭"，恭敬之心。 [12]"于是乎"二句：指举行盛大的演习来让百姓

知道礼义，建立管理爵禄佚位之官来规定官员的职责。执秩，负责管理爵禄秩位的官。 [13] 民听不惑：百姓听从指挥，明辨是非。 [14] 出穀戍：赶走楚在穀地的驻军。释宋围：解除楚军对宋国的包围。出穀戍、释宋围二事都见下年传。 [15] 一战：指明年的城濮之战。

“舍于墓”之计，虽出自役卒，晋文公却能采纳。

清高士奇《左传纪事本末》云：“迹（晋）文之所为，直睚眦必报之人耳。”

僖公二十八年　晋侯围曹，门焉[1]，多死。曹人尸诸城上[2]，晋侯患之。听舆人之谋曰[3]：“称舍于墓[4]。”师迁焉[5]。曹人凶惧[6]，为其所得者，棺而出之[7]。因其凶也而攻之[8]。三月丙午[9]，入曹。数之以其不用僖负羁[10]，而乘轩者三百人也[11]。且曰：“献状[12]。”令无入僖负羁之宫而免其族[13]，报施也[14]。魏犨、颠颉怒曰[15]：“劳之不图，报于何有[16]！”爇僖负羁氏[17]。魏犨伤于胸。公欲杀之，而爱其材。使问[18]，且视之[19]。病[20]，将杀之。魏犨束胸见使者，曰：“以君之灵，不有宁也[21]。”距跃三百，曲踊三百[22]。乃舍之。杀颠颉以徇于师[23]，立舟之侨以为戎右[24]。

［注释］

[1] 门：作动词，攻打城门。 [2] 尸诸城上：将晋军尸体

堆列城上。[3] 舆人：役卒。[4] 舍于墓：将军队驻扎在曹人墓地上。[5] 师迁：指晋文公依计而行，把军队迁往曹人墓地。[6] 凶惧：恐惧。[7] 棺而出之：将晋军尸体装入棺材送出来。[8] 因其凶：乘着他们恐惧时。[9] 丙午：初八日。[10] 数之：列数曹共公的罪状。[11] 乘轩者：指贵族中被封官爵的人。[12] 献状：晋文公流亡于曹国，曹共公曾乘文公洗澡时偷看文公骈胁，现责令曹共公供认其罪状。详见上篇《晋公子重耳之亡》。[13] 宫：住宅。免其族：赦免僖负羁同族的人。[14] 报施也：报“盘飧置璧”之恩。[15] 魏犨（chōu）、颠颉：二人都曾跟随晋文公流亡。[16]“劳之不图”二句：意谓我们这些有功劳的不考虑奖赏，还谈什么报答僖负羁？劳，功劳。图，考虑。[17] 爇（ruò）：烧。[18] 问：慰劳。[19] 视之：视察伤势。[20] 病：伤重。[21] 以君之灵：犹如说托国君的福。不有宁也：意谓很安宁，安康。[22]“距跃三百”二句：距跃，直跃向前。曲踊，回身耸跳。百，同“拍”，拍掌。魏犨以此表示自己的伤并不重。[23] 徇：示众。[24] 舟之侨：本虢国旧臣，鲁闵公二年奔晋，为晋大夫。

宋人使门尹般如晋师告急[1]。公曰：“宋人告急，舍之则绝[2]，告楚不许[3]。我欲战矣，齐、秦未可，若之何？”先轸曰：“使宋舍我而赂齐、秦[4]，藉之告楚[5]。我执曹君，而分曹、卫之田以赐宋人[6]。楚爱曹、卫，必不许也。喜赂、怒顽[7]，能无战乎？”公说，执曹伯，分曹、卫之

晋文公用先轸“喜赂、怒顽”之计，使齐、秦两国不得不战。

田以畀宋人[8]。

[**注释**]

[1] 门尹般：宋大夫。 [2] 舍之则绝：不救宋，宋将与晋绝交。 [3] 告楚不许：请楚退兵，楚必不许。 [4]“使宋”句：意指设法让宋国不来求救，而去给齐、秦赠送财礼。 [5] 藉之告楚：让齐、秦两国替宋向楚请求退兵。 [6]“我执曹君”二句：意谓我们则拘留曹君，把曹、卫两国的田地分赐给宋人。 [7] 喜赂、怒顽：齐、秦两国喜得宋国的财物，又恼怒楚国的顽抗。 [8] 畀(bì)：给予。

由楚成王之口称颂晋文公，是《左传》作者所用的侧叙法。

楚成王与子玉意见不一，埋下战败的祸根。

楚子入居于申[1]，使申叔去穀[2]，使子玉去宋[3]，曰：“无从晋师[4]。晋侯在外十九年矣，而果得晋国。险阻艰难，备尝之矣；民之情伪，尽知之矣。天假之年[5]，而除其害[6]。天之所置，其可废乎？《军志》曰[7]：‘允当则归[8]。’又曰：‘知难而退。’又曰：‘有德不可敌。’此三志者[9]，晋之谓矣。”子玉使伯棼请战[10]，曰：“非敢必有功也，愿以间执谗慝之口[11]。”王怒，少与之师[12]，唯西广、东宫与若敖之六卒实从之[13]。

[**注释**]

[1] 申：本姜姓小国，后为楚所吞并，在今河南南阳

市。 [2] 申叔：即申公叔侯，楚大夫。去穀：两年前，楚伐齐，占领齐国穀地，命申叔驻防那里。现在命其撤兵，以消除齐国的怨恨。 [3] 去宋：从宋国撤兵。 [4] 无从晋师：避免与晋军交战。 [5] 假之年：假，给予。之，指晋文公。文公入国时已六十二岁。 [6] 除其害：指与文公对立的惠公、怀公、吕甥、郤芮等都被除掉。 [7]《军志》：古代兵书。 [8] 允当则归：适可而止。允当，恰如其分。 [9] 三志：三条记载。 [10] 伯棼：楚大夫，即鬬椒，一字子越。 [11] 间执谗慝（chán tè）之口：间执，防止，杜塞。谗慝之口，搬弄是非的话，指前面蒍贾预言子玉会失败的话。 [12] 少与之师：给他少量的军队。 [13] 西广、东宫与若敖之六卒：楚军队名称。西广，右军。东宫，太子属下的部队。若敖，子玉的祖父。若敖之六卒，即若敖氏的亲兵六百人。

子玉使宛春告于晋师曰[1]：“请复卫侯而封曹[2]，臣亦释宋之围。”子犯曰：“子玉无礼哉！君取一[3]，臣取二[4]，不可失矣。”先轸曰：“子与之！定人之谓礼[5]，楚一言而定三国[6]，我一言而亡之。我则无礼，何以战乎？不许楚言，是弃宋也。救而弃之[7]，谓诸侯何[8]？楚有三施，我有三怨[9]，怨仇已多[10]，将何以战？不如私许复曹、卫以携之[11]，执宛春以怒楚，既战而后图之[12]。”公说，乃拘宛春于卫，且私许复曹、卫。曹、卫告绝于楚[13]。

韩席筹《左传分国集注》曰：“孙子曰，善战者制人不制于人，子玉之策，亦未尝不欲先发制人，无如晋之谲诈，将计就计，愈出愈奇，前激齐秦，此激楚，使均不能不出于一战也。”

[注释]

[1] 宛春：楚大夫。 [2] 复卫侯：恢复卫侯君位。封曹：恢复曹国之地。 [3] 君：指晋文公。取一：只得到释宋围一桩好处。 [4] 臣：指子玉。取二：可得复卫封曹两桩好处。 [5] 定人：使人定，安定别人的国家。 [6] 三国：卫、曹、宋三国。 [7] 救而弃之：本为救宋而来，结果反弃之不顾。 [8] 谓诸侯何：怎么向诸侯列国交代。 [9] 三施：对宋、曹、卫三国都有恩惠。三怨：不答应子玉，三国都对晋有怨恨。 [10] 已：太。 [11] “不如”句：指不如私下答应恢复曹、卫来离间他们与楚国的关系。携，离间。 [12] 既战而后图之：打完仗后再说。 [13] 告绝于楚：与楚国绝交。

子玉怒，从晋师[1]。晋师退。军吏曰：“以君辟臣[2]，辱也。且楚师老矣[3]，何故退？”子犯曰：“师直为壮，曲为老[4]。岂在久乎？微楚之惠不及此[5]，退三舍辟之[6]，所以报也。背惠食言[7]，以亢其仇[8]，我曲楚直。其众素饱[9]，不可谓老。我退而楚还，我将何求[10]？若其不还，君退臣犯，曲在彼矣。”退三舍。楚众欲止，子玉不可。

《左传》重要的战争思想是“理”。子犯的应对策略，既回报了楚人之惠，又符合他的“师直”主张。

[注释]

[1] 从晋师：追逐晋军。 [2] 辟：同“避”。 [3] 老矣：指军队疲敝已极，士气衰落不振。 [4]“师直”二句：意谓出兵打仗，

理直者就气壮，理曲者就气衰，不在于时间。曲、直，都指道理。[5]微：如果没有。[6]三舍：九十里。晋文公流亡于楚时，曾许诺交战时退让三舍。[7]背惠食言：如不退三舍，是负恩失信。[8]亢：捍御，庇护。[9]素：向来。饱：士气饱满。[10]我将何求：晋退兵，楚也撤兵，这就是我们所求的。

夏四月戊辰[1]，晋侯、宋公、齐国归父、崔夭、秦小子慭次于城濮[2]。楚师背酅而舍[3]，晋侯患之，听舆人之诵[4]，曰："原田每每[5]，舍其旧而新是谋[6]。"公疑焉[7]。子犯曰："战也。战而捷，必得诸侯。若其不捷，表里山河[8]，必无害也。"公曰："若楚惠何？"栾贞子曰[9]："汉阳诸姬[10]，楚实尽之[11]。思小惠而忘大耻[12]，不如战也。"晋侯梦与楚子搏，楚子伏己而盬其脑[13]，是以惧。子犯曰："吉。我得天[14]，楚伏其罪[15]，吾且柔之矣[16]。"

舆人（役卒）不断地为晋文公出谋划策，说明晋国上下团结。

子犯释梦，未免牵强，但可消除晋文公顾虑。战争虽未开始，却已波澜起伏，极尽变幻。

［注释］

[1]戊辰：初一日。[2]宋公：宋成公。国归父、崔夭：都是齐国大夫。小子慭（yìn）：秦穆公的儿子。次：驻扎。城濮：卫地，在今山东鄄城西南临濮集。[3]背酅（xì）而舍：背靠险要之地驻扎。酅，丘陵险阻之地。[4]诵：不配乐曲，念歌词。[5]原田每每：原田，高田。每每，草盛的样子。[6]"舍其旧"句：

劝告晋文公不必念旧恩，要谋立新功。新是谋，即谋新。 [7] 疑焉：犹豫不决。 [8] 表里山河：表是外，里是内，指晋外有黄河，内有太行之险，可据守。 [9] 栾贞子：即晋大夫栾枝。 [10] 汉阳诸姬：汉水之北许多姬姓小国。 [11] 楚实尽之：都被楚灭了。 [12] “思小惠”句：楚当年厚待重耳，是小惠；晋同姓诸国被灭，是大耻。 [13] 盬（gǔ）其脑：吮吸他的脑髓。盬，咬，吮吸。 [14] 得天：晋文公被压在下面，面朝天，所以说得天帮助。 [15] 伏其罪：楚王面向他，是伏罪。 [16] 柔：柔服、降服之意。

“戏”与“寓目”二语，足见子玉之狂妄轻敌。

近人林纾说：《左传》“或叙战事之规画，极力叙战而不言谋，或极力抒谋而不言战。”(《左传撷华·序》)

子玉使鬬勃请战[1]，曰：“请与君之士戏[2]，君冯轼而观之[3]，得臣与寓目焉[4]。”晋侯使栾枝对曰：“寡君闻命矣。楚君之惠，未之敢忘，是以在此[5]。为大夫退[6]，其敢当君乎[7]？既不获命矣[8]，敢烦大夫，谓二三子[9]：‘戒尔车乘[10]，敬尔君事[11]，诘朝将见[12]。’”

[注释]

[1] 鬬勃：楚大夫。 [2] 戏：游戏。此是轻视晋军的话。 [3] 冯轼：靠着车前的横木。冯，同“凭”。 [4] 得臣：即子玉。寓目：陪同观看。 [5] 是以在此：撤退到这里。 [6] 为：通“谓”。大夫：指子玉。 [7] 其：通“岂”。君：指晋文公。 [8] 不获命矣：没有得到命令，指楚国不退兵。 [9] 二三子：等于说“你们将领”，指楚国诸将士。 [10] 戒尔车乘：准备好你们的战

车。 [11] 敬尔君事：忠于你们的国事。 [12] 诘朝：明天早晨。

晋车七百乘，韅、靷、鞅、靽[1]。晋侯登有莘之虚以观师[2]，曰："少长有礼[3]，其可用也。"遂伐其木，以益其兵[4]。己巳[5]，晋师陈于莘北[6]，胥臣以下军之佐当陈、蔡[7]。子玉以若敖六卒将中军，曰："今日必无晋矣[8]。"子西将左，子上将右[9]。胥臣蒙马以虎皮，先犯陈、蔡。陈、蔡奔，楚右师溃。狐毛设二旆而退之[10]。栾枝使舆曳柴而伪遁[11]，楚师驰之[12]。原轸、郤溱以中军公族横击之[13]。狐毛、狐偃以上军夹攻子西[14]，楚左师溃。楚师败绩。子玉收其卒而止，故不败。

晋师三日馆、谷[15]，及癸酉而还[16]。甲午[17]，至于衡雍[18]，作王宫于践土[19]。

城濮之战是晋文公取威定霸的关键一战，是一次大战，但真正写战斗仅此几十字。据说古《司马法》有"曳柴扬尘之计"，此栾枝让战车拖着树枝，扬起灰尘以迷惑楚军，盖用此法。《三国演义》中张飞在长坂坡也使用此计。

[注释]

[1] 韅（xiǎn）、靷（yǐn）、鞅（yāng）、靽（bàn）：指马身上的缰绳笼头之类，形容人马装备齐全。晋军战车七百乘，共有军士五万二千五百人。 [2] 有莘之虚：有莘，古国名，在今河南陈留东北。虚，同"墟"，旧城废址。 [3] 少长有礼：指晋军壮者在前，年长者在后，说明已懂得礼让。 [4] 益：增加。 [5] 己巳：

初二日。 [6] 莘北：即城濮。 [7] 陈、蔡：陈国蔡国是楚国的同盟国，两国军队为楚方右翼。 [8] 无晋矣：指消灭晋军。 [9] 子西：楚司马鬬宜申。子上：即鬬勃。 [10] 旆（pèi）：军中大旗。古代行军，只有中军主帅才树立二旆，狐毛是上军主将，故意设二旆以迷惑楚军。 [11] 舆：战车。伪遁：战车拖着树枝，扬起灰尘，假装败逃。 [12] 楚师：楚之中军。 [13] 中军公族：由晋国贵族子弟所组成的中军。 [14] 夹攻子西：狐毛本伪装撤退，此时也回头分两路夹攻子西。 [15] 三日馆：歇兵三日。谷：作动词，吃楚军的粮食。 [16] 癸酉：初六日。 [17] 甲午：二十七日。 [18] 衡雍：郑国地名，在今河南原武西北。 [19] 践土：郑国之地，在今河南原阳西。周襄王知道晋文公打了胜仗，要亲往慰劳，所以晋人在践土为天子建了一座行宫。

战胜楚国，晋文公正式当上诸侯盟主，亦即霸主。

乡役之三月[1]，郑伯如楚致其师[2]。为楚师既败而惧，使子人九行成于晋[3]。晋栾枝入盟郑伯。五月丙午[4]，晋侯及郑伯盟于衡雍。丁未[5]，献楚俘于王，驷介百乘，徒兵千[6]。郑伯傅王[7]，用平礼也[8]。己酉[9]，王享醴[10]，命晋侯宥[11]。王命尹氏及王子虎、内史叔兴父策命晋侯为侯伯[12]，赐之大辂之服[13]，戎辂之服[14]，彤弓一，彤矢百[15]，玈弓矢千[16]，秬鬯一卣[17]，虎贲三百人[18]，曰："王谓叔父[19]，敬服王命，以绥四国[20]，纠逖王慝[21]。"晋侯三辞，从命。曰：

“重耳敢再拜稽首，奉扬天子之丕显休命[22]。”受策以出，出入三覲[23]。

［注释］

[1] 乡役：指这次战役。乡，同“向”。 [2] 致其师：把军队交给楚国指挥，一起对晋国作战。 [3] 子人九：郑国大夫。行成：求和。 [4] 丙午：初九日。 [5] 丁未：初十。 [6] 驷介：四匹披甲的马驾的战车。徒兵：步兵。 [7] 傅王：给周王担任赞礼的职务。傅，相，负责赞礼的人。 [8] 用平礼也：按周平王接待晋文侯的礼仪来接待晋文公。 [9] 己酉：十二日。 [10] 醴：甜酒。 [11] 宥（yòu）：劝人进餐。 [12] “王命”句：尹氏、王子虎是周王卿士。王子虎是周王之子。叔兴父是周大夫，任内史之职。策命，书面任命。侯伯，诸侯的领袖，即霸主。 [13] 大辂（lù）之服：大辂，祭祀时乘的车。服，指乘大辂时相配的冕服。 [14] 戎辂之服：戎辂，兵车，配以韦弁（熟皮所制的冠）。 [15] 彤弓、彤矢：漆了红色的弓箭。 [16] 玈（lú）弓矢：黑色的弓箭。 [17] 秬鬯（chàng）一卣（yǒu）：秬，黑黍；鬯，香酒。卣，酒器。 [18] 虎贲：勇士，指天子的侍卫。 [19] 叔父：晋侯是周王同姓诸侯，当时习惯称为叔父。 [20] 绥：安定，安抚。 [21] 纠逖（tì）王慝（tè）：即惩治那些邪恶的坏人。纠，勐责。逖，剔除。慝，恶。 [22] 丕显休命：形容天子的命令伟大、光明、美好。丕，大。显，明。休，美。 [23] 出入三覲：一共朝见了三次。覲，进见。

卫侯闻楚师败，惧，出奔楚[1]，遂适陈，使元咺奉叔武以受盟[2]。癸亥[3]，王子虎盟诸侯于王庭，要言曰[4]：“皆奖王室[5]，无相害也。有渝此盟[6]，明神殛之[7]，俾队其师[8]，无克祚国[9]，及而玄孙，无有老幼[10]。”君子谓是盟也信[11]，谓晋于是役也，能以德攻[12]。

“能以德攻”，是全篇结穴，与开头呼应。

[注释]

[1] 出奔楚：从襄牛逃往楚国。 [2] 元咺（xuǎn）：卫国大夫。叔武：卫成公的兄弟。 [3] 癸亥：五月二十六日。 [4] 要言：约言，立誓言。 [5] 奖：扶助。 [6] 渝：变，背叛。 [7] 殛（jí）：诛，惩罚。 [8] 俾：使。队：同“坠”，丧失。 [9] 无克祚国：无克，不能够。祚国，享有国家。 [10]“及而玄孙”二句：意谓一直殃及你们的子孙，不论老幼都是一样。 [11] 信：讲信义。 [12] 以德攻：以德义战胜敌国。

初，楚子玉自为琼弁、玉缨[1]，未之服也[2]。先战，梦河神谓己曰：“畀余，余赐女孟诸之麋[3]。”弗致也。大心与子西使荣黄谏[4]，弗听。荣季曰：“死而利国[5]，犹或为之，况琼玉乎？是粪土也[6]，而可以济师[7]，将何爱焉[8]？”弗听。出，告二子曰：“非神败令尹，令尹其不勤民，实自败也。”既败，王使谓之曰：“大夫若

城濮之战，楚国战败，楚王逼子玉自杀。秦晋殽之战（僖公三十三年），秦国战败，秦穆公罪己而赦孟明等。二者对比鲜明。近人吴曾祺曰：“城濮之胜，晋文忧子玉之尚存，殽之胜，赵衰病孟明之复用，英雄所见略同。”（韩席筹《左传分国集注》引）

入[9]，其若申、息之老何[10]？”子西、孙伯曰：“得臣将死，二臣止之曰：‘君其将以为戮[11]。’”及连穀而死[12]。晋侯闻之而后喜可知也[13]，曰：“莫余毒也已[14]！蒍吕臣实为令尹[15]，奉己而已[16]，不在民矣。”

［注释］

[1] 琼：红色的玉。弁：马冠。玉缨：以玉装饰的马鞅。[2] 未之服也：即未服之，指子玉自己做了那些饰品，还不曾用过。[3]“畀余”二句：意谓把这些东西送给我，我赐给你孟诸沼泽地。孟诸，宋国的沼泽地。麋，同“湄”，水边之地。[4] 大心、子西、荣黄：大心，子玉的儿子，即下文的孙伯。子西，子玉的族人。荣黄，楚臣，即下文的荣季。[5] 而：如果。[6] 是：此，指琼弁、玉缨。[7] 济师：帮助军队打胜仗。[8] 爱：爱惜，舍不得。[9] 大夫：指子玉。入：回国。[10]“其若”句：意谓大夫如果回来，怎么向申、息两地的父老交代呢？因为申、息的子弟大多战死了。[11] 君其将以为戮：国君还打算杀你。[12] 连穀：楚地名。[13]“晋侯闻之”句：指晋文公喜悦之情，见于颜色。知，同见。[14] 莫余毒也已：指再也没有危害我的人。毒，害。[15] 蒍吕臣：楚大夫叔伯，继子玉为令尹。[16] 奉己而已：只知保全自己罢了。

［点评］

清人冯李骅说：“《左传》大抵前半出色写一管仲，后半出色写一子产，中间出色写晋文公、悼公、秦穆、楚庄数人而已。”(《左绣·读左卮言》)所谓“中间”部分,主要集中在《晋公子重耳之亡》与《城濮之战》两篇。晋文公重耳在外流亡十九年,回国即位之后整饬内政,增强军队,教化百姓,志在图霸。鲁僖公二十八年,晋文公率晋、宋、齐、秦四国联军以救宋为名与楚、陈、蔡三国联军战于城濮,是为晋楚之间第一大战役。此战楚军大败,晋国从此声威大震,一战定霸。作者写城濮之战,特别注重双方备战的情况和谋略的较量,与《曹刿论战》相似,本篇也用很多笔墨来写战前的“论战”,还叙写了不少计策,如“舍于墓”之计,“喜赂、怒顽”之计,“执宛春以怒楚”之计等等。写战役,晋楚双方欲战又止,欲和又战,揭示战争的波谲云诡,徘徊酝酿,行诸文字,则有收放之妙。全篇情节有弛有张,双方交战者之心理也跃然纸上。作者还以细腻的描写,展示不同人物的性格特点,特别是晋文公励精图治、以礼治国,却又计较恩怨、睚眦必报,子玉“刚而无礼”、轻敌狂妄,等等,写出了人物鲜明的性格。本篇是《左传》描写战争作品中最具特色的篇章之一。

对于晋文公的评价,历来颇有微词。孔子在《论语·宪问》中说:“晋文公谲而不正,齐桓公正而不谲。”后代史学家之评价亦各有轩轾,南宋吕祖谦说“文公之规模与齐桓大段不同”(《左氏传说》卷四“战于城濮”条),清马骕说“文公之为人不如桓公”(《左传事纬》),韩席筹说:“五霸桓公为盛,而能继之者文公也。文公之为人,不如桓公,其臣亦皆不及管仲,然而成功之大且久,则又有桓公所不能及者。”(《左传分国集注》卷五)

虽是如此,《左传》作者写出了晋文公的成功及其原因,表现了一代霸主的风采,为读者提供了一个真实可信的历史人物形象。

16.烛之武退秦师

僖公三十年　九月甲午[1]，晋侯、秦伯围郑，以其无礼于晋[2]，且贰于楚也[3]。晋军函陵[4]，秦军氾南[5]。

佚之狐言于郑伯曰[6]："国危矣，若使烛之武见秦君[7]，师必退。"公从之。辞曰："臣之壮也，犹不如人，今老矣，无能为也已。"公曰："吾不能早用子，今急而求子，是寡人之过也。然郑亡，子亦有不利焉。"许之。

烛之武之辞，多用语气词，表现出多年未受到重用的牢骚。郑伯之请，急促而少用语气词，表现出着急的心态。可谓声口毕肖。

［注释］

[1] 甲午：初十日。　[2] 无礼于晋：僖公二十三年晋文公重耳出亡经过郑国，郑文公不接待他。　[3] 贰于楚也：亲近

楚国。指城濮之战时，郑国依附楚国，把军队交给楚国攻打晋国。 [4] 军：驻扎。函陵：在今河南新郑。 [5] 氾（sì）南：水名，在河南中牟南。 [6] 佚（yì）之狐：郑国大夫。郑伯：郑文公。 [7] 烛之武：郑国大夫。

夜缒而出[1]，见秦伯，曰："秦、晋围郑，郑既知亡矣。若亡郑而有益于君，敢以烦执事[2]。越国以鄙远[3]，君知其难也，焉用亡郑以陪邻[4]？邻之厚，君之薄也。若舍郑以为东道主[5]，行李之往来[6]，共其乏困[7]，君亦无所害。且君尝为晋君赐矣[8]，许君焦、瑕[9]，朝济而夕设版焉[10]，君之所知也。夫晋，何厌之有[11]？既东封郑[12]，又欲肆其西封[13]，若不阙秦[14]，将焉取之？阙秦以利晋，唯君图之。"秦伯说[15]，与郑人盟，使杞子、逢孙、杨孙戍之[16]，乃还。

烛之武之言，以"郑既知亡矣"起，实乃以退为进。

只用一"说（悦）"字，即说明烛之武游说的成功。

子犯请击之，公曰："不可。微夫人之力不及此[17]。因人之力而敝之[18]，不仁；失其所与，不知[19]；以乱易整[20]，不武。吾其还也。"亦去之。

[注释]

[1] 缒(zhuì):用绳子绑住身子，从城墙下吊下去。 [2] 执事：办事的人，敬辞，实指秦穆公。 [3] 鄙远：以远方之国为边境。鄙，边境。 [4] 焉用：何用。陪：同“倍”，增益。 [5] 东道主：东方道路上的主人。 [6] 行李：交聘使节。 [7] 共：同“供”。 [8] 君：指秦穆公。晋君：指晋惠公。 [9] 许君焦、瑕：晋惠公曾答应割“河外列城五”给秦国作为报答，焦、瑕是其中两地。焦，在今河南三门峡西。瑕，在今山西芮城南。 [10] 设版：指筑城抵御秦国。版，打土墙用的夹板。 [11] 何厌之有：即“有何厌”。厌，满足。 [12] 封：疆界。 [13] 肆：延长，扩张。 [14] 阙：损害。 [15] 说：同“悦”。 [16] 杞子、逢孙、杨孙：三人都是秦国大夫。 [17] 微：非，如果不是。夫人：那人，指秦穆公。 [18] 因：依凭。敝：损害。之：指秦。 [19] 所与：同盟国。秦、晋是同盟国。知：同“智”。 [20] 乱：指秦、晋发生冲突。整：指秦、晋和睦一致。

[点评]

烛之武退秦师之事，《春秋》经文仅载“晋人、秦人围郑”，《公羊传》《穀梁传》及《国语》俱不记载此事，此为《左传》独载。秦晋联军一起攻打郑国。郑国大夫烛之武临危受命，只身去见秦穆公，说服秦国退兵。烛之武见秦穆公，目的是要其退兵，但却从“郑既知亡矣”说起，足见烛之武游说的技巧。烛之武辞令之重点是在透彻分析亡郑的“利”与“害”，指出灭亡郑国只会有利于晋国而不利于秦国，并离间秦晋关系。烛之武的分析，令秦穆公幡然醒悟，自动退兵，使郑国免除了一场兵燹之灾。清人冯李骅《左绣》评论此篇说："此是第一首反间文字。……用间不外利害两端，而极言如此之利，不如极言如彼之害。篇中说利只一层，说害却用三层。"此篇为《左传》记载行人辞令之代表作。

17.秦晋殽之战

僖公三十二年　冬，晋文公卒。庚辰[1]，将殡于曲沃[2]，出绛[3]，柩有声如牛[4]。卜偃使大夫拜[5]，曰："君命大事[6]，将有西师过轶我[7]，击之，必大捷焉。"

近人吴曾祺说："蹇叔开口一言，便见老成更事。所云劳师以袭远，非所闻也，是左氏妙于传神之笔。"（韩席筹《左传分国集注》引）

杞子自郑使告于秦曰[8]："郑人使我掌其北门之管[9]，若潜师以来[10]，国可得也。"穆公访诸蹇叔[11]，蹇叔曰："劳师以袭远[12]，非所闻也。师劳力竭，远主备之[13]，无乃不可乎！师之所为，郑必知之。勤而无所[14]，必有悖心[15]。且行千里，其谁不知？"公辞焉。召孟明、西乞、白乙[16]，使出师于东门之外。蹇叔哭之，曰："孟子[17]，吾见师之出而不见其入也。”公使谓之曰：“尔何知？中寿，尔墓之木拱矣[18]。”蹇叔之子与师[19]，哭而送之，曰：“晋人御师必于殽[20]。殽有二陵焉[21]。其南陵，夏后皋之墓也[22]；其北陵，文王之所辟风雨也。必死是间，余收尔骨焉。”秦师遂东。

穆公不听诤谏，短视近利，以至决策错误，失败是必然的。

“蹇叔哭师”一段，先写蹇叔反对出师，续写穆公辱骂蹇叔，再写蹇叔预言战败。吴闿生《左传微》说：“此精神旁溢处，俶傥诙丽，极文章能事，后人无能及之者。太史公所以不如左氏，止争此等，他更无论矣。”（韩席筹《左传分国集注》引）

［注释］

[1] 庚辰：十二月十日。 [2] 殡：殓而未葬。曲沃：晋君祖坟宗庙所在地，在今山西闻喜。 [3] 绛：晋国都，在今山西翼城东。 [4] 柩：棺材。有声如牛：棺材里发出像牛叫的声音。 [5] “卜偃”句：指卜偃让晋大夫们都跪地而拜。卜偃，晋国卜筮之官。 [6] 大事：指军事。 [7] 西师：指秦军。过轶：指秦军越境而过。 [8] 杞子：秦国将领，鲁僖公三十年时与杨孙、逢孙戍郑。 [9] 北门：都城北门。管：钥匙。 [10] 潜师：偷偷地派军队。 [11] 蹇（jiǎn）叔：秦国老臣。 [12] 劳师以袭远：意谓辛辛苦苦调动军队去袭击远方的国家。劳师，使师劳。劳，辛苦。 [13] 远主：指郑国。 [14] 勤：劳苦。无所：无所得。 [15] 必有悖心：主语为军队。悖（bèi）心，怨恨之心。 [16] 孟明、西乞、白乙：即秦将百里孟明视、西乞术、白乙丙。 [17] 孟子：即孟明。百里是姓氏，字孟明，名视。 [18] “中寿”二句：意谓如果你只活到六七十岁就死去的话，那么现在你墓上的树长到一抱粗了。言外是骂他老不死。中寿，中等寿命，指六七十岁。拱，两手合抱。 [19] 与师：在军队之中。 [20] 殽：同“崤”，山名，在河南洛宁西北，西接陕县

界，东接渑池界。［21］二陵：二山，指东崤山与西崤山。［22］夏后皋：夏代的天子皋，夏桀的祖父。

僖公三十三年　春，秦师过周北门[1]，左右免胄而下[2]，超乘者三百乘[3]。王孙满尚幼[4]，观之，言于王曰："秦师轻而无礼[5]，必败。轻则寡谋，无礼则脱[6]。入险而脱，又不能谋，能无败乎？"

清人盛大谟《于埜左氏录》说："突出商人暗递，一面犒师，一面遽告。忽馆忽使辞，急忙中几层转折变幻，经左氏写来都不见其笔墨运动之迹，乃为大奇。"韩席筹说："后世皆推美郑商人之急智妙用，而不知其急智妙用皆自爱国热诚来也。"（《左传分国集注》）

及滑，郑商人弦高将市于周[7]，遇之，以乘韦先[8]，牛十二犒师，曰："寡君闻吾子将步师出于敝邑[9]，敢犒从者[10]，不腆敝邑[11]，为从者之淹[12]，居则具一日之积[13]，行则备一夕之卫。"且使遽告于郑[14]。

郑穆公使视客馆[15]，则束载、厉兵、秣马矣[16]。使皇武子辞焉[17]，曰："吾子淹久于敝邑[18]，唯是脯资、饩牵竭矣[19]。为吾子之将行也，郑之有原圃[20]，犹秦之有具囿也[21]，吾子取其麋鹿，以闲敝邑[22]，若何？"杞子奔齐，逢孙、杨孙奔宋[23]。孟明曰："郑有备矣，不可冀也。攻之不克，围之不继[24]，吾其还也。”灭滑而还。

[注释]

[1]周北门：周朝都城洛邑的北门，在今河南洛阳。[2]免胄：脱下头盔。胄（zhòu），头盔。[3]超乘：一跃而登车。指刚一下车又跳上车，此本是一种武艺，但在此是无礼的行为。[4]王孙满：周共王儿子圉的曾孙。[5]轻：轻狂放肆。[6]寡谋：缺少谋略。脱：粗疏，粗心大意。[7]市于周：到周王京城去做生意。市，贸易，做生意。[8]乘韦：四张熟牛皮。乘，四。古代兵车四马驾车为一乘，故以乘代称四。先：先献上。古代送礼，先送薄礼，再送厚礼。[9]寡君：指郑穆公。吾子：先生您，指秦军将领。步师：行军。敝邑：我国。[10]从者：部下，指代军队。[11]不腆敝邑：即敝邑不腆。不腆（tiǎn），不丰厚。[12]淹：留，逗留，耽搁。[13]积：指每天食用的米、菜、薪、刍（马吃的草料）等物品。[14]遽：驿车。古代传递紧急公文，每隔若干里设驿站，接力换马，以求迅速。[15]客馆：即秦将杞子、逢孙、杨孙所住的馆舍。[16]束载：捆好行装。厉兵：磨砺好兵器。秣马：喂饱马。意谓准备与秦军呼应一起攻打郑国。[17]皇武子：郑国大夫。辞：辞谢。[18]“吾子”句：意谓你们在我这里待太久了。[19]脯：干肉。资：同“粢”，食粮。饩（xì）：已宰杀的牲畜的肉。牵：活的牲口。[20]原圃：郑国的猎场，在今河南中牟西北。[21]具囿：秦国的猎场，在今陕西凤翔境。[22]闲敝邑：使敝邑闲。意谓你们待太久了，现在取点东西走吧，让我们也歇歇。闲，休息。[23]“杞子奔齐”二句：三人知道郑国有了戒备，赶紧分头逃走。[24]不继：没有后援。

前面写秦穆公不听劝谏而贸然发兵，这里细写晋军主帅的讨论，两相对比，胜败已判然。

晋原轸曰："秦违蹇叔，而以贪勤民[1]，天奉我也[2]。奉不可失，敌不可纵[3]。纵敌患生，违天不祥[4]。必伐秦师。"栾枝曰："未报秦施而伐其师，其为死君乎[5]？"先轸曰："秦不哀吾丧而伐吾同姓[6]，秦则无礼，何施之为？吾闻之，一日纵敌，数世之患也。谋及子孙，可谓死君乎[7]？"遂发命，遽兴姜戎[8]。子墨衰绖[9]，梁弘御戎，莱驹为右[10]。

夏四月辛巳[11]，败秦师于殽，获百里孟明视、西乞术、白乙丙以归，遂墨以葬文公[12]。晋于是始墨[13]。

［注释］

[1]以贪勤民：因为贪婪而使百姓劳苦。 [2]奉：送。 [3]纵：放纵，放走。 [4]"纵敌"二句：意谓放走敌人，必生祸患；违背天意，是不吉利。 [5]"未报秦施"二句：意谓不为晋文公报答秦施，反而攻打秦的军队，心中还有死去的国君吗？死君，指死去的晋文公。 [6]吾丧：晋文公死去不久，晋国还在丧期。同姓：指郑国和滑国，晋、郑、滑皆姬姓国。 [7]"谋及子孙"二句：意谓伐秦是替后世子孙打算，怎能说忘记先君的遗命呢？ [8]遽兴姜戎：晋国紧急发动姜戎的军队参战。遽，马上。姜戎，居于秦、晋两国间的戎人部族，与晋国友好。 [9]子墨衰（cuī）绖（dié）：子，指晋文公子晋襄公，文公未葬，所以称子。衰，麻衣。绖，

麻腰带。皆为丧服。墨，作动词，染成黑色。 [10] 梁弘、莱驹：二人皆晋大夫。右：做襄公的车右。 [11] 辛巳：十三日。 [12] 遂墨以葬文公：穿着黑色孝服安葬文公。 [13] 始墨：开始以黑色丧服为习俗。

文嬴请三帅[1]，曰："彼实构吾二君[2]，寡君若得而食之，不厌[3]，君何辱讨焉[4]！使归就戮于秦[5]，以逞寡君之志[6]，若何？"公许之[7]。先轸朝，问秦囚。公曰："夫人请之，吾舍之矣[8]。"先轸怒曰："武夫力而拘诸原，妇人暂而免诸国[9]。堕军实而长寇仇[10]，亡无日矣。"不顾而唾[11]。公使阳处父追之[12]，及诸河，则在舟中矣[13]。释左骖，以公命赠孟明[14]。孟明稽首曰："君之惠，不以累臣衅鼓[15]，使归就戮于秦[16]，寡君之以为戮，死且不朽[17]。若从君惠而免之[18]，三年将拜君赐[19]。"

秦伯素服郊次[20]，乡师而哭[21]，曰："孤违蹇叔，以辱二三子[22]，孤之罪也。"不替孟明[23]，曰："孤之过也，大夫何罪？且吾不以一眚掩大德[24]。"

近人吴曾祺说：此段叙写最生动有态。（韩席筹《左传分国集注》引）

明人锺惺《史怀》评穆公不罪、不替孟明曰："败于滑，而用孟明，人所能也；败于彭衙之役（鲁文公二年），又用之，人所不能也。不以成败论英雄，古今惟秦穆一人！"

《尚书·周书》中的《秦誓》篇，是殽之战败后秦穆公的悔过誓词，其中曰："责人斯无难，惟受责俾如流，是惟艰哉！我心之忧，日月逾迈，若弗云来。"

[注释]

[1] 文嬴：即怀嬴，晋文公夫人。三帅：孟明等三人。文嬴为娘家将领求情。 [2] 彼：指三帅。构：挑拨、离间。 [3] 寡君：指秦穆公。不厌：不满足，指不解恨。意谓秦穆公自己都想把他们杀了，还未必解恨。这是托词。 [4] 君何辱讨焉：意谓何必麻烦你。讨，指惩罚孟明三人。 [5] 就戮于秦：回到秦国受刑罚。 [6] 逞：满足。志：心愿。 [7] 公许之：答应了文嬴的请求。公，指晋襄公。 [8] 舍之：放走了三帅。 [9] "武夫"二句：意谓战士们花了大力气才在战场上抓获他们，一个女人仓促之间几句话就在国都里把他们放了。力，拼力，努力。原，原野，指战场。暂，短暂，仓促之间。免，放走。 [10] 堕：毁弃。军实：战斗成果。 [11] 不顾而唾：不回头就吐唾沫。这是极怒而失礼的举动。 [12] 阳处父：晋大夫。 [13] 在舟中矣：三帅已经上了船准备渡黄河了。 [14] "释左骖"二句：阳处父解下车左边的骖马，以晋襄公的名义赠予孟明，想借此把三帅骗回来。左骖，车驾最左边的那匹马。以公命，以晋襄公的名义。 [15] 累臣：囚臣，俘虏之臣。衅鼓：古代杀了人以血涂鼓，祭鼓，此处指处死。 [16] 就戮于秦：回秦国被杀。 [17] "寡君"二句：意谓秦君如果杀了我们，死也是不朽的。 [18] 从君惠：托晋君之福。免：赦免，不用被杀。 [19] "三年"句：意谓三年后再来报仇。拜君赐，拜领晋君的礼物。 [20] 素服：白色丧服。郊次：在郊外等待。 [21] 乡：同"向"。 [22] 辱二三子：使你们受辱。 [23] 替：废，撤换。 [24] "且吾"句：意谓不能因一次过错来掩盖你们的大德。眚（shěng），眼病，引申为过失。

[点评]

烛之武说退秦军之后，秦穆公虽暂时撤军回国，但仍欲伺机偷袭郑国，向东扩张，意图争霸中原。鲁僖公三十二年冬晋文公卒，秦穆公得到密报，使孟明视等潜师袭郑，未遂，灭滑而还。回师时，在殽山遭受晋师阻击，几乎全军覆没。本篇描述重点在谋不在战，写战事仅一句话，却写了四个故事，这是《左传》写战争的特点，目的在于生动地展示主要人物的心理状态和个性特征。其中蹇叔哭师写蹇叔的料事准确，秦穆公虽执迷不悟，遭到重创后又能深刻反省和自我检讨，都给读者留下深刻印象。此篇辞令也别具一格，从容委婉，简而精，曲而达，充分体现了《左传》的辞令特点。

《左传》自鲁僖公九年起至鲁文公六年秦穆公卒，对秦穆公的一生作了详细的叙写。秦穆公是五霸中屡受后人称赞的一个。尽管秦穆公死后用三良殉葬受到诟病，但是秦穆公的贤明也是很突出的。秦穆公有进步的人才观念，启用了一大批人才，包括“客卿”；又用人专一不疑，敢于承担责任，在国内关注民生重视民心，这些都为他在取霸西戎的斗争中奠定基础，成就了一代雄主的风貌。秦穆公称霸西戎，还促进了西部民族的融合。秦穆公的业绩与风范，余威延及三百年后的秦孝公，以至秦始皇。所以司马迁说：“自穆公以来，稍蚕食诸侯，竟成始皇。”（《史记·秦始皇本纪》）清代史家马骕更是称赞说：“中国不可一日无霸也，齐桓既没，晋文未兴，旷八年而无霸矣。无霸而有霸，则秦穆公为之也。”又说：“秦穆公奋然有为，再置晋君，城濮一战，文公遂霸。君子曰晋之霸也，秦穆其有焉。定晋之乱，成文之功，左右霸主，中国再振，齐桓所不能为者，穆能为之，虽谓之霸，亦未尝不可也。”（《左传事纬》）这都不是虚言。

18.楚太子商臣享江芈

文公元年　初，楚子将以商臣为大子[1]，访诸令尹子上[2]。子上曰："君之齿未也[3]，而又多爱[4]，黜乃乱也[5]。楚国之举[6]，恒在少者[7]。且是人也[8]，蜂目而豺声[9]，忍人也[10]，不可立也。"弗听。既[11]，又欲立王子职而黜大子商臣[12]。商臣闻之而未察[13]，告其师潘崇曰[14]："若之何而察之？"潘崇曰："享江芈而勿敬也[15]。"从之。江芈怒曰："呼，役夫！[16]宜君王之欲杀女而立职也[17]。"告潘崇曰："信矣。"潘崇曰："能事诸乎[18]？"曰："不能。""能行乎[19]？"曰："不能。""能行大事乎[20]？"曰：

近人吴曾祺说：蜂目豺声句，状忍人绝肖。（韩席筹《左传分国集注》引）钱锺书《管锥编·左传正义·文公元年》特举《太平广记》《儒林外史》等后人所用此类描写，皆出于《左传》。

江芈中计，脏话“役夫”脱口而出。清人冯李骅云：“读其文，连性情心术，声音笑貌，千载如生，技乃至此。”（《左绣·读左卮言》）

“灵”为恶谥，意谓“乱而不损”，故“不瞑”；“成”为美谥，有“安民立政”之意，故“乃瞑”。

“能。”

冬十月，以宫甲围成王[21]。王请食熊蹯而死[22]。弗听。丁未[23]，王缢。谥之曰“灵”[24]，不瞑；曰“成”，乃瞑。

穆王立[25]，以其为大子之室与潘崇[26]，使为大师，且掌环列之尹[27]。

［注释］

[1] 楚子：楚成王。商臣：即后来的楚穆王。大，同“太”。　[2] 子上：楚令尹鬬勃，在艻吕臣之后接任令尹。　[3] 齿未：年龄未老。　[4] 多爱：多内宠。　[5] 黜乃乱：指如果立了商臣，以后如要废黜他，则恐生乱。　[6] 举：立国君。　[7] 恒在少者：指以立少为常。　[8] 是人：此人，指商臣。　[9] 蜂目而豺声：眼睛像胡蜂，声音如豺狼，面目狰狞。　[10] 忍人：残忍之人。　[11] 既：立商臣为太子之后。　[12] 王子职：楚成王的庶子（姬妾所生之子），商臣的异母弟。　[13] 未察：只听说但未核实。　[14] 潘崇：楚大夫，商臣师父。　[15] 享江芈而勿敬也：意谓宴请江芈却对她无礼，以此试探江芈。江芈（mǐ），楚成王之妹。芈为姓，因其嫁与江国，故称。　[16] 役夫：贱骨头。骂人的俗语。　[17] 宜：活该。杀女：废汝。　[18] 事诸：侍奉王子职。诸，同“之”。　[19] 行：逃亡。　[20] 大事：此指弑君夺位。　[21] 宫甲：太子宫中的卫队。　[22] 熊蹯：熊掌。熊掌难熟，成王想借此拖延时间，等待外援。　[23] 丁未：十八日。　[24] 谥（shì）：古代帝王或贵族大臣死后，由继位帝王或朝廷所加给他的带有褒贬意义的称号叫“谥”。　[25] 穆王立：商臣即位在明年，

此提前叙述。 [26] 大子之室：做太子时的宫室及宫室内的财物、男女奴仆。 [27] 环列之尹：掌管宫中警卫军的长官。环列，指环列于王宫的兵卒。

[点评]

此篇记载楚穆王上台即位的故事。楚成王在立太子的事情上反复无常，又不听劝，一意孤行，终于被商臣所杀。文中写了潘崇所设的圈套，使浅薄的江芈中计上当，让商臣弑君获得了主动。《春秋》《左传》记载子弑君之事多有，司马迁说“《春秋》之中，弑君三十六，亡国五十二”，弑君之中有不少是子弑君父的。商臣弑成王只是其中的一起。此节宛如一篇小说，而重点又在写潘崇之计。对话也极其生动。此外，作者写商臣其人“蜂目而豺声”，其实也暗含了作者对商臣的态度。

19.郑败宋师获华元

宣公二年　二年春，郑公子归生受命于楚[1]，伐宋。宋华元、乐吕御之[2]。二月壬子[3]，战于大棘[4]，宋师败绩。囚华元，获乐吕[5]，及甲车四百六十乘[6]，俘二百五十人，馘百人[7]。

狂狡辂郑人[8]，郑人入于井[9]。倒戟而出之，获狂狡[10]。君子曰："失礼违命[11]，宜其为禽也。戎，昭果毅以听之之谓礼[12]。杀敌为果，致果为毅[13]。易之[14]，戮也。"

狂狡不懂"杀敌为果，致果为毅"的道理，打仗时还讲所谓的仁义道德，所以"君子曰"评论其"失礼违命"。

将战，华元杀羊食士[15]，其御羊斟不与[16]。及战，曰："畴昔之羊，子为政[17]；今日之事，我为政[18]。"与入郑师[19]，故败。君子谓："羊斟非人也，以其私憾[20]，败国殄民[21]，于是刑孰大焉[22]？《诗》所谓‘人之无良’者[23]，其羊斟之谓乎，残民以逞[24]。”

羊斟公报私仇，所以“君子谓”其“非人”。

［注释］

[1] 公子归生：郑国公子，字子家。受命于楚：受楚国之命兴兵。 [2] 华元：时为右师（相当于宰相），前后执政四十余年。乐吕：宋大夫，时为司寇。御之：率兵抵抗。 [3]壬子：某日。 [4]大棘：地名，此时为宋地，在今河南睢县南。 [5] 获乐吕：即杀了乐吕。获，不论是“擒获”（活捉）还是“斩获”（杀死）都称“获”，此与“囚”对举，指“斩获”。 [6] 甲车：兵车，因其战马披有盔甲，故称。 [7] 馘百人：或本作“馘百”。馘（guó），杀敌并割其左耳以献功。 [8] 狂狡：宋大夫。辂（yà）：迎战。 [9] 入于井：郑军一士兵掉入井中。 [10]“倒戟”二句：指狂狡倒拿着戟救郑人，等于授之戟柄，故郑人出来后反将狂狡擒获。 [11] 失礼违命：军法以杀敌为上，狂狡竟以戟救敌，故云失礼违命。 [12]“昭果毅”句：发扬果毅精神，并牢记于心，这就叫“礼”。昭，明白，发扬。果，勇敢。毅，刚毅，毅力。听之，听之于耳，记之于心。 [13]“杀敌”二句：敢于杀敌叫“果”，养成这种果敢精神叫“毅”。致果，达到或养成果敢的精神。 [14] 易之：反其道而行。 [15] 食（sì）：把食物给人吃。 [16] 羊斟：华元的车夫。不与（yù）：不在其中，指羊斟没分到羊肉。 [17] 畴昔：前日。子为政：由你做主。 [18] 今日之事：指打仗驾车。我为政：由我做主。羊斟为华元驾驭战车，所以这样说。 [19] 与入郑师：因没分到羊肉，羊斟故意把战车赶到郑军中。 [20] 私憾：个人怨恨。 [21] 殄（tiǎn）：残害。 [22]“于是”句：意谓还

有什么罪过比这更大呢? [23] 人之无良:即心地不良的人。语出《诗经·鄘风·鹑之奔奔》。《诗经·小雅·角弓》作“民之无良”。 [24] 以逞:以满足自己的欲望。

宋人以兵车百乘、文马百驷以赎华元于郑[1]。半入[2],华元逃归,立于门外,告而入[3]。见叔牂[4],曰:“子之马然也[5]。”对曰:“非马也,其人也[6]。”既合而来奔[7]。

宋城,华元为植,巡功[8]。城者讴曰[9]:“睅其目[10],皤其腹[11],弃甲而复[12]。于思于思[13],弃甲复来[14]。”使其骖乘谓之曰[15]:“牛则有皮,犀兕尚多,弃甲则那[16]?”役人曰:“从其有皮,丹漆若何[17]?”华元曰:“去之!夫其口众我寡。”

近人吴曾祺评华元与城者对话曰:“诙诡之趣,冠绝古今。”(韩席筹《左传分国集注》引)清人冯李骅所谓“连其性情心术、声音笑貌,千载如生”(《左绣·读左卮言》),此又是一例。

[注释]

[1] 文马:毛色有文采的马。百驷,古代一车由四匹马拉,称“驷”,百驷,即四百匹马。 [2] 半入:赎华元的车马只有一半送入郑国。 [3] “立于门外”二句:指华元站在城门外,向守城士兵讲明身份后才进去。 [4] 叔牂(zāng):即羊斟。阮芝生《左传杜注拾遗》云:“疑其陷元于敌,即脱身而逃,不与元同获。” [5] 子之马然也:意谓我之被俘,是你的马不听指挥吧。 [6] “非马也”二句:是羊斟承认不是因为马,而是因为

人。 [7] 既合而来奔：羊斟怕华元治罪，回答了华元后就逃往鲁国了。合，答话。 [8] 植：以主帅身份任监工之事。巡功：巡视检查。 [9] 城者：筑城的人。讴：唱歌。 [10] 睅其目：瞪着大眼睛。睅（hàn），大目，此作动词。 [11] 皤其腹：腆着大肚子。皤（pó），大腹，此作动词。 [12] 复：逃归。言外指打了败仗逃回来。 [13] 于：语动词。思（sāi）：通"偲"，多须貌，大胡子。 [14] 弃甲复来：是城者嘲笑华元打败仗逃回。复来，指又来巡城。 [15]"使其"句：主语是华元。骖（cān）乘，在车上担任侍卫、陪乘的随从人员。 [16]"牛则有皮"三句：是华元强作解嘲的答歌。兕（sì），类似犀牛的野牛，独角，青色。牛和犀、兕的皮都可以用来制甲。那（nuó），奈何，怎样。 [17]"从其有皮"二句：纵然皮革多又多，丹漆难得可奈何？从，同"纵"。丹漆，红漆。

[点评]

此篇写郑、宋大棘之战，主要写了三个故事。一是写华元被俘。华元在宋国华督之后，任右师多年。此次战斗，华元身为元帅却被擒，可以想象宋军有多窝囊。宋人最终以兵车百乘、文马百驷赎回华元。二是写宋国的将领狂狡救敌反而被擒、羊斟以私废公，说明宋军将士或是愚笨，或是私心严重，这样的军队如何不打败仗呢？三是写华元与筑城者的对话。华元战败，还要为自己掩饰。筑城者嘲笑华元，华元的回答显得无可奈何。三个故事，完全是小说笔法。人物对话符合人物身份，妙趣横生。就此篇来看，华元好像是一介无能怯懦之人，其实并非如此。鲁宣公十五年楚国攻宋，华元只身进入楚军军营，劫持楚军主帅子反，订立盟约，挽救了宋国，又足见他的勇敢。《左传》写人物，并非只是单一的性格。

20. 晋灵公不君

宣公二年　晋灵公不君[1]：厚敛以彫墙[2]；从台上弹人，而观其辟丸也[3]；宰夫胹熊蹯不熟[4]，杀之，置诸畚[5]，使妇人载以过朝。赵盾、士季见其手[6]，问其故，而患之[7]。将谏，士季曰："谏而不入，则莫之继也[8]。会请先[9]，不入则子继之。"三进，及溜[10]，而后视之[11]，曰："吾知所过矣，将改之[12]。"稽首而对曰[13]："人谁无过？过而能改，善莫大焉。《诗》曰：'靡不有初，鲜克有终[14]。'夫如是，则能补过者鲜矣[15]。君能有终，则社稷之固也[16]，岂唯群臣赖之[17]。又曰：'衮职有阙，惟仲山甫补之。'[18]

熊掌为古代美食八珍之一，味美难熟，《楚太子商臣享江芈》篇所述楚商臣之乱成王请食熊掌，就是以其难熟拖延时间。

能补过也。君能补过，衮不废矣[19]。”

犹不改。宣子骤谏[20]，公患之，使鉏麑贼之[21]。晨往，寝门辟矣[22]，盛服将朝[23]。尚早，坐而假寐[24]。麑退，叹而言曰：“不忘恭敬，民之主也[25]。贼民之主，不忠；弃君之命，不信。有一于此[26]，不如死也。”触槐而死[27]。

鉏麑死前独语，谁能听见？正如钱锺书所说：“史家追叙真人实事，每须遥体人情，悬想事势，设身局中，潜心腔内，忖之度之，以揣以摩，庶几入情合理。盖与小说、院本之臆造人物、虚构境地，不尽同而可相通；记言特其一端。”(《管锥编》第一册)

［注释］

[1] 晋灵公：名夷皋，晋襄公之子。不君：无道，有失为君之道。 [2] 厚敛：厚赋，指大肆搜刮百姓。彫墙：绘饰宫室垣墙。彫，同“雕”，绘饰。 [3]“从台上”二句：指从台上用弹弓射人，以观看群臣躲避弹丸取乐。丸，弹丸。 [4] 宰夫：诸侯国君的厨工。胹(ér)：炖，煮。熊蹯(fán)：熊掌，味美难熟。 [5] 畚(běn)：用植物枝条编成的筐子一类的器具。 [6] 士季：范武子，名会，字季，晋大夫。 [7] 患之：为晋灵公的无道担心。 [8] 莫之继：没人敢继续再谏。 [9] 会：士会。 [10] 三进，及溜：三进，指进门、入庭、上阶。溜，房顶瓦垅滴水处，此指屋檐下。 [11] 而后视之：古代臣朝君，在升堂见君前，每走一小段，就要行礼一次，每行一次礼，坐在堂上的国君都会看得见，文中晋灵公知道士季要来进谏，想不理他，直到士季往前走了三次，行了三次礼后，才不得不见他。 [12]“吾知”二句：主语是晋灵公。晋灵公抢先开口，以免士会进谏。 [13]“稽首”句：主语是士季。 [14]“靡不有初”二句：语出《诗经·大雅·荡》，意谓事情无不有好的开头，但却很少有好的结果。靡，无。鲜(xiǎn)，少。克，能够。终，好结果。 [15] 能补过者鲜矣：士季引《诗》

是要说明能补过的人就显得很少。 [16] 固：保障。 [17] 岂唯群臣赖之：意谓岂止是群臣有了依赖。 [18]“衮职有阙”二句：语出《诗经·大雅·烝民》。衮（gǔn），天子之服，此指周宣王。职，职责。仲山甫，周宣王时的卿士，辅佐宣王中兴。士季引用这两句诗，意在劝勉灵公，听从谏劝，改过迁善。 [19] 衮不废矣：此意指社稷可以不败了。 [20] 宣子：即赵盾。骤谏：屡次进谏。 [21] 钼麑（chú ní）：晋之大力士。贼：戕害，此指杀害。 [22]“晨往”二句：是说赵盾寝室的门开着。 [23] 盛服将朝：赵盾穿着整齐的朝服，准备上朝。 [14] 假寐：不解衣冠而睡，此指闭目养神。 [25] 民之主也：百姓的依靠。 [26] 有一于此：不忠、不信二项中有一项。 [27] 触槐：头撞槐树。

秋九月，晋侯饮赵盾酒，伏甲[1]，将攻之。其右提弥明知之[2]，趋登[3]，曰：“臣侍君宴，过三爵[4]，非礼也。”遂扶以下，公嗾夫獒焉[5]，明搏而杀之[6]。盾曰：“弃人用犬，虽猛何为[7]！”斗且出，提弥明死之[8]。

［注释］

[1] 伏甲：埋伏了甲士。准备杀死赵盾。 [2] 右：车右，又称骖乘，与主人同乘一车、在座位右边担任侍卫的兵士，一般由勇力过人者担任。提弥明：车右名。 [3] 趋登：快步登上殿堂。 [4] 过三爵：超过了三杯酒。 [5] 嗾（sǒu）：唤犬声，此作动词。獒（áo）：身长四尺的猛犬。当时赵盾被提弥明扶下殿堂，匆忙之中，晋灵公来不及向武士发布攻杀之令，就临时呼出猛犬，

企图咬死赵盾。 [6] 搏：搏斗。 [7]“弃人”二句：意谓废弃忠良之人而用猛犬，犬虽猛又有何用！ [8] 死之：为之（赵盾）而死。

作者写钽麑、提弥明、灵辄三勇士皆愿为赵盾而死，从侧面衬托赵盾贤臣的形象。清王源《左传评》说：“通篇处处借他人写赵盾。”

初，宣子田于首山[1]，舍于翳桑[2]，见灵辄饿，问其病[3]。曰：“不食三日矣。”食之，舍其半[4]。问之，曰：“宦三年矣[5]，未知母之存否，今近焉[6]，请以遗之。”使尽之，而为之箪食与肉[7]，置诸橐以与之[8]。既而与为公介[9]，倒戟以御公徒[10]，而免之[11]。问何故。对曰：“翳桑之饿人也。”问其名居[12]，不告而退，遂自亡也[13]。

[注释]

[1] 田：同“畋”，打猎。首山：又名首阳山，在今山西永济南。 [2] 翳（yì）桑：地名，在首阳山间。 [3]“见灵辄”二句：指赵盾见灵辄饿得很，以为有大病。灵辄，晋人。 [4] 舍其半：把食物留下一半。 [5] 宦：贵族的仆隶，此作动词，当奴仆。 [6] 近焉：离家不远了。 [7]“使尽之”二句：意指赵盾让灵辄全都吃掉，另外又为他准备了一小筐的饭和肉。箪（dān），盛饭菜用的圆形小竹筐。 [8] 橐（tuó）：口袋。 [9] 与：参与，此作担任解。公介：灵公的甲士。 [10] 倒戟：倒戈。公徒：灵公的伏兵。 [11] 免之：使赵盾终免于大难。 [12] 名居：姓名和居所。 [13] 自亡也：自己逃亡。

乙丑，赵穿攻灵公于桃园[1]。宣子未出山而复[2]。大史书曰："赵盾弑其君[3]。"以示于朝[4]。宣子曰："不然[5]。"对曰："子为正卿[6]，亡不越竟，反不讨贼[7]，非子而谁？"宣子曰："呜呼！《诗》曰'我之怀矣，自诒伊戚'[8]，其我之谓矣！"孔子曰："董狐，古之良史也，书法不隐[9]。赵宣子，古之良大夫也，为法受恶。惜也，越竟乃免[10]。"

"书法不隐"成为后代史官崇奉的良史准则。褚遂良为唐太宗作《起居注》，便坚持了董狐不畏强权、秉笔直书的精神。

[注释]

[1] 攻：当为"杀"之误，一本作"煞"，即"杀"。桃园：晋灵公的园囿名。 [2] 未出山而复：未走出晋国国境，听说晋灵公被杀死，就又返回。山，指国境上的山。 [3]"大史"句：董狐认为晋君被杀，赵盾负有主要责任，故作如此记载。大史，太史，朝廷史官，此指晋太史董狐。 [4] 示于朝：将史书记载出示于朝廷给群臣看。 [5] 不然：不是这样。 [6] 正卿：执政大臣。 [7] 竟：同"境"。贼：指赵穿。 [8]"我之怀矣"二句：《诗经·邶风·雄雉》云："我之怀矣，自诒伊阻"，与此仅一字之差，或以为此即引《雄雉》诗，或以为乃先秦逸诗。诗的意思是我太怀念故国，反而给自己带来悲戚。怀，此指怀念祖国。诒，同"贻"，给。一本此二句前无"诗曰"二字。 [9] 书法：记史的原则，下文的"法"即"书法"之省略。不隐：不曲意隐讳。 [10]"惜也"二句：赵盾如果出境，则君臣之义绝，可以不负弑君的责任，返回后，也不必讨伐逆贼，故云"越竟乃免"。

[点评]

晋灵公是春秋时期有名的昏君、暴君。本篇写他的种种无道暴行，其被杀也是必然。此篇的人物非常突出，近人林纾《左孟庄骚精华录》说:“此篇叙述晋灵，实则不是专写晋灵，是写三壮士。又不止写三壮士，是兼写一个良史。赵盾是一篇中之主干人物，晋灵为之开场，董狐为其收局。”分析颇有道理。此篇全文矛盾冲突激烈，情节曲折，人物刻画生动，场面形象逼真。其中写钮麑触槐而死前的一段话，出于作者的悬想，虽属虚构，却符合人物性格。此种手法《左传》中多见，更增加了叙事的文学色彩。此节所写的董狐秉笔直书，“书法不隐”的修史精神，到了司马迁，就是“不虚美、不隐恶，堪称实录”。“实录”的原则，被后代史官奉为修史的崇高法则。

21. 王孙满对楚子

宣公三年　楚子伐陆浑之戎，遂至于雒[1]，观兵于周疆[2]。定王使王孙满劳楚子[3]。楚子问鼎之大小、轻重焉[4]。对曰：“在德不在鼎。昔夏之方有德也，远方图物[5]，贡金九牧[6]，铸鼎象物[7]，百物而为之备[8]，使民知神、奸[9]。故民入川泽山林，不逢不若[10]。螭魅罔两[11]，莫能逢之。用能协于上下[12]，以承天休[13]。桀有昏德[14]，鼎迁于商，载祀六百[15]。商纣暴虐，鼎迁于周。德之休明，虽小，重也。其奸回昏乱，虽大，轻也[16]。天祚明德，有所厎止[17]。成王定鼎于郏鄏[18]，卜世三十[19]，卜

楚王问鼎暴露了他觊觎王权的野心，而其敢于问鼎，则从侧面印证了周王权的衰弱。

清人王源《左传评》称赞王孙满“在德不在鼎”的回答说：“如快马砍阵，摧锋陷坚，所向披靡。”清人冯李骅《左绣》则认为此言有“一喝三日耳聋”的威力。

国之鼎，是传国重器。得国必得鼎，有鼎则有国。鼎的迁徙，是朝代转换的标志。

年七百，天所命也。周德虽衰，天命未改。鼎之轻重，未可问也。"

[注释]

[1] 楚子：楚庄王，名旅。陆浑之戎：戎人，本居于瓜州，后迁到伊川。雒：同"洛"，洛水，发源于陕西洛县南。楚军北伐必须到达洛阳的洛水旁。 [2] 观兵：陈兵示威。周疆：周朝都城郊外。 [3] 定王：周定王，名瑜。王孙满：周共王儿子圉的曾孙，时为周大夫。劳：慰劳。 [4] "楚子问鼎"句：鼎，指九鼎，相传为夏禹时所铸。夏、商、周三代以九鼎作为王权的象征，楚庄王问九鼎之大小轻重，有取代周王朝之意。 [5] "昔夏"二句：指夏朝在它有德的时候，将远方的山川物产，都画成图。图物，描绘各地奇异的事物。 [6] 贡金九牧：即"九牧贡金"。金，铜。九牧，古将中国分成九州，九牧即九州的长官。 [7] 象物：将奇物图像铸在鼎上使它像所绘的图像。 [8] 百物：亦即万物。 [9] 使民知神、奸：神是好的，奸是坏的。即百姓知道好坏。奸，恶物，坏东西。 [10] 不若：不顺，指不顺利的事，不顺眼的怪物。 [11] 螭魅（chī mèi）：又作魑魅，山之鬼怪。罔两：又作蝄蜽、魍魉，木石之怪。 [12] 用：因。协于上下：上下团结。 [13] 以承天休：接受上天的福佑。休，保佑。 [14] 桀：夏桀。昏德：指无道。 [15] 载祀：纪年之称。《尔雅·释天》谓"夏曰岁，商曰祀，周曰年，唐、虞曰载"，此泛称。六百：商享国约六百四十年，此举整数。 [16] "德之休明"六句：用对比说明如果道德美善光明，鼎虽小，也是重的。如果奸邪昏乱，鼎再大，也是轻的。休明，美善光明。奸回，奸邪。 [17] 祚：福，此作动词，赐福。底（zhǐ）：止，终止，指最终的年限。 [18] 郏

(jiá): 山名。鄏 (rǔ): 地名。均在今河南洛阳，此指洛阳。周成王在郏鄏营建东都洛阳，名王城，并迁九鼎于此。 [19] 卜世三十: 占卜问得传世三十世。卜，占卜。

[点评]

在春秋诸侯中，楚国自称为王，以示不受周天子的管辖。宣公三年，楚庄王先后吞并了一些小国之后，竟陈兵周朝边境，向周天子示威。楚庄王问九鼎的轻重，是一种僭越，暴露其取周而代之的野心。不过楚庄王是一个敢于进取的君王，九年之后，终于当上霸主。王孙满洞察楚庄王的野心，对楚王的回答，讲明了鼎的来历与象征意义，特别强调统治天下“在德不在鼎”的道理，挫败了楚庄王的狂妄野心。王孙满的对答，中心在于“在德不在鼎”一句。鼎不在大小轻重，有德是关键。王孙满话虽不长，援古证今，思路新巧，说理深刻。钱锺书说：“左氏于文学中策勋树绩，尤足为史有诗心、文心之证，则其记言是矣。”(《管锥编》第一册）此又一例。

22. 晋楚邲之战

宣公十二年 十二年春，楚子围郑，旬有七日。郑人卜行成[1]，不吉；卜临于大宫[2]，且巷出车[3]，吉。国人大临，守陴者皆哭[4]。楚子退师。郑人修城。进复围之，三月，克之。入自皇门[5]，至于逵路[6]。郑伯肉袒牵羊以逆[7]，曰："孤不天[8]，不能事君，使君怀怒以及敝邑[9]，孤之罪也，敢不唯命是听？其俘诸江南，以实海滨[10]，亦唯命；其翦以赐诸侯[11]，使臣妾之[12]，亦唯命。若惠顾前好[13]，徼福于厉、宣、桓、武[14]，不泯其社稷[15]，使改事君，夷于九县[16]，君之惠也，孤之愿也，非所敢望也。敢布腹心[17]，

郑国自城濮之战后，历经晋讨楚伐，已无力抵抗。所以郑伯只能是"肉袒牵羊"，极尽卑屈之能事。

君实图之。”左右曰：“不可许也，得国无赦[18]。”王曰：“其君能下人[19]，必能信用其民矣，庸可几乎[20]？”退三十里而许之平。潘尪入盟[21]，子良出质[22]。

［注释］

[1] 行成：求和。 [2] 临：哭于祖庙。大宫：诸侯国太祖之庙，此指郑国的祖庙。 [3] 巷出车：把兵车陈于里巷之间，准备巷战。这表明郑人有死战到底的决心。 [4] 大临：大哭。守陴者：即守城者。陴（pí），城上的女墙。 [5] 皇门：郑都城门名。 [6] 逵路：城内大道。 [7] 郑伯：郑襄公。肉袒牵羊：表示愿意服罪受刑。肉袒，脱去上衣，赤裸肩背。 [8] 不天：不能秉承天意。 [9] 怀怒以及敝邑：使君王生气来到敝国。 [10] 俘诸江南：指被放逐于江南。楚国在江南。以实海滨：充实楚国海滨无人之地。 [11] 翦：分割，割截。 [12] 臣妾之：做诸侯的奴仆。 [13] 前好：楚郑二国世有盟誓之好。 [14] 徼（yāo）福：求福。厉、宣：周厉王、周宣王。桓、武：郑桓公、郑武公。郑桓公是周厉王的少子、宣王是庶弟，宣王时始封于郑。郑武公是郑桓公之子。桓公、武公皆郑开国贤君。 [15] 泯：灭。 [16] 夷：等同。九：虚数，非实指。县：楚国曾将吞灭的小国置为县，如上年县陈；郑国土地较大，非仅一县，故云九县。郑伯言“夷于九县”，意即愿为楚之属国，而保留其社稷，如当时的陈、蔡等国。 [17] 布腹心：披露心里的话。 [18] 得国无赦：既已得人之国，就不宜再赦免它。 [19] 能下人：能屈居于他人之下。 [20] 庸：或许。几：通“冀”，希望。 [21] 潘尪（wāng）：

楚大夫，一称师叔。 [22] 子良：即公子去疾，郑襄公之弟，以仁让忠良闻名于当时。

夏六月，晋师救郑。荀林父将中军，先縠佐之[1]；士会将上军，郤克佐之[2]；赵朔将下军，栾书佐之[3]。赵括、赵婴齐为中军大夫[4]，巩朔、韩穿为上军大夫[5]，荀首、赵同为下军大夫[6]。韩厥为司马[7]。

士会之言，不但体现了他的战争思想，又从他的口中道出了楚庄王之霸略，说明此时楚国国内政治有道，团结和睦，出师有利。由甲方叙述乙方情状，左氏常用此法。

及河，闻郑既及楚平，桓子欲还[8]，曰："无及于郑而剿民[9]，焉用之？楚归而动，不后[10]。"随武子曰[11]："善。会闻用师，观衅而动[12]。德、刑、政、事、典、礼不易[13]，不可敌也，不为是征[14]。楚军讨郑[15]，怒其贰而哀其卑[16]。叛而伐之，服而舍之，德、刑成矣[17]。伐叛，刑也；柔服[18]，德也。二者立矣[19]。昔岁入陈[20]，今兹入郑，民不罢劳[21]，君无怨讟[22]，政有经矣[23]。荆尸而举[24]，商、农、工、贾不败其业，而卒乘辑睦[25]，事不奸矣[26]。苏敖为宰[27]，择楚国之令典[28]，军行，右辕[29]，左追蓐[30]，前茅虑无[31]，中权，后劲[32]。百官象物而动[33]，军政不戒而备[34]，能用典矣[35]。其君之举也[36]，内姓选于亲[37]，外姓选于旧[38]；举不失德[39]，赏不失劳[40]；老有加惠[41]，旅有施舍[42]。君子小人，物有服章[43]。贵有常尊，贱有等威[44]；礼不逆矣[45]。德立、刑行，政成、事时，典从、礼顺[46]，若之何敌之？见可而进[47]，知难而退，军之善政也[48]。兼弱攻昧[49]，武之善经也[50]。子姑整军而经武乎[51]！犹有弱而昧者，何必楚[52]？仲虺有言曰[53]：'取乱侮亡。'兼弱也[54]。《汋》曰：'於铄王师，遵养时晦[55]。'耆昧也[56]。《武》曰：'无竞惟烈[57]。'抚弱耆昧，以务烈所[58]，可也。"彘子曰[59]："不可。晋所以霸，师武、臣力也[60]。今失诸侯，不可谓力[61]；有敌而不从，不可谓武[62]。由我失霸，不如死[63]。且成师以出[64]，闻敌强而退，非夫也[65]。命为军帅，而卒以非夫[66]，唯群子能[67]，我弗为也。"以中军佐济[68]。

先縠认为晋国所以霸，靠的是武力。先縠刚愎自用，不听劝，孤军深入，说明晋军内部不和睦，与楚国形成对比。这些都暗示了楚胜晋败的结局。

［注释］

[1] 荀林父：晋大夫，又称桓子、荀伯、中行氏。晋三军以中军为首，中军之将即三军的统帅。先縠（hú）：先轸的后裔，原名

原縠，又称彘子。邲之役中因刚愎自用而为楚所败，后又招狄攻晋，终为晋人所杀。 [2] 士会：字季，名会，亦称士季、随季、随会、随武子、范武子、范会。郤（xì）克：晋大夫，亦称郤献子、郤伯。 [3] 赵朔：赵盾之子，晋成公的女婿，亦称赵庄子。栾书：晋名将，亦称栾武子、栾伯。 [4] 赵括：赵盾的异母弟，亦称屏括、屏季。赵婴齐：赵括的同母弟，亦称赵婴、楼婴。中军大夫：指中军将佐之外的官，三军皆置有"大夫"。 [5] 巩朔：晋大夫，亦称巩伯、士庄伯。韩穿：晋大夫韩简的同族。 [6] 荀首：荀林父之弟，亦称知（zhì）庄子、知氏。赵同：赵括的同母兄，亦称原同、原叔。 [7] 韩厥：韩简之孙，晋之名臣，亦称韩献子。司马：掌军政、军赋的官。 [8] 桓子：荀林父的谥号。 [9] 无及于郑：郑已降楚，救郑已来不及。剿：劳苦。 [10] "楚归"二句：意谓等楚军撤走后再兴师伐郑，也为时不晚。 [11] 随武子：士会。 [12] 观衅而动：见有机可乘，然后才可发动进攻。衅，间隙，机会。 [13] 不易：不违背常规。 [14] 不为是征：即"不征是"，不进攻这样的国家。 [15] 军：或本作"君"。 [16] 贰：贰于楚而亲晋。卑：指郑襄公卑辞以求服楚。 [17] "叛而伐之"三句：意谓郑国反叛，就讨伐它；服罪就赦免它，这样楚国的德行、刑罚都已具备。 [18] 柔服：用怀柔之道对待服罪的国家。 [19] 二者：指德和刑两方面。 [20] 昔岁入陈：上一年，楚国侵入陈国，杀了陈国作乱的大夫夏征舒。 [21] 罢（pí）：通"疲"。 [22] 讟（dú）：怨言，怨谤。 [23] 有经：符合常规。 [24] 荆尸：是楚武王创造的一种作战阵法。举：举兵。 [25] 卒：步兵。乘：战车上的甲士。辑睦：和睦。 [26] 奸：犯，干扰，抵触。 [27] 蒍敖：即蒍艾猎，孙叔敖，楚国名相。宰：楚之令尹。 [28] 令典：政令和法典。 [29] 军行，右辕：行军打仗时，右军随将军战车之所向而进退。右、左与下文的前、中、后都指军队。辕，此指将军之战车。右辕，右军夹辕，即夹车，保护兵车前进。 [30] 左追蓐：左军搜寻粮食刍薪。蓐，草，用以喂军马及人睡卧时铺地。 [31] 茅：通“旄”，指“旄旌”，即饰以旄牛尾巴的旌旗。古代军制，前军探道时，以旌为标志告诉后军。虑无：防备意外。 [32] 中权：中军负责权衡一切。后劲：后军以劲旅殿后。 [33] 象物而动：物，指绘有各种鸟兽图案的旗帜。古代行军，以各种不同的旗帜作行动的标志，如，举日章（绘有太阳的旗帜，下仿此）则昼行，举月章则夜行，举龙章则行水，举虎章则行林，举鸟章则行陂，举蛇章则行泽，举鹊章则行陆，举狼章则行山等（见《管子·兵法》）。 [34] 戒：下令戒备。 [35] 用典：运用法典。 [36] 举：举荐人才。 [37] 内姓：同姓。亲：王室支系中亲近的人。 [38] 外姓：异姓。旧：指贵族世家。 [39] 失德：遗漏有德之人才。 [40] 失劳：遗漏有功劳的人。 [41] 加惠：增加恩惠，优待。 [42] 旅有施舍：旅客得到馈赠。 [43] 物有服章：衣饰器物各有标志和文采，以别尊卑。 [44]“贵有”二句：指高贵者有不变的尊位，卑贱者有威仪之等差。 [45] 逆：不顺。 [46]“德立”三句：意谓楚国德行树立，刑罚施行，政令完备，事务适时，典则人人服从，礼仪和谐顺畅。事时，办事合于时宜。典从，法典人人服从。 [47] 可：指有可能。 [48] 善政：治军的良好准则。 [49] 兼弱：兼并弱小国家。攻昧：攻取政治上昏昧的国家。 [50] 善经：治军的好方法，好原则。 [51] 经武：加强武备。 [52]“犹有”二句：诸侯中尚有弱小或昏昧的国家，何必非伐楚不可？ [53] 仲虺（huǐ）：商汤的左相，姓任。 [54] 取乱侮亡：意谓“攻取内乱之国，凌辱衰亡之国”。兼弱也：说的就是兼并弱者。 [55]“於铄王师”二句：语出《诗经·周颂·酌》，意谓伟大而强盛的王师，它顺从民意，攻取昏昧之王。於（wū），感叹词，有赞美之意。铄（shuò），盛大。

遵，顺着。养，取。时，通“是”，此。晦，昏昧之人。 [56] 耆昧：攻昧。耆（qí），致，此指攻伐。 [57] 无竞惟烈：语出《诗经·周颂·武》，意谓武王功业强盛无比。无竞，无止境。烈，功业。 [58] 务：致力于，寻求。烈所：功业之所在。 [59] 彘子：先縠。 [60] 师武、臣力也：军队勇武，群臣尽力。 [61] 诸侯：指郑国。力：尽力。 [62]“有敌”二句：意谓遇到敌人，却不追上去，不能说勇武。 [63]“由我”二句：晋国从文公以来，称霸已久，先縠认为不与楚会战将丢掉霸主地位。不如死，不如死去。 [64] 成师：整顿军队。 [65] 夫：大丈夫。 [66] 卒：最终。 [67] 群子：你们这些人。 [68] 济：渡河。

荀首、韩厥虽已预料到晋国将败，但为顾全大局，还是渡过了黄河。

知庄子曰[1]：“此师殆哉[2]！《周易》有之，在《师》䷆之《临》䷒[3]，曰：‘师出以律[4]，否臧[5]，凶。’执事顺成为臧[6]，逆为否。众散为弱[7]，川壅为泽[8]，有律以如己也，故曰律[9]。否臧，且律竭也[10]。盈而以竭，夭且不整[11]，所以凶也。不行之谓《临》[12]，有帅而不从，临孰甚焉[13]！此之谓矣。果遇[14]，必败，彘子尸之[15]，虽免而归[16]，必有大咎。”韩献子谓桓子曰[17]：“彘子以偏师陷[18]，子罪大矣。子为元帅，师不用命，谁之罪也[19]？失属、亡师[20]，为罪已重，不如进也。事之不捷，恶有所分[21]。与其专罪，六人同之，不犹愈乎[22]？”师遂济。

［注释］

[1] 知庄子：荀首。 [2] 殆：危险。 [3] 在《师》之《临》：《师》卦卦形为䷆，《坎》下《坤》上；《临》卦卦形为䷒，《兑》下《坤》上。从《师》变成《临》，即由《坎》变为《兑》，其卦形唯初爻不同，故下文即引《师》初六爻辞。 [4] 师出以律：出师必须以法制号令指挥军队。 [5] 否（pǐ）：不好。臧：善。下文的“否臧”指将佐不服从主帅，军纪实施不顺利。 [6] 执事：行事，做事情。 [7] 众散为弱：《师》变为《临》，是由于《坎》变为《兑》。“坎”象征众，“兑”象征柔弱，因此“坎”变为“兑”是众变为弱之象。 [8] 川壅为泽：“坎”代表大川，“兑”代表泽；“坎”变为“兑”又象征流动的川水因壅塞而变成沼泽。 [9] 如己：顺从自己，指就像自己指挥自己一样。律：指有纪律，即听从法制号令。 [10] 律竭：暗指先縠不服从主帅指挥，自己先渡河。竭，尽。 [11] 夭：塞。不整：此指水流不畅。此是承上面“众散”两句卦象而言。 [12] 不行：即上文“川壅为泽”意。 [13] 临孰甚焉：军中号令不行，这是最严重的“临”。 [14] 遇：遇敌。 [15] 尸：主，承受。 [16] 免：免于战死。 [17] 韩献子：韩厥。 [18] 偏师：此指先縠所率领的中军佐的军队。陷：陷于敌阵。 [19]“子为元帅”三句：韩厥的意思是军队却不听从命令，荀林父身为元帅，也是有责任的。 [20] 属：属国，此指郑国。 [21]“事之不捷”二句：意谓战事不胜，罪过可由大家共同分担。事，戎事，战争。恶，罪责。 [22]“与其专罪”三句：意谓与其由你一人独担罪责，不如我们六人共同承担，这不是更好吗？专罪，指元帅一人承担罪责。

楚子北师次于郔[1]。沈尹将中军，子重将晋军内部的问题，又由楚人伍参口中说出，再次预言晋军将败。晋军三帅“专行不获”，军队无所适从，是失败的主要原因。

左，子反将右[2]。将饮马于河而归[3]。闻晋师既济，王欲还，嬖人伍参欲战[4]。令尹孙叔敖弗欲，曰：“昔岁入陈，今兹入郑，不无事矣[5]。战而不捷，参之肉其足食乎[6]？”参曰：“若事之捷，孙叔为无谋矣。不捷，参之肉将在晋军，可得食乎[7]？”令尹南辕、反旆[8]，伍参言于王曰：“晋之从政者新[9]，未能行令。其佐先縠刚愎不仁，未肯用命。其三帅者，专行不获[10]，听而无上，众谁适从[11]？此行也，晋师必败。且君而逃臣[12]，若社稷何？”王病之[13]，告令尹改乘辕而北之[14]，次于管以待之[15]。

[注释]

[1] 郔(yán)：地名，在今河南郑州北，靠近黄河。 [2] 沈尹：楚大夫，余不详。子重：公子婴齐的字，楚庄王之弟，楚国正卿，亦称左尹子重。子反：公子侧的字，原为宋国公子，仕楚为正卿，后为大司马，亦称大司马侧。楚军分左、中、右三军。 [3] 饮马于河：因为郑国已降服，饮马于黄河只是做个样子。 [4] 嬖(bì)人：受宠之人。伍参：伍子胥的曾祖父。 [5] 不无事：非无战事。不，非。 [6] 参之肉其足食乎：言外之意即，若战而不胜，虽杀伍参不足以谢国人。 [7]“若事之捷”五句：意思是如果作战胜利了，孙叔敖就是无谋之人了。如果不胜，伍参的肉将在晋军之中，能吃得到吗？孙叔，孙叔敖。 [8] 南辕、反旆：车

辕转而向南，把军旗也掉转方向，表示要回师。反，同“返”。旆，军旗。 [9] 从政者新：指荀林父。荀林父于邲之战前数月才任中军之将，故云。 [10] 专行不获：在主帅的统帅下，不能专行己意。 [11]“听而无上”二句：士卒即使想听令也不知谁是主帅，不知该听谁的。 [12] 君：指楚王。臣：指晋臣。 [13] 病之：对伍参所说君逃臣的话感到不舒服。 [14] 改乘辕：改变车辕的方向。 [15] 管：地名，在今河南郑州。

晋师在敖、鄗之间[1]。郑皇戌使如晋师[2]，曰：“郑之从楚，社稷之故也[3]，未有贰心。楚师骤胜而骄，其师老矣，而不设备[4]，子击之，郑师为承[5]，楚师必败。”彘子曰：“败楚、服郑，于此在矣，必许之。”栾武子曰[6]：“楚自克庸以来[7]，其君无日不讨国人而训之于民生之不易、祸至之无日、戒惧之不可以怠[8]。在军，无日不讨军实而申儆之于胜之不可保、纣之百克而卒无后[9]，训之以若敖、蚡冒筚路蓝缕以启山林[10]。箴之曰[11]：‘民生在勤，勤则不匮[12]。’不可谓骄[13]。先大夫子犯有言曰：‘师直为壮，曲为老[14]。’我则不德，而徼怨于楚[15]，我曲楚直，不可谓老[16]。其君之戎分为二广，广有一卒，卒偏之两[17]。右广初驾[18]，数及

郑国两边受气，既投向了楚国，又怕晋国，因此又来讨好晋国。

栾书之言包含四层意思：一是楚国经多年整治，国内已上轨道；二是此次出兵有理，“我曲楚直”；三是楚军军阵和睦有序；四是郑人的话不可靠。

日中[19]；左则受之，以至于昏。内官序当其夜，以待不虞[20]，不可谓无备[21]。子良，郑之良也。师叔，楚之崇也[22]。师叔入盟，子良在楚，楚、郑亲矣。来劝我战，我克则来[23]，不克遂往，以我卜也[24]，郑不可从。”赵括、赵同曰：“率师以来，唯敌是求。克敌、得属[25]，又何俟[26]？必从彘子。”知季曰[27]：“原、屏，咎之徒也[28]。”赵庄子曰[29]：“栾伯善哉[30]！实其言[31]，必长晋国。”

[**注释**]

[1] 敖、鄗（qiāo）：二山名，在今河南荥阳境内。 [2] 皇戌：郑卿。 [3] 社稷之故也：为了国家社稷的缘故。 [4] 骤胜：屡胜。楚自伐庸以来，屡次取胜。老：士气衰竭。不设备：即不设防。 [5] 承：后继。郑军作为后继。 [6] 栾武子：栾书。 [7] 克庸：楚克庸在鲁文公十六年。 [8] “其君”句：楚王没有一天不在治理楚民，并教导他们注意：人生之艰难不易，灾祸没几天就会到来，警戒、畏惧之心不可懈怠。其君，指楚庄王。讨，治。训，教导。于，以。 [9] “在军”二句：意谓在军中，没有一天不在治理将士，并一再告诫他们注意：胜利无法长保，殷纣王虽然百战百胜，但最终亡国绝后。军实，指军中将士。申儆（jǐng），再三告诫。 [10] 若敖、蚡冒：均为楚国的远祖。若敖，名熊仪。蚡（fēn）冒，楚国先君，楚武王之兄。筚路：用竹木编成的车。筚（bì），以荆柴编物。路，通“辂”，大车。蓝缕：同“褴

褛”，破旧的衣服。启山林：指开辟山林，垦拓荒野。 [11] 箴：规劝。 [12] 匮：缺乏，不足。 [13] 不可谓骄：不能说楚国骄傲。依据是以上驳皇戌“楚师骤胜而骄”的话。 [14]“师直”二句：见《城濮之战》篇。 [15] 不德：做事不合道德。徼（yāo）：求。 [16] 不可谓老：不能说楚国气衰。此为驳皇戌“其师老矣”。 [17] 广、卒、偏、两：均为楚国军队中的编制。楚王亲兵分为左右两部，每部叫广。楚以十五乘兵车为一偏，两偏为三十乘。三十乘为一卒，一卒就是一广。之，与。 [18] 初驾：先驾。 [19] 数：数其时刻。 [20]“内官”二句：近臣依次值夜班，以防不测。内官，王左右亲近之臣。序，依照次序。 [21] 不可谓无备：不能说楚国不加防备。此为驳“不设备”。 [22] 师叔：楚大夫潘尫（wāng）。崇：崇敬。 [23] 我克则来：晋胜则郑来服晋。 [24] 遂往：即去依附楚国。以我卜也：意谓以我方之胜负决定其从晋或从楚。 [25] 得属：指郑可从属晋国。 [26] 又何俟：还等什么。 [27] 知季：知庄子荀首。 [28] 原：赵同。屏：赵括。咎之徒也：意谓取祸之道。徒，通“途”，道路。 [29] 赵庄子：赵朔。 [30] 栾伯：栾书。 [31] 实：实践，履行。

楚少宰如晋师[1]，曰：“寡君少遭闵凶[2]，不能文[3]。闻二先君之出入此行也[4]，将郑是训定[5]，岂敢求罪于晋？二三子无淹久[6]！”随季对曰[7]：“昔平王命我先君文侯曰[8]：‘与郑夹辅周室[9]，毋废王命。’今郑不率[10]，寡君使群臣问诸郑，岂敢辱候人[11]？敢拜君命之辱[12]。”

随季与彘子意见不一，足见晋军内部意见淆乱。

彘子以为谄，使赵括从而更之[13]，曰：“行人失辞[14]。寡君使群臣迁大国之迹于郑[15]，曰：‘无辟敌[16]！’群臣无所逃命[17]。”

楚、晋本已言和，且结盟。但因下面部将挑战，又起波澜。

楚子又使求成于晋，晋人许之，盟有日矣[18]。楚许伯御乐伯[19]，摄叔为右，以致晋师[20]。许伯曰：“吾闻致师者，御靡旌、摩垒而还[21]。”乐伯曰：“吾闻致师者，左射以菆[22]，代御执辔，御下，两马、掉鞅而还[23]。”摄叔曰：“吾闻致师者，右入垒，折馘、执俘而还[24]。”皆行其所闻而复[25]。晋人逐之，左右角之[26]。乐伯左射马而右射人，角不能进[27]。矢一而已[28]。麋兴于前，射麋丽龟[29]。晋鲍癸当其后，使摄叔奉麋献焉[30]，曰：“以岁之非时[31]，献禽之未至，敢膳诸从者。[32]”鲍癸止之[33]，曰：“其左善射，其右有辞[34]，君子也。”既免[35]。

[注释]

[1] 少宰：官名，其人不详。 [2] 少：年少时。闵凶：忧患。 [3] 文：辞令。 [4] 二先君：指楚成王、楚穆王，二君都曾征讨过郑国。 [5] 将郑是训定：此为倒装句，即“将训定郑”，即教导、平定郑国。 [6] 淹久：即久。意谓请晋军退兵。淹，

久。[7] 随季：随武子士会。[8] 文侯：晋文侯，名仇，周平王时曾与郑武公共定周室。[9] 夹辅：共同辅佐。[10] 率：遵从。[11] 候人：侦察敌情的哨兵。士会言外之意是：我们不想与楚军交战，因而也不敢劳驾楚军的候人迎送。言外此事与楚国不相关。[12] 辱：指“二三子无淹久”。言外指不会退兵。[13] 更之：更改对少宰的答复。更，更正。[14] 行人：使者。此行人指随季。[15]“寡君”句：为委婉的交聘辞令，指把楚国赶出郑国。大国，指楚。迹，足迹。[16] 辟：同“避”。[17] 无所逃命：指非与楚军决战不可。[18] 盟有日：已约定结盟日期。[19] 乐伯：楚国将领。[20] 致晋师：向晋军挑战。按，楚王既与晋军讲和，又下令挑战，表示不欲讲和，使晋军将帅相疑。致师，即挑战。[21] 靡：倾斜。车疾驰时，军旗会倾侧在一边，所以靡旌即指疾驰。摩：迫近。垒：军垒，古代在作战的阵地外围都筑有营垒，如近代的碉堡。许伯的意思是挑战时，御者须快速驾车，使车上旌旗倾斜，擦过敌方营垒然后回还。[22] 左：车左，古代兵车，若非元帅，则御者居中，射者居左，执戈、盾者居右。故此“左”即乐伯自称。菆（zōu）：一种质地坚硬的箭。[23] 下：下车。两马：古代战车由四匹马拉，两马在中为“服”，两马在边为“骖”，两马，即排比其马，使之两两整齐。时车右入垒挑战，车在垒外等待，故御者以“两马”示其从容不迫。两，作动词，排比。掉：整理。乐伯的意思是挑战时，车左射以菆矢，代御者执缰绳，让御者下车，将驾车的马两两排列整齐，调整马颈上的皮带，然后回还。[24] 右：车右。摄叔是车右。折馘：杀敌割取左耳。执俘：生擒敌人。摄叔的意思是挑战时，车右冲入敌垒，杀敌割下左耳，抓获敌人然后回来。[25] 皆行其所闻而复：三人按此去挑战，然后回来。[26] 角之：张开左右翼从旁夹攻。[27] 角不能进：夹击者无法前进。[28] 矢一：只剩一支箭。[29] 射麋丽龟：为古代善射的表现。此指箭射麋鹿正中脊背。丽，附着。龟，动物背脊中央耸起的部分。[30] 奉麋献焉：乐伯叫摄叔将麋鹿献给鲍癸。[31] 非时：指不是献禽兽的季节。西周、春秋时，每年夏中，各地都有专门负责猎取禽兽的人，即下文的“兽人”，来献禽兽，邲之役在初夏，故云“非时”。[32]“献禽之未至”二句：指将麋鹿作为食物进献给你们的随从。禽，走兽的总称。膳，进献。[33] 止之：阻止部下，不再追赶。[34] 有辞：善辞令。[35] 既免：乐伯等三人都因此而免于被俘。

郤献子称赵旃、魏锜是为“释憾”，即发泄个人私怨而去挑战楚军的。

由此种种细节描写可以看出晋人上下军各自为谋，荀林父根本无法统帅。

晋魏锜求公族未得[1]，而怒，欲败晋师[2]。请致师，弗许。请使[3]，许之。遂往，请战而还[4]。楚潘党逐之[5]，及荧泽[6]，见六麋，射一麋以顾献[7]，曰：“子有军事，兽人无乃不给于鲜[8]？敢献于从者。”叔党命去之[9]。赵旃求卿未得[10]，且怒于失楚之致师者[11]，请挑战，弗许。请召盟[12]，许之。与魏锜皆命而往[13]。郤献子曰[14]：“二憾往矣[15]，弗备，必败。”彘子曰：“郑人劝战，弗敢从也。楚人求成，弗能好也。师无成命[16]，多备何为？”士季曰：“备之善。若二子怒楚，楚人乘我[17]，丧师无日矣。不如备之。楚之无恶，除备而盟，何损于好[18]？若以恶来，有备不败。且虽诸侯相见，军卫不彻[19]，警也。”彘子不可。士季使巩朔、韩穿帅七覆于敖前[20]，故上军不败[21]。赵婴齐使其徒先具舟于河[22]，故败而先济。

[**注释**]

[1] 魏锜（qí）：亦称厨武子、吕锜。公族：公族大夫。 [2] 欲败晋师：想让晋军失败以泄私愤。 [3] 使：作为使者前往楚军。 [4] 请战而还：说了要楚军与晋交战后才回来。 [5] 潘党：潘尪之子，亦称叔党。 [6] 荧泽：地名，时为泽薮，东汉时堙塞为平地，在今河南荥阳东。 [7] 顾献：回过头来献给追赶的潘党。 [8] “子有军事”二句：意谓你有军事在身，负责猎取禽兽的人恐怕来不及供应时鲜吧。兽人，主管田猎的官。鲜，新鲜禽兽。 [9] 去之：命部下离去不追赶。 [10] 赵旃（zhān）：赵穿之子。 [11] “且怒于”句：指上文乐伯等致晋师，鲍癸放走了他们。 [12] 召盟：召楚人来结盟。 [13] 命而往：受命前往楚军。 [14] 郤献子：郤克。 [15] 二憾：两个挟有私怨的人。 [16] 成命：一成不变的命令。此指一以贯之的策略。 [17] 乘我：乘机袭击我方。 [18] “楚之无恶”三句：意思是楚人要是没有恶意，我们有所戒备而结盟，对于和好没有损害。 [19] 彻：同“撤”，撤除。 [20] 七覆：伏兵七处。敖：敖山。 [21] 故上军不败：士会为上军将，作了应变措施，故不败。 [22] 先具舟于河：事先在黄河边预备了船只。

潘党既逐魏锜，赵旃夜至于楚军，席于军

门之外[1]，使其徒入之。楚子为乘广三十乘[2]，分为左右。右广鸡鸣而驾，日中而说[3]；左则受之[4]，日入而说。许偃御右广，养由基为右；彭名御左广，屈荡为右[5]。乙卯[6]，王乘左广以逐赵旃。赵旃弃车而走林[7]，屈荡搏之，得其甲裳[8]。晋人惧二子之怒楚师也，使軘车逆之[9]。潘党望其尘，使骋而告曰："晋师至矣。"楚人亦惧王之入晋军也，遂出陈[10]。孙叔曰："进之。宁我薄人[11]，无人薄我。《诗》云：'元戎十乘，以先启行[12]。'先人也[13]。《军志》曰[14]：'先人有夺人之心'。薄之也。"遂疾进师，车驰卒奔，乘晋军[15]。桓子不知所为，鼓于军中曰："先济者有赏[16]。"中军、下军争舟，舟中之指可掬也[17]。

韩席筹《左传分国集注》引清人周大璋评论"遂疾进师，车驰卒奔"说："只此八字，纸上有数十万甲兵，雷奔电扫而至，描写入神。"

"舟中之指可掬"几个字，写尽晋军败逃时争先渡河、自相残杀的狼狈状。

[注释]

[1] 席：席地而坐。 [2] 乘广三十乘：广车三十乘。 [3] 说(shuì)：解驾，卸车休止。 [4] 左则受之：左广接替右广。 [5] 许偃、养由基、彭名、屈荡：皆楚臣。养由基，春秋时著名的神箭手，亦称养叔。 [6] 乙卯：六月某日。 [7] 走林：跑入林中。 [8]"屈荡搏之"二句：指屈荡和赵旃搏斗，缴获他的铠甲和下衣。 [9] 軘(tún)车：防守用的兵车。 [10] 陈：同"阵"。 [11] 薄：逼

近。 [12]“元戎十乘”二句：语出《诗经·小雅·六月》，意谓大兵车十辆，在前面开路。元戎，大兵车。行（háng），道路。 [13]先人也：抢在敌人之先，取得主动。 [14]《军志》：兵书。 [15]乘晋军：指楚军掩杀晋军。 [16]先济者：先渡过黄河的。 [17]舟中之指可掬也：晋之中军、下军为了争船，竞相用手攀附船舷，船上的人恐人多船沉，便用刀乱砍争船者的手，致使“舟中之指可掬”。掬，双手合捧。

晋师右移[1]，上军未动。工尹齐将右拒卒以逐下军[2]。楚子使唐狡与蔡鸠居告唐惠侯曰[3]：“不穀不德而贪，以遇大敌，不穀之罪也[4]。然楚不克，君之羞也。敢藉君灵[5]，以济楚师。”使潘党率游阙四十乘[6]，从唐侯以为左拒[7]，以从上军。驹伯曰[8]：“待诸乎[9]？”随季曰：“楚师方壮[10]，若萃于我[11]，吾师必尽，不如收而去之[12]。分谤、生民[13]，不亦可乎？”殿其卒而退[14]，不败。

王见右广，将从之乘。屈荡户之[15]，曰：“君以此始，亦必以终[16]。”自是楚之乘广先左[17]。

[注释]

[1]右移：黄河在晋军右方，晋军退过河去，所以说右移。 [2]“工尹齐”句：楚将工尹齐率领右方阵士卒追击晋之下军。

工尹齐，楚大夫。工尹，官名；齐，人名。拒，方形战阵。 [3] 唐狡、蔡鸠居：皆楚大夫。唐惠侯：唐国国君。唐，小国名，春秋时为楚之属国，在今湖北随州附近。 [4] “不穀”三句：是楚王谦语。 [5] 藉君灵：借国君您的福。 [6] 游阙：兵车的一种，可以在战场巡游，何处需要，即投入补充。 [7] 以为左拒：作左方阵。 [8] 驹伯：郤克之子，名锜，时与其父同在军中。 [9] 待诸乎：御之，抵御楚军。 [10] 壮：气盛，斗志昂扬。 [11] 萃：兵力集中。 [12] 收而去之：收兵撤离。 [13] 分谤、生民：此指共同分担失败的恶名，使士卒得以生还。分谤，指上军也退兵不战，以此分担战败的罪名。 [14] 殿其卒：士会以上军帅亲自为其军殿后。 [15] 户：通“扈”，阻止。 [16] “君以”二句：指楚庄王开始时乘左广追逐赵旃，屈荡认为必须坚持乘左广到结束。 [17] 先左：原先楚之广车，由右广鸡鸣时先驾，日中后由左广接替，自此役后，改由左广先驾，右广日中接替，故云。

晋军败逃，楚军追赶，楚人竟然教晋军如何逃跑。晋人受教，反讽楚人。在紧张战斗中加入此细节，看似闲笔，实则陡增诙谐。近人吴曾祺曰：“风趣绝佳，非才力极大，不能有此。”（韩席筹《左传分国集注》引）

晋人或以广队不能进[1]，楚人惎之脱扃[2]。少进，马还[3]，又惎之拔旆投衡[4]，乃出。顾曰：“吾不如大国之数奔也[5]。”

赵旃以其良马二济其兄与叔父[6]，以他马反[7]。遇敌不能去，弃车而走林。逢大夫与其二子乘[8]，谓其二子无顾[9]。顾曰：“赵傁在后[10]。”怒之，使下，指木曰：“尸女于是[11]。”授赵旃绥[12]，以免。明日以表尸之[13]，皆重获在木下[14]。

楚熊负羁囚知罃[15]。知庄子以其族反之[16]，厨武子御[17]，下军之士多从之。每射，抽矢，菆，纳诸厨子之房[18]。厨子怒曰："非子之求[19]，而蒲之爱[20]，董泽之蒲[21]，可胜既乎[22]？"知季曰："不以人子，吾子其可得乎[23]？吾不可以苟射故也[24]。"射连尹襄老[25]，获之，遂载其尸。射公子榖臣[26]，囚之。以二者还[27]。

及昏，楚师军于邲。晋之余师不能军[28]，宵济，亦终夜有声[29]。

"终夜有声"，四字极简，写晋军败逃，涉河的杂乱声音响了一夜，让读者想象其败逃时的慌乱景象。唐人刘知幾说："夫国史之美者，以叙事为工；而叙事之工者，以简要为主。简之时义大矣哉！"（《史通》）

[注释]

[1]"晋人"句：指晋军败逃。广，此泛指战车。队，通"坠"，指陷入。 [2]惎（jì）：教。脱扃：卸掉车前的栏板。扃（jiǒng），兵车前面的横板，用以遮拦兵器，防其掉落。 [3]还（xuán）：盘旋不进。 [4]拔旆投衡：拔掉军旗放在车前横木上，此举为减少风的阻力。 [5]"吾不如"句：晋人解嘲的话，言外之意是你们经常打败仗，很有逃跑的经验。数奔，多次逃跑。 [6]济：救助。 [7]以他马反：赵旃自己则用其他的马驾车返回。 [8]逢大夫：晋人。逢，姓氏。 [9]无顾：不要回头看。 [10]顾曰：主语是"二子"。赵傁：此指赵旃。傁，同"叟"，对长辈的敬称。 [11]使下：叫儿子下车。尸女：收你的尸骨。女，同"汝"。 [12]绥：用手挽以登车的绳索。逢大夫的车不能容多人，故使其二子下车，让赵旃上车，赵旃免难。 [13]表：标记，依标记去找两个儿子的尸体。 [14]重获：两具尸体重叠而

卧。获，被杀。 [15] 熊负羁：楚大夫。知罃（yīng）：荀首的儿子，字子羽。 [16] 族：部属，也指家兵。反之：重新回来寻找儿子。 [17] 厨武子：魏锜。 [18]“每射”四句：御者魏锜在车的前部，荀首在他的身后，如果抽出的是好箭，就不射，顺手装进魏锜的箭袋。菆（zōu），好箭。房，箭袋。 [19] 非子之求：不求子，不去求自己的儿子。 [20] 蒲之爱：即爱蒲。蒲，蒲柳，又名赤杨，其干坚直，可以制箭。爱，舍不得。 [21] 董泽：晋地名，即今山西闻喜东北之董氏陂，盛产蒲柳。 [22] 可胜既乎：董泽的蒲柳，你用得完吗？胜，尽。既，通“摡（xì）”，取。 [23]“不以人子”二句：意谓不用他人之子交换，我的儿子难道可以得到吗？其，通“岂”。 [24]“吾不可以”句：荀首言外之意即他并非舍不得好的箭矢，而是要选一个能换回儿子的楚人来射。苟射，随便射。 [25] 连尹：楚官名。襄老：人名。 [26] 公子穀臣：楚庄王之子。 [27] 二者：指襄老和穀臣。 [28] 不能军：溃不成军。 [28] 宵济：连夜渡河。有声：呼喊声不断。

对于楚庄王论武之七德，吴闿生《左传微》评说：“借楚子口中以为论断，又以见楚庄之贤”，“悲世之衷郁然纸上，千载而下，如闻慨叹之声。左公此等文最沉痛。”楚庄王论武，体现了他对战争的看法，说明他并非穷兵黩武之辈，对战争有清醒的认识。

丙辰[1]，楚重至于邲[2]，遂次于衡雍[3]。潘党曰：“君盍筑武军[4]，而收晋尸以为京观[5]？臣闻克敌必示子孙，以无忘武功。”楚子曰：“非尔所知也。夫文，止戈为武[6]。武王克商，作《颂》曰：‘载戢干戈，载櫜弓矢。我求懿德，肆于时夏，允王保之[7]。’又作《武》，其卒章曰：‘耆定尔功[8]。’其三曰：‘铺时绎思，我徂维求定[9]。’其六曰：‘绥万邦，屡丰年[10]。’夫武，禁暴、戢兵、保大、定功、安民、和众、丰财者也[11]，故使子孙无忘其章[12]。今我使二国暴骨[13]，暴矣；观兵以威诸侯，兵不戢矣；暴而不戢，安能保大？犹有晋在，焉得定功？所违民欲犹多[14]，民何安焉？无德而强争诸侯，何以和众[15]？利人之几[16]，而安人之乱，以为己荣，何以丰财？武有七德，我无一焉，何以示子孙？其为先君宫[17]，告成事而已[18]。武非吾功也。古者明王伐不敬，取其鲸鲵而封之，以为大戮，于是乎有京观，以惩淫慝[19]。今罪无所[20]，而民皆尽忠以死君命，又何以为京观乎？”祀于河，作先君宫，告成事而还。

楚庄王不愿做武军、京观，只愿意建造先王的神庙，报告战胜而已，是明智之举。作者这些描述，揭示了楚庄王之所以霸的原因。

［注释］

[1] 丙辰：七月十四日。 [2] 重：辎重。邲（bì）：郑地，在今河南郑州西北。 [3] 衡雍：郑国地名，在今河南原武西北。 [4] 盍（hé）：何不。武军：显示军功的军垒。 [5] 京观（guàn）：积尸封土其上叫“京观”。京，高丘。观，古建筑名，形似城阙，取其可观示四方。依下句，筑武军京观，是为了昭告后代子孙，以此让他们不忘武功。 [6] 文：文字。止戈为武：“武”字的甲骨文像人持戈而行，时人因此借以解释为有力量能控制战

争，令干戈止息，这才是真正的武。但这本非武字的本义。楚庄王借以发挥。 [7]“载戢干戈”五句：语出《诗经·周颂·时迈》，意谓收藏起干戈，将弓矢放进囊鞘，我求的是美德，并将此心公布于华夏，这样才能成就王业，保有天下。载，助词。戢，收藏。櫜（gāo），放弓箭的囊鞘，弓袋。此作动词。时，通“是”，这个。允，信，确实。 [8]《武》：即《诗经·周颂·武》。耆定尔功：意谓获得并巩固你的功业。耆（zhǐ），致，使之得到。 [9]“铺时绎思”二句：语出《诗经·周颂·赉》，并非《武》篇第三章，庄王所引，与今本《诗经》篇次不同。意谓铺陈先王的功德，并加以发扬光大，我出师征讨，求的是天下安定。铺，通“敷”，颁布。时，此指代先王的功业、美德。绎，推演，发扬光大。思，助词。徂，往，指往征纣王。 [10]“绥万邦”二句，意谓安定万邦，屡获丰年。语出《周颂·桓》亦非《武》篇第六章。绥，安定。 [11]“夫武”二句：承上面而言，止戈为武是禁暴；戢干戈、櫜弓矢是戢兵；允王保之是保大；耆定尔功是定功；我徂求定是安民；绥万邦是和众；屡丰年是丰财。 [12]章：功勋卓著叫章。 [13]暴骨：暴露尸骨。 [14]违民欲：违背百姓的意愿。 [15]和众：调和众人。 [16]利人之几：指以他人之危来利己。几，危。 [17]为先君宫：为诸先王修建神庙。 [18]告成事：报告战事的胜利。 [19]“古者”五句：意谓古代明主讨伐不敬之国，杀其首恶，埋其尸骸，以土封之，把这当作大杀戮，于是才有宫阙似的坟丘，这是为了惩处邪恶。鲸鲵，大鱼名，比喻吞灭小国的首恶之人。淫慝，指不敬之国。 [20]今罪无所：指不知晋人罪在何处。所，处所，此指罪之所在。

是役也，郑石制实入楚师[1]，将以分郑[2]，而立公子鱼臣[3]。辛未[4]，郑杀仆叔及子服。君子曰："史佚所谓'毋怙乱'者[5]，谓是类也。《诗》曰：'乱离瘼矣，爰其适归？[6]'归于怙乱者也夫[7]。"郑伯、许男如楚[8]。

秋，晋师归，桓子请死[9]，晋侯欲许之。士贞子谏曰[10]："不可。城濮之役，晋师三日谷，文公犹有忧色。左右曰：'有喜而忧，如有忧而喜乎[11]？'公曰：'得臣犹在[12]，忧未歇也。困兽犹斗，况国相乎[13]！'及楚杀子玉，公喜而后可知也，曰：'莫余毒也已[14]。'是晋再克而楚再败也[15]。楚是以再世不竞[16]。今天或者大警晋也[17]，而又杀林父以重楚胜[18]，其无乃久不竞乎[19]？林父之事君也，进思尽忠，退思补过，社稷之卫也，若之何杀之？夫其败也，如日月之食焉[20]，何损于明？"晋侯使复其位。

补充交代战争的导火线乃是郑国石制为私利引起，以及战后晋国对荀林父的宽容处置。左氏写战争，前因后果交代清晰。

［注释］

[1] 石制：郑国大夫，字子服。入楚师：招楚师入郑。 [2] 分郑：按，石制欲分裂郑国，准备将其一半送给楚国，另一半立鱼臣为君，而自己则意欲专宠得权，故将楚军引入郑都城。 [3] 公子鱼臣：字仆叔，郑国同姓公族。 [4] 辛未：七月二十九

日。 [5]“史佚”句：此言常为人所引，意谓不要倚仗动乱。史佚，古人。 [6]“乱离瘼矣”二句：语出《诗经·小雅·四月》，第二句的原意是“何处是我们的归宿”，君子引此诗时，将其作另一种解释，意谓这要归罪于谁人呢？瘼，病，作状语，形容乱离之甚。爰，通“焉”，何。 [7]“归于”句：此变用原诗之意，指祸患归于谁。 [8] 许男：许昭公，名锡我。 [9] 桓子请死：荀林父（桓子）是主将，战败他有责任，所以请死。 [10] 士贞子：士会的庶子，名渥浊，亦称士贞伯、士伯。 [11]“有喜而忧”二句：意谓有了喜事还在忧虑，如果有忧虑那反倒高兴吗？ [12] 得臣：字子玉，楚令尹，城濮之战中楚军主帅。 [13] 国相：指子玉。 [14] 以上可参看僖公二十八年《城濮之战》篇。知，见。 [15] 再克、再败：城濮之战，楚败晋胜，而子玉战败被杀，等于是晋两次取胜，楚两次战败。 [16] 再世：指成王、穆王两世。不竞：不强。 [17] 大警晋：对晋国严厉的警告。 [18] 重楚胜：再杀荀林父，等于是楚得两次胜利。 [19] 久不竞：晋国将长此一蹶不振。 [20] 如日月之食焉：指暂时现象。

[点评]

邲之战，是晋、楚两国间发生的又一次大战。也是楚庄王称霸的定鼎之战。楚庄王是五霸之一，他之所以称霸，除了此时楚国已经国力壮大之外，确实有其个人原因。楚庄王能治政安民，心胸宽厚，身先士卒，体恤下属，又不穷兵黩武，等等，都是他的优点。这些，作者已经不断地借晋、楚两国将领的口描述出来了。作者写战争，邲之战也是个范例。战争的起因是郑国亲附晋国，引起楚国的不满，楚国围攻郑国国都。郑国向晋国求救，因此发生了邲之战。此战，晋国主帅荀林父并未做好充分的准备，既无能又不能控制好局势，晋军内部不和、轻躁、混乱，楚军却是团结、谨严、军阵整肃，形成鲜明的对比。晋国的战败，还与郑国石制的出卖有关。战后的一些事件，书中也一一加以补叙。作者在这次战役中详细地描写了晋、楚双方将领的心态和表现，鲜明地刻画了战争中的人物性格。在战争开始后，作者采用了交叉互进的叙事手法，将晋楚双方错综复杂的形势一一描述出来，如致师挑战、设覆具舟、夜窥敌营、疾进骤退、车驰卒奔、舟中之指可掬、马还等等细节。乙卯一天的战斗，从破晓到黄昏的激战，一一展现，如画轴展开。战争中的许多具体细节描写，如晋军慌乱渡河，不知所措，“中军、下军争舟，舟中之指可掬”；写楚军如何教晋军败逃；赵旃获救而逢大夫之子死等等，读之妙趣横生。

23. 宋及楚人平

南宋吕祖谦说：郯之战，楚庄王不筑武军，不作京观，尚知谦敛，"到后来，志得意满，使申舟无假道于宋，公子冯无假道于郑，分明呈大国之威，凭陵小国"。（《左氏传说·看左氏规模》）

写楚庄王震怒之状，极为传神。

清人冯李骅评曰："凡开手点题而妙者，如郑穆公卒是也；至末点题而妙者，如此处楚子围宋是也。起手之妙，妙于后之照应有情；结尾之妙，妙于前之跌落有势。"（《左绣》）

宣公十四年　楚子使申舟聘于齐[1]，曰："无假道于宋[2]。"亦使公子冯聘于晋[3]，不假道于郑。申舟以孟诸之役恶宋[4]，曰："郑昭宋聋[5]，晋使不害，我则必死[6]。"王曰："杀女，我伐之[7]。"见犀而行[8]。及宋，宋人止之[9]，华元曰："过我而不假道，鄙我也[10]。鄙我，亡也[11]。杀其使者必伐我，伐我亦亡也。亡一也[12]。"乃杀之[13]。楚子闻之，投袂而起[14]，屦及于窒皇[15]，剑及于寝门之外，车及于蒲胥之市[16]。秋九月，楚子围宋。

[注释]

[1] 楚子：楚庄王。申舟：楚大夫，名无畏，一作毋畏，亦称文之无畏，字子舟。聘于齐：到齐国去聘问。 [2] 无假道于宋：楚使聘于齐，须经过宋国，按规定须向宋国公开借道，庄王说“无假道于宋”，是对宋国的藐视，含有挑衅之意。 [3] 公子冯（píng）：楚之同姓公族。 [4] 孟诸之役：孟诸，泽名，在今河南商丘东北，鲁文公十年（前617），宋昭公陪同楚穆王在孟诸打猎，因宋昭公违背楚王之命，申舟遂以执法官的身份，责打宋昭公的御者，以示惩罚。“孟诸之役”即指此。 [5] 郑昭宋聋：意指郑国明白，宋国昏聩。昭，眼明。聋，耳聋。 [6]“晋使”二句：意谓聘晋的使者不会被害，我则必死无疑。 [7] 女：同“汝”，你。伐之：攻打宋国。 [8] 见犀而行：申舟让庄王接见自己的儿子申犀，然后才出发。犀，申舟儿子。 [9] 止之：扣留申舟。 [10] 鄙我也：以我为鄙。鄙，边邑，此作动词。古代凡过他国之境，本应公开要求借道，否则，就是视他国为本国边境之地。 [11] 亡也：不向我借道，是将宋国当作楚边境，等于亡国。 [12] 亡一也：把我当作边邑，是亡国。杀其使者，楚必伐我，也是亡国，反正是一样的亡国。 [13] 杀之：宋杀了申舟。 [14] 投袂（mèi）：一甩袖子。投，挥。袂，袖子。 [15] 屦（jù）：鞋。及：赶上。窒皇：即绖皇，寝宫的庭院。按，古代脱鞋入室，席地而坐，庄王怒而出，忘了穿鞋，所以到寝宫门外，送鞋的人才赶上。 [16]“车及于”句：车驾追到蒲胥街市才赶上。蒲胥，楚郢都内的街市名。

宣公十五年 宋人使乐婴齐告急于晋[1]，晋侯欲救之[2]。伯宗曰[3]：“不可。古人有言曰：‘虽鞭之长，不及马腹[4]。’天方授楚[5]，未可与争。虽晋之强，能违天乎？谚曰：‘高下在心[6]。’川泽纳污，山薮藏疾，瑾瑜匿瑕，国君含垢[7]，天之道也，君其待之。”乃止。

解扬向宋人传达君命，这是“信”；楚庄王贿赂解扬，要他“反其言”，这是教人弃信。解扬反其道而行，看似弃信，实为守信。解扬以屈求伸，反掌一击，楚庄王无言以对。

使解扬如宋[8]，使无降楚，曰：“晋师悉起，将至矣[9]。”郑人囚而献诸楚。楚子厚赂之，使反其言，不许[10]。三而许之[11]。登诸楼车[12]，使呼宋人而告之。遂致其君命[13]。楚子将杀之，使与之言曰：“尔既许不穀，而反之，何故？非我无信，女则弃之[14]。速即尔刑[15]。”对曰：“臣闻之，君能制命为义[16]，臣能承命为信[17]，信载义而行之为利[18]。谋不失利，以卫社稷，民之主也[19]。义无二信[20]，信无二命[21]。君之赂臣，不知命也[22]。受命以出，有死无霣，又可赂乎[23]？臣之许君，以成命也[24]。死而成命，臣之禄也[25]。寡君有信臣，下臣获考死[26]，又何求？”楚子舍之以归[27]。

［注释］

[1] 乐婴齐：宋公族，华元的族弟。 [2] 晋侯欲救之：按，依清丘之盟，晋应救宋。 [3] 伯宗：晋大夫。 [4]“虽鞭之

长”二句：意指楚国不是晋国所宜攻击的对象。鞭之长，比喻晋之强大。马腹，喻所击非宜。 [5] 天方授楚：指楚正得天命而强大。 [6] 高下在心：遇事能屈伸，必须心中有数。高下，犹言屈伸。意谓劝晋侯忍耐慎重。 [7]“川泽纳污”四句：是说江泽可以容纳污泥，山林可以藏毒虫，美玉可以有疵点，国君也可以忍受耻辱。薮（sǒu），草野。疾，指蛇蝎等毒虫。瑾瑜，美玉。瑕，玉上的疵点。含垢，喻指国君也可忍受一时之辱，不必以不救宋为耻。 [8] 解扬：晋国壮士，字子虎，为晋大夫。 [9]“晋师”二句：晋已决定不救宋，却叫解扬去诈称晋将发兵，要宋坚守。 [10] 反其言：楚人让解扬告诉宋人晋不肯出兵相救。不许：解扬不肯这样做。 [11] 三：威逼再三。 [12] 楼车：兵车的一种，较高，用于望敌。 [13] 致其君命：解扬表面答应，但登上楼车后，并未按楚王的意思办，而是把晋君的命令如实地传达给宋国。致，送达，传达。 [14] 女则弃之：指解扬丢弃了信用。 [15] 即尔刑：去接受死刑。即，就。 [16] 制命：制定正确的命令。 [17] 承命：接受命令。 [18]“信载义”句：以臣子的信去贯彻君王的义并加以推广叫利。 [19]“谋不失利”三句：意谓谋划而不失去利，并以此来捍卫社稷，这是百姓之主。 [20] 义无二信：言外之意，即下臣不能既承担晋君的命令，又承担楚君的命令。 [21] 信无二命：讲信用就不能接受两种命令。意谓既受晋君之命，就不受楚王之命。 [22] 不知命也：不知“信无二命”。 [23]“受命以出”三句：意谓接受寡君的命令出使于外，宁死也不废弃寡君的命令，又怎么可以因财物而改变呢？霣（yǔn），通“陨”，此指废弃。 [24]“臣之许君”二句：解释之所以答应楚庄王，是为了完成晋君的使命。 [25] 禄：福。 [26] 考死：死得其所。考，高寿，此指善终。 [27] 舍：赦免。

楚人围宋已经九个月，晋人也不来救宋（实为不敢与楚争锋），楚庄王于是准备撤兵。

夏五月，楚师将去宋，申犀稽首于王之马前[1]，曰："毋畏知死而不敢废王命[2]，王弃言焉[3]。"王不能答。申叔时仆[4]，曰："筑室反耕者[5]，宋必听命。"从之。宋人惧，使华元夜入楚师，登子反之床，起之[6]，曰："寡君使元以病告[7]，曰：'敝邑易子而食，析骸以爨。虽然，城下之盟，有以国毙，不能从也。去我三十里，唯命是听[8]。'"子反惧，与之盟，而告王。退三十里。宋及楚平，华元为质[9]。盟曰："我无尔诈，尔无我虞[10]。"

[注释]

[1] 申犀：申舟儿子犀。 [2] 毋畏：即申舟，名毋畏。 [3] 王弃言：上年楚庄王许诺宋杀申舟，必伐宋，今要撤兵，是食言。 [4] 仆：为王驾车。 [5] 筑室：在城外盖起房子。反耕者：楚军所到之处，农民多逃亡，现在让农民回来种田。这是楚军的策略，造成不想撤离的假象，以逼使宋国屈服。 [6] 子反：即公子侧，时为楚军主帅。起之：把他拉起来。 [7] 病：此指严重的困难。 [8]"敝邑"八句：是华元转述宋君的话。析骸以爨，拆了尸骨当柴烧。爨（cuàn），烧火煮饭。以国毙，指全国牺牲。从，从命，指与楚订立城下之盟。华元表示楚国不退兵，不能与之订立盟约。 [9] 质：人质。华元为质于楚，后宋以公子围龟换回。 [10] 虞：欺骗。

[点评]

长期以来，晋楚两国争霸，影响到其他小国。宋国因与晋国亲近，引起楚国不满。宣公十三年，楚国攻宋。十四年九月，楚人又围攻宋国。本篇写出了在争霸斗争中楚、晋、宋三国君王、将领的表现。楚庄王不假道，写出他的骄横；申舟被杀，楚庄王狂怒；后又释放解扬显得大度。晋大夫解扬在楼车上将计就计传达晋人的意见，甚为机智；为自己辩解以至免于被杀，又体现其聪明；宋大夫华元连夜进入楚方军营，胁迫楚军主帅子反退兵媾和。情节起伏变化，都是精彩之笔，可见作者的艺术匠心。

24.齐晋鞌之战

《穀梁传》成公元年："（鲁）季孙行父秃，晋郤克眇，卫孙良夫跛，曹公子手偻，同时而聘于齐。齐使秃者御秃者，使眇者御眇者，使跛者御跛者，使偻者御偻者。萧同姪子处台上而笑之，闻于客，客不说（悦）而去。"更为生动。

郤克使齐受辱成为三年后齐晋鞌之战的导火线。孟子说"春秋无义战"（《孟子·尽心下》）不无道理。

宣公十七年 春，晋侯使郤克征会于齐[1]。齐顷公帷妇人使观之[2]。郤子登，妇人笑于房[3]。献子怒[4]，出而誓曰："所不此报，无能涉河[5]。"献子先归，使栾京庐待命于齐[6]，曰："不得齐事，无复命矣[7]。"郤子至，请伐齐，晋侯弗许。请以其私属[8]，又弗许。齐侯使高固、晏弱、蔡朝、南郭偃会[9]。及敛盂[10]，高固逃归[11]。

［注释］

[1] 征会：召齐顷公赴断道之会。征，召。 [2] 帷：以布帛围起来作为帐幕，有如后来的屏风。妇人：指齐顷公母亲萧同叔子。 [3] 房：东西厢房。 [4] 献子：即郤克。 [5]"所不"二句：不报此仇就不再渡黄河而东。所，假设连词，如果。无能涉河，

指河为誓。 [6] 栾京庐：郤克使齐的副手。待命于齐：留在齐国，必使齐顷公赴会，才能回国。 [7] “不得齐事”二句：郤克受辱先归，未完成使齐赴会的使命，因此要栾京庐完成。 [8] 私属：家族之兵。 [9] 高固：高宣子，齐卿。晏弱：晏桓子。参见宣公十四年传及注。蔡朝、南郭偃：皆齐大夫。 [10] 敛盂：卫地，在今河南濮阳。 [11] 高固逃归：高固听说郤克受辱怨齐，怕此去有祸，中途逃回。

成公二年　春，齐侯伐我北鄙，围龙[1]。顷公之嬖人卢蒲就魁门焉[2]，龙人囚之。齐侯曰：“勿杀！吾与而盟[3]，无入而封[4]。”弗听，杀而膊诸城上[5]。齐侯亲鼓，士陵城[6]。三日，取龙，遂南侵，及巢丘[7]。

[注释]

[1] 齐侯：齐顷公，名无野。龙：鲁国地名，在今山东泰安。 [2] 卢蒲就魁：齐国大臣。门：攻城。 [3] 而：同“尔”，你。 [4] 封：边境。 [5] 膊诸城上：此指陈尸于城上。膊(bó)：暴露。 [6] 陵城：登上城墙。 [7] 巢丘：在今山东泰安。

卫人侵齐，欲解鲁国之危。

卫侯使孙良夫、石稷、宁相、向禽将侵齐[1]，与齐师遇。石子欲还，孙子曰：“不可。以师伐人，遇其师而还，将谓君何？若知不能[2]，则如无出[3]。今既遇矣，不如战也[4]。”

石成子曰：“师败矣。子不少须，众惧尽[5]。子丧师徒，何以复命？”皆不对。又曰：“子，国卿也。陨子，辱矣[6]。子以众退，我此乃止[7]。”且告车来甚众[8]。齐师乃止，次于鞫居[9]。新筑人仲叔于奚救孙桓子[10]，桓子是以免。

［注释］

[1] 孙良夫：卫国大夫，即孙桓子。石稷：即石成子，石碏四世孙。宁相：宁俞子。向禽将：名禽将。 [2] 不能：指不能战。 [3] 如：应当。无出：不出兵。 [4] 不如战也：此句后原本有“夏，有”二字，后缺，当记卫军战败事。 [5] 不少须，众惧尽：意谓如不稍稍等待，顶住一阵，恐怕会全军覆灭。须，等待。 [6] 陨子，辱矣：意谓损失了您，对国家是一种耻辱。陨，损失。 [7] 我此乃止：即我止于此，我留下来抵挡。 [8] 且告车来甚众：同时向全军通告大批援军的战车已来到。且，同时。 [9] 鞫（jú）居：古地名，在今河南封丘。 [10] 新筑人：指新筑大夫，名仲叔于奚。新筑，卫国地名，在今河北魏县南。

孔子看来，“器”“名”代表着礼义，比土地财货更重要。北宋司马光发挥孔子思想说：“夫礼，辨贵贱，序亲疏，裁群物，制庶事，非名不着，非器不形；名以命之，器以别之，然后上下粲然有伦，此礼之大经也。名器既亡，则礼安得独在哉！”(《资治通鉴》卷一)

既[1]，卫人赏之以邑[2]，辞。请曲县、繁缨以朝[3]，许之。仲尼闻之曰：“惜也，不如多与之邑。唯器与名[4]，不可以假人，君之所司也[5]。名以出信，信以守器，器以藏礼[6]，礼以行义，义以生利，利以平民[7]，政之大节也。若以假人，与人政也。政亡，则国家从之，弗可止也已。”

［注释］

[1] 既：事过之后。 [2] 之：指仲叔于奚。 [3] 曲县：诸侯所用乐器，也叫轩县。县，同“悬”，指悬挂着的钟、磬等乐器。繁（pán）缨：马鬃毛前的装饰，是诸侯所用的马饰。 [4] 器：指车马服饰乐器等物件。名：爵位名号。二者系人君用以明等级、指挥、统治臣民的工具。 [5] 君之所司也：国君所掌管的。 [6] 藏：体现。 [7] 平：治理。

孙桓子还于新筑，不入[1]，遂如晋乞师。臧宣叔亦如晋乞师。皆主郤献子[2]。晋侯许之七百乘[3]。郤子曰：“此城濮之赋也[4]。有先君之明与先大夫之肃[5]，故捷。克于先大夫，无能为役[6]，请八百乘。”许之。郤克将中军，士燮佐上军，栾书将下军，韩厥为司马，以救鲁、卫。臧宣叔逆晋师，且道之[7]。季文子帅师会之。及卫地，韩献子将斩人，郤献子驰[8]，将救之，至则既斩之矣。郤子使速以徇[9]，告其仆曰：“吾以分谤也[10]。”

邲之战，晋军将帅不和，故败。此次晋三军将帅配备井然。作者插入一笔，写韩厥斩人、郤克分谤，意在揭示晋国内部团结。

［注释］

[1]不入：指不入国都。 [2]主郤献子：以郤克为主人。郤克为中军帅、执政大臣，因此二人通过他的关系请求出兵。 [3]晋侯：晋景公。 [4]赋：兵员数量。 [5]先君：指晋文公。先大夫：指先轸、狐偃等先辈大夫。肃：通“速”，敏捷。 [6]“克于”二句：意谓我郤克和先大夫相比，连做他们的仆役都不够。 [7]道：同“导”，做向导。 [8]驰：指疾驰去想救那人。 [9]徇：陈尸示众。 [10]分谤：分担责任。

诘朝请见、高固入晋师、贾余馀勇，何其狂妄，何其轻敌！

师从齐师于莘[1]。六月壬申[2]，师至于靡笄之下[3]。齐侯使请战[4]，曰：“子以君师，辱于敝邑[5]，不腆敝赋[6]，诘朝请见[7]。”对曰：“晋与鲁、卫，兄弟也。来告曰[8]：‘大国朝夕释憾于敝邑之地[9]。’寡君不忍，使群臣请于大国，无令舆师淹于君地[10]。能进不能退，君无所辱命[11]。”齐侯曰：“大夫之许，寡人之愿也；若其不许，亦将见也。”齐高固入晋师，桀石以投人，禽之而乘其车，系桑本焉，以徇齐垒，曰：“欲勇者贾余馀勇[12]。”

［注释］

[1]莘：卫地名，在今山东莘县。 [2]壬申：十六日。 [3]靡笄：山名，即今山东济南千佛山。 [4]齐侯：齐顷公。 [5]辱

于敝邑：光临敝邑的委婉说法。　[6] 不腆敝赋：此指军队很少。不腆，不厚，不多。　[7] 诘朝：次日早晨。请见：开战的委婉说法。　[8] 来告：指鲁、卫来告。　[9] 大国：指齐国。释憾：发泄愤恨。敝邑：鲁、卫自称。　[10]“无令”句：指不要使我们的军队过久地停留在贵国。舆师，众多军队。　[11]“能进”二句：意谓我们只能前进不能后退，用不着再劳动您的命令。　[12]“齐高固入晋师”六句：指高固冲入晋军中，举起石头投掷晋军，抓获晋兵而抢坐上他的战车，把桑树根系在车上，遍行齐军阵中大声高喊：需要勇气的人可以来买我多余的勇气！桀，举起。禽，同“擒”。桑本，连根的桑树。本，根。贾，买。

癸酉[1]，师陈于鞌[2]。邴夏御齐侯[3]，逢丑父为右[4]。晋解张御郤克[5]，郑丘缓为右[6]。齐侯曰：“余姑翦灭此而朝食[7]。”不介马而驰之[8]。郤克伤于矢，流血及屦，未绝鼓音[9]，曰：“余病矣[10]！”张侯曰[11]：“自始合[12]，而矢贯余手及肘，余折以御，左轮朱殷，岂敢言病[13]。吾子忍之！”缓曰：“自始合，苟有险，余必下推车，子岂识之[14]？然子病矣！”张侯曰：“师之耳目，在吾旗鼓，进退从之。此车一人殿之[15]，可以集事[16]，若之何其以病败君之大事也？擐甲执兵[17]，固即死也。病未及死，吾子勉之！”左并辔，右援枹而鼓[18]，马逸不能止[19]，师从

“灭此而朝食”，再次写齐顷公的狂妄。

晋人郤克、郑丘缓、张侯在战斗中性格鲜明，受伤而不退却，互相鼓励，愈战愈勇。无怪晋军能胜。

之。齐师败绩。逐之，三周华不注[20]。

[注释]

[1] 癸酉：十七日。 [2] 鞌：即历下，在今山东济南。 [3] 邴夏：齐国大夫。 [4] 逢丑父：齐国大夫。 [5] 解张：晋国大夫。 [6] 郑丘缓：晋国大夫，郑丘为复姓。 [7] “余姑”句：意谓把他们消灭了再回来吃早饭。翦灭，消灭。朝食，早饭。 [8] 不介马：马不披甲。介，甲。 [9] 未绝鼓音：郤克是主帅，掌进军之鼓。 [10] 病：身负重伤，意指不能再坚持。 [11] 张侯：指解张。 [12] 合：交战。 [13] “余折以御”三句：意谓我折断了箭杆继续驾车，左边的车轮都染成深红色，哪里敢说受伤？殷（yān），赤黑色。 [14] 子岂识之：你哪里知道呢？ [15] 殿：镇守。 [16] 集：完成。 [17] 擐甲执兵：此指穿上战袍、拿起武器。擐（huàn），穿。 [18] “左并辔”二句：左手总揽马缰（原来是双手抓缰绳），右手拿鼓槌代郤克击鼓。援，引。枹（fú），鼓槌。 [19] 马逸不能止：指马失去控制一直向前不能停止。 [20]“逐之”二句：言晋国追赶齐军，绕华不注山跑了三圈。华（huà）不（fù）注：山名，在今山东济南。

敌酋在前，韩厥本可马上擒来，却不忘悠游有礼一番，此亦春秋时代风气。

朱自清说：“战争是个复杂的程序，叙得头头是道，已经不易，叙得有声有色，更难；这差不多全靠忙里偷闲，透着优游不迫神儿才成。这却正是《左传》著者所擅长的。”（《经典常谈·春秋三传》）

韩厥梦子舆谓己曰[1]：“且辟左右。”故中御而从齐侯[2]。邴夏曰：“射其御者，君子也。”公曰：“谓之君子而射之，非礼也。”射其左，越于车下[3]。射其右，毙于车中，綦毋张丧车[4]，从韩厥，曰：“请寓乘[5]。”从左右，皆肘之，使立于后[6]。韩厥俛，定其右[7]。逢丑父与公易位[8]。将及华泉[9]，骖絓于木而止[10]。丑父寝于轏中[11]，蛇出于其下，以肱击之[12]，伤而匿之[13]，故不能推车而及[14]。韩厥执絷马前[15]，再拜稽首，奉觞加璧以进[16]，曰："寡君使群臣为鲁、卫请，曰：'无令舆师陷入君地。'下臣不幸，属当戎行，无所逃隐[17]。且惧奔辟，而忝两君[18]。臣辱戎士，敢告不敏，摄官承乏[19]。"丑父使公下，如华泉取饮[20]。郑周父御佐车[21]，宛茷为右[22]，载齐侯以免。韩厥献丑父，郤献子将戮之。呼曰："自今无有代其君任患者[23]，有一于此，将为戮乎！"郤子曰："人不难以死免其君[24]。我戮之不祥，赦之以劝事君者。"乃免之。

［注释］

[1] 子舆：韩厥的父亲。 [2] 中御：站在车中央，代替御者。从：追赶。 [3] 越：坠。 [4] 綦毋（qíwù）张：晋国大夫，姓綦毋名张。 [5] 寓乘：搭乘。寓，寄。 [6] "从左右"三句：指綦毋张上车后准备站在车左或车右，韩厥用肘推他，使他站在自己身后。 [7] "韩厥俛"二句：言车右已被射死，韩厥弯下身子，放稳车右的尸体。俛，同"俯"。 [8] 易位：互换位置（齐顷公本来在车中间）。 [9] 华泉：华不注山下之泉。 [10] 骖

(cān):左右两旁的马。絓(guà),绊住。 [11] 轏(zhàn):有棚的卧车。 [12] 以肱击之:逢丑父用小臂击蛇。肱(gōng),小臂。 [13] 伤而匿之:被蛇咬伤却没有声张。 [14] 及:被韩厥赶上。 [15] 絷(zhí):绊马索,此指马缰绳。 [16] 奉觞加璧:敬酒献玉。 [17]“下臣”三句:亦是委婉语,意谓下臣不幸,正好在军中服役,不能逃避责任。属,适合,恰当。戎行,兵车的行列。 [18] 奔辟:奔走逃避。忝(tiǎn):辱。 [19]“臣辱”三句:意谓下臣勉强充当一名战士,谨向君王禀告我的无能,但由于人手缺乏,不得不承当这个职位。不敏,不才。摄,代理。乏,缺乏人手。 [20]“丑父”二句:前面逢丑父已和齐顷公换了位置,自己假作齐顷公,所以让齐顷公去华泉取水。齐顷公趁机逃走。韩厥只抓住一个假齐顷公即逢丑父。 [21] 郑周父:齐国大夫。佐车:诸侯的副车。 [22] 宛茷:齐国大夫。 [23]“自今”句:意谓没有人能像我一样代替他的国君受难。任患,担当祸患。 [24]“人不难”句:意谓不怕牺牲自己来使自己的国君免于祸患。

近人吴曾祺评此节说:“此乃闲情曲致文情旁溢之处,所以寄其逸韵也。”(韩席筹《左传分国集注》引)此节写锐司徒之女事,即“孟姜女故事”之母题。

齐侯免,求丑父,三入三出[1]。每出,齐师以帅退[2]。入于狄卒[3],狄卒皆抽戈楯冒之[4]。以入于卫师,卫师免之[5]。遂自徐关入[6]。齐侯见保者[7],曰:“勉之[8]!齐师败矣。”辟女子[9],女子曰:“君免乎[10]?”曰:“免矣。”曰:“锐司徒免乎[11]?”曰:“免矣。”曰:“苟君与吾父免矣,可若何[12]?”乃奔。齐侯以为有礼,既而问之，辟司徒之妻也[13]，予之石窌[14]。

晋师从齐师，入自丘舆[15]，击马陉[16]。

[注释]

[1]三入三出：指齐顷公三次出入晋军，企图救出逢丑父。[2]以帅退：指齐军都簇拥着护卫他后退，免其受伤害。[3]狄卒：指参加晋军的狄人步卒。狄人无车兵。[4]楯：同“盾”。冒：遮拦，庇护。[5]免：不加伤害。[6]遂自徐关入：从徐关进入齐都临淄。徐关，地名，在今山东临淄。[7]保者：守卫城邑的人。[8]勉之：等于说努力吧。[9]辟女子：指令女子让开。辟，通“避”。[10]免：指齐君免于难。[11]锐司徒：官名，主管锋利军械。[12]可若何：还要怎样。意谓不必再担心了。[13]辟司徒：官名，主管军中营垒之事。辟，同“壁”。[14]石窌（jiào）：齐地名，在今山东长清。[15]丘舆：在今山东青州。[16]马陉：在丘舆。

齐侯使宾媚人赂以纪甗、玉磬与地[1]。不可，则听客之所为[2]。宾媚人致赂，晋人不可，曰：“必以萧同叔子为质[3]，而使齐之封内尽东其亩[4]。”对曰：“萧同叔子非他，寡君之母也。若以匹敌，则亦晋君之母也。吾子布大命于诸侯[5]，而曰：‘必质其母以为信。’其若王命何[6]？且是以不孝令也。《诗》曰：‘孝子不匮，永锡尔类[7]。’

晋人余恨未消，仍然揪住萧同叔子不放。

若以不孝令于诸侯，其无乃非德类也乎[8]？先王疆理天下[9]，物土之宜[10]，而布其利[11]。故《诗》曰：‘我疆我理，南东其亩[12]。’今吾子疆理诸侯，而曰‘尽东其亩’而已，唯吾子戎车是利[13]，无顾土宜，其无乃非先王之命也乎？反先王则不义，何以为盟主？其晋实有阙[14]。四王之王也[15]，树德而济同欲焉[16]。五伯之霸也[17]，勤而抚之[18]，以役王命[19]。今吾子求合诸侯，以逞无疆之欲[20]。《诗》曰‘布政优优，百禄是遒[21]。’子实不优[22]，而弃百禄，诸侯何害焉！不然，寡君之命使臣则有辞矣[23]，曰：‘子以君师辱于敝邑，不腆敝赋，以犒从者[24]。畏君之震[25]，师徒桡败[26]，吾子惠徼齐国之福[27]，不泯其社稷[28]，使继旧好，唯是先君之敝器、土地不敢爱[29]。子又不许，请收合余烬[30]，背城借一[31]。敝邑之幸，亦云从也[32]。况其不幸，敢不唯命是听。’”

宾媚人先驳晋人“以萧同叔子为质”是以不孝令诸侯。再驳晋人要求“尽东其亩”是“逞无疆之欲”。而后提出愿“致赂”即贿赂晋国。最后表示晋国如不允，齐人将“背城借一”，殊死抵抗。宾媚人之辞，动之以感情，折之以是非，晓之以利害，柔中带刚，委婉中蕴含锋芒。

［注释］

[1] 宾媚人：即国佐。甗（yǎn）：古代炊器。磬（qìng）：乐器。二者均为齐灭纪国时获得的珍宝。 [2]“不可”二句：意谓如果

对方不同意讲和，就听任他们怎么办。客：指晋国。 [3]“必以”句：郤克出使齐国时，萧同叔子曾嘲笑他，所以他要以之为人质。萧同叔子，齐顷公母亲。 [4] 封内：境内。东其亩：古代多南亩，若田垄改为东西向，道路也随之东西向，晋在齐之西，日后兵车入齐境时易于通行。亩，此指田垄。 [5]“吾子”句：意谓你在诸侯中发布重大命令。 [6] 其若王命何：那将怎样对待周天子的命令呢？ [7]“孝子不匮”二句：见隐公元年《郑伯克段于鄢》篇注。 [8] 非德类：是不符合道德法则的。 [9] 疆：定疆界。理：区分条理。 [10] 物土之宜：因地制宜。物，考察。 [11] 布其利：作有利的布置。 [12]“我疆我理”二句：见《诗经·小雅·信南山》。意谓我划定疆界，分别地理，南向东向开辟田亩。 [13] 戎车是利：只考虑方便自己兵车通行。 [14] 阙：过失。 [15] 四王之王（wàng）也：指舜、禹、汤、武统一天下。 [16] 树德：树立德政。济：满足。同欲：诸侯共同的愿望。 [17] 五伯：指夏之昆吾，商之大彭、豕韦，周之齐桓公、晋文公。 [18] 勤：勤劳。抚之：安抚其他诸侯。 [19] 役王命：服役于天子之命。 [20] 无疆：无止境。 [21]“布政优优”二句：见《诗经·商颂·长发》。意谓推行宽仁之政，百种的幸福都将聚集在他身上。布，施行。优优，和缓宽大的样子。遒，聚集。 [22] 不优：即“不优优”。 [23]“不然”二句：如果您不肯答应讲和，寡君命令我使臣，还有一番话要说。 [24] 犒：犒劳。 [25] 震：威严。 [26] 桡（náo）败：失败。 [27]“吾子”句：等于说承蒙您惠临为齐国求福。徼（yāo），求。 [28] 泯：灭。 [29]“唯是”句：意谓先君留下的破旧器物和土地，我们是不敢爱惜的，可以奉送。爱，爱惜。 [30] 余烬：烧残的灰，比喻残余的军队。 [31] 背城借一：背靠自己的城墙决一死战。 [32]“敝邑之幸”二句：意谓如果敝邑侥幸取胜，也还是会依从贵国的。云，语助词，无义。

秋七月，晋师及齐国佐盟于爰娄[1]，使齐人归我汶阳之田[2]。公会晋师于上鄍[3]，赐三帅先路三命之服[4]，司马、司空、舆帅、候正、亚旅，皆受一命之服[5]。

[注释]

[1] 爰娄：地名，在今山东临淄。 [2] 汶阳：鲁国地名，故城在今山东宁阳。 [3] 上鄍（míng）：齐、卫二国交界之地，在今山东阳穀。 [4] 三帅：指郤克、士燮与栾书。先路：天子、诸侯乘车叫路，卿大夫接受天子、诸侯所赐之车也叫路。路，同“辂”。三命之服：卿大夫所受的最高等级的礼服。三命是卿的品级。 [5] 司马：指韩厥。司空：主管军事工程之官。舆帅：主管兵车之官。候正：主管侦察谍报之官。亚旅：比卿地位低一些的大夫。一命：比卿低二级。

晋师归，范文子后入[1]。武子曰[2]：“无为吾望尔也乎[3]？”对曰：“师有功，国人喜以逆之，先入，必属耳目焉[4]，是代帅受名也[5]，故不敢。”武子曰：“吾知免矣[6]。”

[注释]

[1]范文子：指士燮。 [2]武子：士会，士燮父亲。 [3]“无为”句：意谓你不知道我也在盼望你吗？望，盼望。 [4] 属耳目：众人耳目都集中于我一个人。属，同“瞩”，专注。 [5]代帅受名也：

代替主帅接受荣誉。 [6] 吾知免矣：是说你知道谦让，我认为可以免于祸害了。

郤伯见[1]，公曰："子之力也夫！"对曰："君之训也，二三子之力也，臣何力之有焉！"范叔见[2]，劳之如郤伯[3]。对曰："庚所命也[4]，克之制也[5]，燮何力之有焉！"栾伯见[6]，公亦如之，对曰："燮之诏也，士用命也[7]，书何力之有焉！"

晋景公接见诸将领，各人都谦虚礼让。仍然是作者要揭示晋国君臣和睦的描写。

［注释］

[1] 郤伯：指郤克。见：进见晋景公。 [2] 范叔：范文子。 [3] 劳：慰劳。 [4] 庚所命也：荀庚将上军，未出战，士燮为上军佐，应受命于上军将。庚，指荀庚，荀林父之父。 [5] 克之制也：郤克为中军帅，节制上军。 [6] 栾伯：指栾书。 [7]"燮之诏"二句：意谓这是士燮的指示，将士们效命。诏，指示。

［点评］

鲁成公期间，诸侯争霸继续，晋国的霸业仍然稳固。宣公十七年，晋国的郤克出使齐国，被齐顷公母亲嘲笑，受到侮辱，郤克发誓报仇。成公二年，齐国攻打鲁国，卫国侵齐，齐国乘机报复，鲁、卫乞师于晋。其时郤克执晋国之政，于是领兵以救援鲁、卫，和齐国交战，引发了鞌之战。晋国由郤克将中军，齐国齐顷公亲自挂帅。齐国一方君臣上下都轻敌狂妄；而晋国一方上下团结，坚韧不拔，奋勇争先。双方形成鲜明的对比。鞌之战的结果是齐国大败，齐顷公险些被俘。作者写齐顷公“灭此朝食”、高固“贾余馀勇”、逄丑父易位以救齐顷公、宾媚人赂晋人；写晋将领团结击敌、韩厥抓捕假齐顷公等，都写得紧张、惊险，饶有趣味。齐顷公、高固、逄丑父以及韩厥、郤克等人物的性格，在战争中也被刻画得鲜明有致。清人冯李骅说：“左氏极工于叙战，长短各极其妙……篇篇换局，各各争新，无怪古今名将无不好读此书也。”(《左绣·读左卮言》)“各极其妙”“篇篇换局”“各各争新”，此篇亦是如此。

25.楚归知罃于晋

成公三年　晋人归楚公子穀臣与连尹襄老之尸于楚，以求知罃[1]。于是荀首佐中军矣，故楚人许之。王送知罃[2]，曰：“子其怨我乎？”对曰：“二国治戎[3]，臣不才，不胜其任，以为俘馘[4]。执事不以衅鼓[5]，使归即戮[6]，君之惠也[7]。臣实不才，又谁敢怨？”王曰：“然则德我乎[8]？”对曰：“二国图其社稷，而求纾其民[9]，各惩其忿[10]，以相宥也[11]，两释累囚以成其好[12]。二国有好，臣不与及，其谁敢德[13]？”王曰：“子归，何以报我？”对曰：“臣不任受怨，君亦不任受德[14]，无怨无德，不知

一对：不怨。两国交战，自己无能被俘，不敢怨，也不必怨。

二对：不德。两国以互释俘虏建立友好关系，个人不必感激对方。

三对：无怨、无德，不知所报。

四对：若能不死，将以与你作战到底为报。

近人林纾《左传撷华》评此对答说："词锋之妙，和婉中却含刚果，皆非列史中所及。"

所报。"王曰："虽然，必告不穀[15]。"对曰："以君之灵，累臣得归骨于晋[16]，寡君之以为戮[17]，死且不朽。若从君之惠而免之，以赐君之外臣首[18]；首其请于寡君，而以戮于宗，亦死且不朽[19]，若不获命，而使嗣宗职[20]，次及于事，而帅偏师，以修封疆[21]。虽遇执事[22]，其弗敢违[23]。其竭力致死，无有二心，以尽臣礼，所以报也[24]。"王曰："晋未可与争。"重为之礼而归之。

[注释]

[1]"晋人归"句：归还公子穀臣和连尹襄老尸首以换回知罃。归，归还。参看《晋楚邲之战》和《齐晋鞌之战》。 [2]王：楚共王。 [3]治戎：交战。 [4]俘馘(guó)：俘，俘虏；馘，截耳。古代作战，杀敌后把左耳割下来献功。此指俘虏。 [5]衅鼓：用血祭鼓。此指杀了用来祭鼓。 [6]即戮：回去就被诛戮。指回国被自己的君王所杀。 [7]君之惠也：这是君王对我的恩惠。 [8]然则：既然这样，那么。德：感激。 [9]纾：缓解，指得到平安。 [10]惩：抑止。忿：愤怒。 [11]宥(yòu)：赦免。 [12]"两释"句：指双方都释放被拘禁的囚人。 [13]"二国有好"三句：意谓两国友好，下臣不曾与谋，又敢感激谁呢？指两国都为社稷，并非为己。 [14]"臣不"二句：意谓下臣既没有什么可怨恨的，君王也不值得感恩。言外之意不必报答。 [15]不穀：楚共王自称。 [16]累臣：被囚禁之臣，知罃

自称。归骨：指放他回去。 [17]“寡君”句：意谓寡君如果认为我该杀。 [18]外臣：对异国国君自称外臣。首：荀首，知罃的父亲。 [19]“首其请”三句：意谓荀首向我君请求而把下臣杀戮在自己的宗庙中，也死得其所。 [20]嗣：继承。宗职：家族世袭的官职。 [21]“次及于事”三句：意谓若让我按次序承担晋国的政事，率领部分军队保卫边疆。以修封疆，指参与边境的战事。 [22]执事：指楚王。 [23]其：将，作副词。违：逃避。 [24]“其竭力致死”四句：知罃的意思是如果我回去后，在战场上碰上您，只好拼死与你作战了。这就是我对你的报答。致死，不惜牺牲。

[点评]

宣公十二年邲之战，晋军大败，知罃被俘。知罃的父亲荀首射死楚大夫连尹襄老，射伤楚公子穀臣，一并带回晋国，以备日后换取知罃。此篇即写两国换俘时知罃回归晋国前与楚共王的对话。此时楚庄王已死，楚共王尚年轻，且即位才三年。四问四答，楚王是步步紧逼，知罃却巧妙化解，不温不火，不卑不亢，针锋相对又不失礼貌、不辱国格。知罃也是晋国名臣，他回国后，尽忠国事，后接替韩厥执政，做到中军主帅，佐晋悼公复霸立下汗马功劳。此篇知罃如何报答楚王的话，使人想起僖公二十三年晋公子重耳流亡到楚国时回应楚王的逼问，有异曲同工之妙。近人吴曾祺《左传菁华录》即说：“荀罃当晋悼之世，佐霸有功，故其气宇亦与庸庸者不同，其对楚王之言，凛凛生气，与公子重耳告楚成王相似。”此乃《左传》交聘辞令中又一妙品。

26.晋归锺仪

成公九年　晋侯观于军府，见锺仪[1]。问之曰："南冠而絷者[2]，谁也？"有司对曰："郑人所献楚囚也。"使税之[3]。召而吊之[4]。再拜稽首。问其族[5]，对曰："泠人也[6]。"公曰："能乐乎[7]？"对曰："先人之职官也[8]，敢有二事？"使与之琴，操南音[9]。公曰："君王何如？"对曰："非小人之所得知也。"固问之[10]，对曰："其为大子也，师、保奉之[11]，以朝于婴齐而夕于侧也[12]。不知其他。"公语范文子[13]，文子曰："楚囚，君子也。言称先职，不背本也。乐操土风[14]，不忘旧也。称大子，抑无私也[15]。名其

韩席筹引清人周大璋曰："不言为君，反言为太子，不言用人行政，反言尊师敬老，妙甚。"（《左传分国集注》）

二卿[16]，尊君也。不背本，仁也；不忘旧，信也；无私，忠也；尊君，敏也[17]。仁以接事，信以守之，忠以成之，敏以行之[18]。事虽大，必济。君盍归之[19]，使合晋、楚之成？”公从之，重为之礼，使归求成[20]。

十二月，楚子使公子辰如晋[21]，报锺仪之使，请修好、结成。

后人多以“南冠”“楚囚”典入诗，如唐骆宾王《在狱咏蝉》：“西陆蝉声唱，南冠客思侵。”恽代英诗：“已摈忧患寻常事，留得豪情作楚囚。”

［注释］

[1] 锺仪：楚郧公。鲁成公七年，楚国攻打郑国。诸侯救援郑国，包围楚军，囚禁锺仪，把他献给晋国。晋侯：晋景公。 [2] 南冠：楚式帽子。楚国在南方，故称。縶（zhí）：拘囚。 [3] 税：同“脱”，解开刑具。 [4] 吊：慰问。 [5] 族：此指世官，世系的职业。 [6] 泠人也：亦作伶人，乐官。 [7] 乐：此作动词，弹奏乐曲。 [8] 职官：等于说职责。 [9] 南音：南方各地乐调，此指楚乐。 [10] 固：再三。 [11] 奉：事奉。 [12] “以朝于婴齐”句：意谓每天早晨向婴齐请教，晚上向侧请教。婴齐，令尹子重，即公子婴齐。侧，司马子反，即公子侧。 [13] 范文子：即士燮。 [14] 土风：本乡本土的乐调，此指南音。 [15] 抑：发语词，无义。无私：无私心。 [16] 名其二卿：当时时尚，下对上才称名。锺仪在晋景公前直呼子重、子反之名，是尊敬景公的表现。 [17] 敏：通达事理。 [18] “仁以接事”四句：意谓用仁来处理事情，用信来坚持它，用忠来完成它，用敏来执行它。之，指事情。 [19] 盍：何不。 [20] 使归求成：放锺仪回楚，

替晋国求和。 [21] 公子辰：字子商，官太宰。

[**点评**]

鲁成公七年，楚大夫锺仪被郑国俘虏，后被献于晋国。晋景公要释放锺仪，临释放时与锺仪的这番对话，颇能表现出锺仪的风范，体现了他的爱国情操。能够奏乐，说明他牢记职责；乐操南音，说明他不忘故国；不妄议君王，说明他恪守为臣之道。锺仪这种不背本、不忘旧的深挚的故国之情与赤子之心，感染了晋国君臣，晋人不但放了他，而且重礼使归。晋、楚两国因此和解。

27.晋侯梦大厉

成公十年　晋侯梦大厉[1]，被发及地[2]，搏膺而踊[3]，曰："杀余孙，不义。余得请于帝矣[4]！"坏大门及寝门而入。公惧，入于室。又坏户[5]。公觉，召桑田巫[6]。巫言如梦。公曰："何如？"曰："不食新矣[7]。"公疾病[8]，求医于秦。秦伯使医缓为之[9]。未至，公梦疾为二竖子[10]，曰："彼[11]，良医也。惧伤我，焉逃之[12]？"其一曰："居肓之上[13]，膏之下[14]，若我何？"医至，曰："疾不可为也[15]。在肓之上，膏之下，攻之不可[16]，达之不及[17]，药不至焉，不可为也。"公曰："良医也。"厚为之礼而归之。六月丙

《左传》全书共写了二十七个梦，各各不同，各有特色。

午，晋侯欲麦[18]，使甸人献麦[19]，馈人为之[20]。召桑田巫，示而杀之[21]。将食，张[22]，如厕，陷而卒[23]。小臣有晨梦负公以登天[24]，及日中，负晋侯出诸厕，遂以为殉[25]。

[注释]

[1] 晋侯：指晋景公。厉：恶鬼，也叫厉鬼。 [2] 被(pī)：通“披”。 [3] 搏膺：捶胸。踊：跳跃。 [4] 请于帝：指鬼已诉于上帝，上帝允许他为子孙报仇。 [5] 户：即门。 [6] “公觉”二句：言晋景公醒来召见桑田的巫人问吉凶。桑田，地名，在今河南灵宝。桑田本虢邑，晋灭虢后并入晋。 [7] 不食新矣：意谓景公将死在新麦收获之前。新，新麦。 [8] 疾病：病重。 [9] 缓：秦国名医。为：诊治。 [10] 疾为二竖子：疾病变为两个小孩。竖子，小孩。 [11] 彼：指秦医缓。 [12] “惧伤我”二句：意谓恐怕会受到医缓的伤害，往哪儿逃好呢？ [13] 肓(huāng)：胸腹之间的横膈膜。 [14] 膏：心脏下方有脂肪处。 [15] 疾不可为也：意谓病已不能治了。 [16] 攻：指艾灸。 [17] 达：指针。 [18] 欲麦：即食新。 [19] 甸人：管理土地之官。 [20] 馈人：为诸侯主持饮食之官。为之：煮好新麦。 [21] “召桑田巫”二句：言晋景公认为桑田巫预言不确，给他看新麦而杀之。 [22] 张：通“胀”，肚子发胀。 [23] 陷而卒：跌进厕坑而死。 [24] 小臣：宦官。 [25] 遂以为殉：将小臣作为殉葬。

[点评]

成公八年，赵氏家族的赵同、赵括被诬告为要作乱，晋景公于是冤杀了赵同、赵括。事后大概自觉有愧，梦见二人变为厉鬼肆虐，由此得病。患病后，又梦见二厉鬼化为二竖子逃入膏肓为害。此后情节的发展无不如桑田巫所言。最后恰如桑田巫所预言的那样，晋景公终于未能尝到新麦，食前腹胀如厕，跌入茅坑而死。此篇写了几个奇梦，甚为离奇。清人王源《左传评》评曰："晋侯以梦得疾，疾而死，因序其一梦再梦，奇矣；亲以巫医，又奇，托序小臣亦以梦死，更奇。窅窅荒诞，阴风飒起，读者毛发惧竖。……然此种文字，其奇在外，不难知亦不难为，难在刻划工安顿妙耳。"作者写梦的作用，在于揭示了晋景公滥杀无辜深层意识中的精神自罪感与虚弱恐惧感。作者通过梦境的描写和梦思的揭示，把人物的心理潜识、内心世界真实地展现出来，又借以表达了那些被杀屈死者的愤慨和抗议。其妙用，实非直言叙述所能奏效。《左传》的叙事，"工侔造化，思涉鬼神"，写梦是其手法之一。

28. 吕相绝秦

吕相先述旧谊，历数晋献公、惠公、文公过去与秦国的友好关系。

再述文公之功劳及对秦国的恩德。

成公十三年　夏四月戊午[1]，晋侯使吕相绝秦[2]，曰："昔逮我献公及穆公相好，戮力同心，申之以盟誓，重之以昏姻[3]。天祸晋国[4]，文公如齐，惠公如秦。无禄[5]，献公即世，穆公不忘旧德，俾我惠公，用能奉祀于晋[6]。又不能成大勋，而为韩之师[7]。亦悔于厥心[8]，用集我文公[9]，是穆之成也。文公躬擐甲胄[10]，跋履山川，踰越险阻，征东之诸侯，虞、夏、商、周之胤，而朝诸秦，则亦既报旧德矣。郑人怒君之疆埸[11]，我文公帅诸侯及秦围郑。秦大夫不询于我寡君[12]，擅及郑盟。诸侯疾之，将致命于秦。文公恐惧，绥静诸侯，秦师克还无害，则是我有大造于西也[13]。无禄，文公即世。穆为不吊[14]，蔑死我君[15]，寡我襄公，迭我殽地[16]，奸绝我好[17]，伐我保城，殄灭我费滑[18]，散离我兄弟，挠乱我同盟[19]，倾覆我国家。我襄公未忘君之旧勋[20]，而惧社稷之陨，是以有殽之师。犹愿赦罪于穆公，穆公弗听，而即楚谋我[21]。天诱其衷[22]，成王陨命，穆公是以不克逞志于我。穆、襄即世，康、灵即位[23]。康公，我之自出[24]，又欲阙翦我公室，倾覆我社稷，帅我蝥贼，以来荡摇我边疆。我是以有令狐之役[25]。康犹不悛[26]，入我河曲，伐我涑川，俘我王官，翦我羁马[27]，我是以有河曲之战[28]。东道之不通，则是康公绝我好也[29]。

三诉秦国之背恩负义。

四诉晋国在秦国逼迫下发动令狐之役与河曲之战。

［注释］

[1] 戊午：五日。 [2] 晋侯：晋厉公，名州蒲。吕相：晋大夫魏锜之子，亦称魏相，因食邑为吕，故又称吕相。 [3]“申之以盟誓”二句：言结盟之后又结成婚姻。秦国与晋国多次结为婚姻，所谓秦晋之好。昏姻，婚姻，指晋献公将女儿嫁给秦穆公。 [4] 天祸晋国：指晋骊姬之乱。晋献公的夫人骊姬为了立自己的儿子为太子，遂设计陷害太子申生及其他公子，致使公子重耳逃奔

狄、齐等国，公子夷吾逃奔梁、秦等国。参看《晋公子重耳之亡》篇。 [5] 无禄：不幸。 [6] 奉祀于晋：晋献公去世后不久，秦国即护送夷吾回晋国即位，是为晋惠公。古代唯有国君才有资格主持国家祭祀，故“奉祀于晋”即“为晋之国君”。 [7] 韩之师：晋惠公回国即位后，背信弃义，没有兑现他当初对秦许下的诺言，秦穆公兴兵伐晋，战于韩原，晋大败，惠公被俘。参看《秦晋韩之战》篇。 [8] 悔于厥心：指秦穆公对俘获惠公一事心中颇为后悔。 [9] 用集我文公：指惠公死后，其子怀公即位，这时秦穆公又护送公子重耳回国夺取君位，是为晋文公。 [10] 躬擐甲胄：披甲戴胄，指身着戎装。 [11] 怒：此作“侵犯”解。埸(yì)：边界。文公当年流亡到郑国时，郑文公没有给他应有的礼遇，文公即位后，遂邀秦穆公兴师问罪。按，郑并未侵犯秦之边境，吕相所言，实为诬枉之词。又，当时围郑的只有晋、秦二国军队，下文说围郑的另有其他诸侯军，亦为不实之词。 [12] 不询：不询问，不征求。 [13]“诸侯疾之”六句：说的是僖公三十年烛之武退秦师之事。“诸侯疾之”“救命于秦”“绥静诸侯”等是晋国的夸大之词。绥静，安抚，说服。克，能够。大造，大功劳。 [14] 不吊：不祥，不善。 [15] 蔑死我君：蔑视我已故的国君。一本作“蔑我死君”，文义较通顺。 [16] 迭我殽地：鲁僖公三十二年，秦过晋而伐郑，并未侵犯晋之殽山，相反，倒是晋军于殽山伏击了秦师，故“迭我殽地”亦为诬枉之词。迭，通“轶”，突然进犯。 [17] 奸绝：断绝，拒绝。奸，通“扞”，排斥。 [18] 费(bì)滑：滑国。费，滑国都城，在今河南偃师附近。秦袭郑不成，回师时遂把滑国灭掉。 [19] 兄弟、同盟：指郑、滑二国，二国与晋同为姬姓，又是同盟关系，故云。 [20] 旧勋：旧日的恩德。 [21] 即：接近。谋我：楚臣鬬克本囚于秦，秦在殽山败于晋侯，遂释放鬬克，以求与楚结盟，后因楚成王为其子所杀，遂使所谋之事不成，故下文有“不克逞志”之语。 [22] 天诱其衷：等于说幸亏老天开眼。诱，本义是诱导、开导，此作“开”解。衷，内心。 [23]“穆襄即世”二句：指秦国穆公、襄公去世，康公、灵公即位。 [24]“康公”二句：康公，是出自我晋国的。这里指康公乃晋之外甥。康公之母穆姬乃晋献公女儿，故康公与灵公，乃甥舅关系。 [25] 令狐之役：晋襄公死后，群臣因太子夷皋年幼，欲立晋文公之子、襄公庶弟公子雍为君。时公子雍客居于秦，晋遂派人往迎，秦康公亦派兵护送。后襄公夫人极力要立太子夷皋，即晋灵公，群臣只好依从，并派兵在令狐抵拒秦军和公子雍，史称“令狐之役”。吕相说“荡摇我边疆”乃片面之词。令狐，晋地名，在今山西临猗。蝥（máo）贼，本指两种食禾苗的害虫，此指晋之公子雍。 [26] 不悛：不思悔改。 [27] 河曲：晋地名，在今山西永济。涑（sù）川：河名，流经山西西南部，最后注入黄河。王官：晋地名，在今山西闻喜。羁马：晋地名，在今山西永济。 [28] 河曲之战：在鲁文公十二年。 [29]“东道之不通”二句：此指秦晋两国断绝邦交关系，而罪在秦康公。晋在秦的东边，故云。

“及君之嗣也[1]，我君景公引领西望曰：‘庶抚我乎[2]！’君亦不惠称盟，利吾有狄难[3]，入我河县，焚我箕、郜[4]，芟夷我农功[5]，虔刘我边垂[6]。我是以有辅氏之聚[7]。君亦悔祸之延，而欲徼福于先君献、穆，使伯车来[8]，命我景公曰：‘吾与女同好弃恶，复修旧德，以追

此段文势陡然一转，上段末句言秦康不德，而晋国仍不计前嫌寄望于秦桓公。未料秦桓公令晋国大失所望。

盼秦抚晋无望，吕相再数秦国不德之罪状。

念前勋。’言誓未就，景公即世，我寡君是以有令狐之会[9]。君又不祥，背弃盟誓。白狄及君同州，君之仇雠，而我之昏姻也[10]。君来赐命曰：‘吾与女伐狄。’寡君不敢顾昏姻，畏君之威，而受命于吏[11]。君有二心于狄，曰：‘晋将伐女。’狄应且憎，是用告我[12]。楚人恶君之二三其德也，亦来告我曰：‘秦背令狐之盟，而来求盟于我，昭告昊天上帝、秦三公、楚三王曰[13]，余虽与晋出入，余唯利是视。不穀恶其无成德[14]，是用宣之[15]，以惩不壹。’诸侯备闻此言，斯是用痛心疾首，暱就寡人[16]。寡人帅以听命，唯好是求。君若惠顾诸侯，矜哀寡人[17]，而赐之盟，则寡人之愿也。其承宁诸侯以退，岂敢徼乱[18]。君若不施大惠，寡人不佞，其不能以诸侯退矣。敢尽布之执事[19]，俾执事实图利之！[20]”

明末清初金圣叹《才子古文》评本篇说：“饰辞驾罪何足道？止道其文字、章法、字法，真如千岩竞秀，万壑争流！”

［注释］

[1] 君：此指秦桓公。 [2] 庶抚我乎：意谓秦国大概会安抚我们吧。 [3] 有狄难：指鲁宣公十五年，晋灭赤狄潞氏（潞氏，国名）事，把“灭狄”说成“有难”，这也是吕相故意歪曲事实。 [4] 箕：晋城邑，在今山西蒲县东北的箕城。郜（gào）：晋

城邑，在今山西祁县西。 [5] 芟夷：收割。芟（shān），本义是“除草”，这里作割除、抢割解。农功：指庄稼。 [6] 虔刘：杀戮。垂：同“陲”。 [7] 辅氏之聚：鲁宣公十五年，秦桓公伐晋，晋败秦军于辅氏。辅氏，晋地名，在今山西大荔东。 [8] 伯车：秦桓公之子，名鍼。 [9] 我寡君：此指晋厉公。 [10]“白狄”三句：意谓白狄与君王同住在雍州之内，他们是君王的仇敌，但却是我晋国的婚姻之国。白狄，狄族的一支，居住在今陕西北部一带。州，此指雍州，古九州之一。包括今陕西、甘肃二省及青海的一部分。 [11] 受命于吏：接受你的使臣传来的命令。 [12]“狄应”二句：意谓狄人表面应和但心中却很憎恨，因而将这话告诉我们。 [13] 秦三公：指秦穆公、康公、共公。楚三王：指楚成王、穆王、庄王。 [14] 无成德：道德不专一。 [15] 是用宣之：于是将他的话揭露出来。 [16] 暱就寡人：都来亲近我寡君。 [17] 矜哀：等于说哀怜。 [18]“其承宁”二句：意谓使诸侯安宁并让其退走，哪里还敢谋求战乱。徼乱，谋求战乱。 [19] 执事：谦辞，君王的办事人员，实指君王。 [20] 实图利之：等于说认真考虑吧。

［点评］

《吕相绝秦》是一篇著名的交聘檄文，甚至可称为檄文之祖。吕相宣称的晋国对秦国的恩惠、秦国对晋国的罪过，是极尽颠倒是非、混淆事理之能事的。可以说其不择手段、肆情诋毁，莫此为甚。难怪韩愈要批评说“左氏浮夸”（《进学解》），良有以也。虽然如此，此篇在文章技巧方面，却是一篇令人称绝的名篇。此文开篇追述秦晋两国先王世代交好，继而历数秦之罪状，文中句式排闼而来，连用四五次“我是以有”，十余处“我”字指责秦之过错，不一而足。文中多用排比句式，词风犀利、一气贯注、咄咄逼人。《古文观止》编选者评注说：“秦晋权诈相倾，本无专直。但此文饰辞驾罪，不肯一句放松，不使一字置辩，深文曲笔，变化纵横，读千遍不厌也。”《古文释义新编》说：“行文之妙，一波未平，一波随起，前后相生，机神鼓荡，有顿挫处，有跌宕处，有关锁处，有收束处，有变换处，长短错综，纵横排奡，无美不备，应是左氏得意之作。”这篇辞令，为春秋时期外交聘令之典型，铺张扬厉，夸大其词，开启后来战国纵横家游说雄辩之风。后人认为，战国时期秦襄王写的《诅楚文》，即脱胎于《吕相绝秦》。

29. 晋楚鄢陵之战

成公十六年　十六年春，楚子自武城使公子成以汝阴之田求成于郑[1]。郑叛晋，子驷从楚子盟于武城[2]。

郑子罕伐宋，宋将钽、乐惧败诸汋陂[3]。退，舍于夫渠[4]，不儆[5]，郑人覆之[6]，败诸汋陵[7]，获将钽、乐惧。宋恃胜也[8]。卫侯伐郑，至于鸣雁[9]，为晋故也。

鲁成公十二年，晋郤至前往楚国莅盟。楚国大夫子反恶语相加，暴露了楚国无日忘晋的心态，埋下鄢陵之战的伏笔。

［注释］

[1] 武城：楚地，在今河南南阳东北。公子成：楚国大夫。汝阴：汝水之南，在河南郏县与叶县之间。求成：求和。　[2] 子驷：公子骈，郑穆公之子。从：此指前往。　[3] 子罕：公子喜，郑穆公之子。将钽、乐惧：皆宋国大夫。汋（zhuó）陂：宋国地名，

在今河南商丘。[4] 夫渠：离汋陂不远。[5] 儆：警戒。[6] 覆：通“伏”，埋伏。[7] 汋陵：在今河南宁陵。[8] 恃胜：宋国之败在于依仗打了胜仗而不加戒备。[9] 鸣雁：在今河南杞县。

范文子之言是关键，引领读者沿波讨源，领会鄢陵之战的前因后果。通篇叙范文子之言凡六处，“字字悲郁沉痛”（韩席筹《左传分国集注》引刘培极语）。

晋侯将伐郑，范文子曰[1]：“若逞吾愿[2]，诸侯皆叛，晋可以逞[3]。若唯郑叛，晋国之忧，可立俟也[4]。”栾武子曰[5]：“不可以当吾世而失诸侯[6]，必伐郑。”乃兴师。栾书将中军，士燮佐之。郤锜将上军，荀偃佐之[7]。韩厥将下军，郤至佐新军，荀罃居守[8]。郤犨如卫，遂如齐，皆乞师焉[9]。栾黡来乞师，孟献子曰[10]：“有胜矣。”戊寅[11]，晋师起。

［注释］

[1] 范文子：即士燮，亦称范叔。[2] 逞吾愿：满足我使晋国政治安定、国家强盛的愿望。逞，意谓满足。[3] 逞：作“行、做”解释，指可以出兵。[4] 立俟：马上就能等到、看见。[5] 栾武子：即栾书。[6] 当吾世：在我们这一代。[7] 荀偃：字伯游，即中行献子，一称中行偃，荀林父之孙，荀庚之子。[8] 荀罃：即知罃，一称知武子，知庄子（荀首）之子。居守：留守国内。[9] 乞师焉：请求出兵援助。[10] 孟献子：鲁之公族，名蔑。[11] 戊寅：此指四月十二日。

郑人闻有晋师，使告于楚，姚句耳与往[1]。楚子救郑，司马将中军[2]，令尹将左[3]，右尹子辛将右[4]。过申[5]，子反入见申叔时，曰："师其何如[6]？"对曰："德、刑、详、义、礼、信[7]，战之器也[8]。德以施惠，刑以正邪，详以事神，义以建利，礼以顺时，信以守物[9]。民生厚而德正，用利而事节，时顺而物成。上下和睦，周旋不逆，求无不具，各知其极[10]。故《诗》曰：'立我烝民，莫匪尔极[11]。'是以神降之福，时无灾害，民生敦厖[12]，和同以听[13]，莫不尽力以从上命，致死以补其阙[14]。此战之所由克也。今楚内弃其民，而外绝其好，渎齐盟[15]，而食话言，奸时以动[16]，而疲民以逞。民不知信，进退罪也。人恤所底[17]，其谁致死？子其勉之！吾不复见子矣。"姚句耳先归，子驷问焉，对曰："其行速，过险而不整[18]。速则失志[19]，不整丧列[20]。志失列丧，将何以战？楚惧[21]不可用也。"

申叔时预言楚国将败。内因：楚弃民、奸时、疲民，民不知信，无人效死；外因：绝好、渎盟、食言。申叔时对战争的看法，犹如僖公三十二年秦晋殽之战的蹇叔哭师。

由姚句耳之口揭示楚国是仓促出兵，轻率且军阵不整，亦暗示其将败。

［注释］

[1] 姚句（gōu）耳：郑国大夫。 [2] 司马：楚官名。此司马为公子侧，字子反。 [3] 令尹：楚官名。此令尹为公子婴齐，字

子重。 [4] 右尹：楚官名。子辛：即公子壬夫，字子辛。 [5] 申：地名，在今河南南阳北。 [6] 师其何如：意谓交战的结果会怎样。 [7] 详：同“祥”，指用心精诚专一。 [8] 器：用器，此指必备条件。 [9]“德以施惠”六句：意谓道德用来施予恩惠，刑罚用来纠正邪恶，赤诚用来事奉神灵，义理用来获取利益，礼法用来理顺时尚，信用用来保有万物。 [10]“民生厚”七句：意谓人民生活富裕，道德就自然纯正；使用人民若于国有利，办事就会有节制；时尚顺理，事情就会成功。上下和睦，行为处事就不会受阻，凡是有所求的都无不具备，各人都懂得行事的准则。周旋，举动。逆，悖逆。极，标准、原则。 [11] 立我烝民，莫匪尔极：语出《诗经·周颂·思文》，意谓周祖先后稷安置众民，无不合乎准则。烝，众。 [12] 敦：富厚。厖（máng）：大，富足。 [13] 和同以听：同心协力，听从指挥。 [14] 补其阙：弥补国家的损失。 [15] 渎齐盟：亵渎斋戒盟誓之事。齐，通“斋”，斋戒，古代盟誓前须斋戒沐浴。 [16] 奸时以动：奸，犯；奸时，即违时。鄢陵之战在周历四月（夏历二月），正是春耕季节，故云“奸时以动”。 [17] 恤：忧虑。厎（zhǐ）：往。 [18] 过险而不整：军队经过险要地段时也不加整饬。 [19] 失志：此指考虑不周。志，心志，此指思虑。 [20] 丧列：军阵混乱。 [21] 惧：恐怕。

此为后来晋悼公重新称霸诸侯设下伏笔。

五月，晋师济河。闻楚师将至，范文子欲反[1]，曰：“我伪逃楚[2]，可以纾忧。夫合诸侯，非吾所能也，以遗能者[3]。我若群臣辑睦以事君，多矣[4]。”武子曰：“不可。”

［注释］

[1] 欲反：准备撤兵回国。 [2] 伪：当作“为”，假如，如果。 [3] 遗能者：指把会合诸侯之事留给有能力的人。 [4] 多矣：足够。

六月，晋、楚遇于鄢陵[1]。范文子不欲战，郤至曰：“韩之战[2]，惠公不振旅[3]；箕之役[4]，先轸不反命[5]；邲之师[6]，荀伯不复从[7]。皆晋之耻也。子亦见先君之事矣。今我辟楚[8]，又益耻也。”文子曰：“吾先君之亟战也，有故[9]。秦、狄、齐、楚皆强，不尽力，子孙将弱。今三强服矣，敌楚而已。唯圣人能外内无患。自非圣人[10]，外宁必有内忧。盍释楚以为外惧乎？[11]”

杨伯峻《春秋左传注》曰：“晋国大臣大多数主战，唯士燮始终主退。士燮见厉公骄侈，群臣不和，如战而胜楚，内忧益滋，故欲释楚以缓和国内矛盾，非惧战败也。”

［注释］

[1] 鄢陵：即隐公元年“郑伯克段于鄢”的鄢地。 [2] 韩之战：参见《秦晋韩之战》篇。 [3] 不振旅：失败。振旅，治兵而归，胜利而归。 [4] 箕之役：指鲁僖公三十三年的晋、狄箕之战，晋军主帅先轸战死。箕，地名，在今山西太谷东。 [5] 不反命：没有活着回来。 [6] 邲之师：参见《晋楚邲之战》篇。 [7] 不复从：未从原路回兵，指失败。 [8] 辟：同“避”。 [9] 亟（qì）：屡次。有故：有原因。 [10] 自非：若非。 [11]“盍释楚”句：意谓何不放过楚国，把它当作引起戒惧的外部国家呢。

范匄所献“塞井夷灶”之计，意指摆开阵势，决一死战。清人李元春认为“塞井夷灶”即项羽“破釜沉舟”之计。(《左氏兵法序》)

甲午晦[1]，楚晨压晋军而陈。军吏患之。范匄趋进[2]，曰：“塞井夷灶，陈于军中[3]，而疏行首[4]。晋、楚唯天所授[5]，何患焉？”文子执戈逐之，曰：“国之存亡，天也。童子何知焉？”栾书曰：“楚师轻窕[6]，固垒而待之，三日必退。退而击之，必获胜焉。”郤至曰：“楚有六间[7]，不可失也：其二卿相恶[8]；王卒以旧[9]；郑陈而不整；蛮军而不陈[10]；陈不违晦[11]；在陈而嚣，合而加嚣[12]，各顾其后，莫有斗心。旧不必良，以犯天忌[13]，我必克之。”

“轻窕”二字为一篇眼目；“六间”即六个致命弱点，其中第一个就是“二卿相恶”——将帅不和。

［注释］

[1]甲午晦：六月二十九日，月底。　[2]范匄(gài)：士燮之子，一称范宣子。时年尚幼，故其父称之为“童子”。　[3]夷：平。陈：同“阵”。古代军中须凿井垒灶以取水炊饭，由于楚军逼近，晋军阵地变小，故范匄建议塞井夷灶，列阵于军中。　[4]疏行首：疏散开行列的距离。　[5]晋、楚唯天所授：意谓晋楚都是上天所授予的国家。　[6]轻窕(tiāo)：即轻佻，轻浮急躁。　[7]间：间隙、空子，也指弱点。　[8]二卿：指子反和子重。二人不和，故战败后子重逼子反自杀。　[9]王卒以旧：指楚王的亲兵都是年老的旧卒。　[10]蛮军：指楚王带来的楚国南方的蛮族军队。　[11]陈不违晦：古代迷信，晦日不宜布阵作战，但楚军却不回避，故郤至说这也是楚军的一间。　[12]“在陈”二句：意

谓士卒在军阵中喧哗躁动，两军相遇后喧哗更甚。 [13]“旧不必良”二句：意谓旧卒未必都是精兵，晦日布阵犯了天忌。

楚子登巢车以望晋军[1]，子重使大宰伯州犁侍于王后[2]。王曰：“骋而左右，何也？”曰：“召军吏也。”“皆聚于中军矣[3]！”曰：“合谋也[4]。”“张幕矣。”曰：“虔卜于先君也[5]。”“彻幕矣[6]！”曰：“将发命也。”“甚嚣，且尘上矣[7]！”曰：“将塞井夷灶而为行也[8]。”“皆乘矣，左右执兵而下矣[9]！”曰：“听誓也。”“战乎？”曰：“未可知也。”“乘而左右皆下矣！[10]”曰：“战祷[11]也。”伯州犁以公卒[12]告王。苗贲皇在晋侯之侧，亦以王卒告[13]。皆曰：“国士在，且厚[14]，不可当也。”苗贲皇言于晋侯曰：“楚之良，在其中军王族而已。请分良以击其左右，而三军萃于王卒[15]，必大败之。”公筮之，史曰：“吉。其卦遇《复》䷗[16]，曰：‘南国蹙，射其元王中厥目[17]。’国蹙王伤，不败何待？”公从之。

由伯州犁说出晋君战前布置，钱锺书《管锥编》第一册谓“不直书甲之运为，而假乙眼中舌端出之，纯乎小说笔法矣”。

前叙楚子登巢车观晋军，后叙苗贲皇为晋侯献策，中间以“伯州犁以公卒告王”与苗贲皇“亦以王卒告”连结，上下勾连，文章气脉贯通，可谓极妙。

[注释]

[1] 巢车：一种兵车，高大如树上的鸟巢，可以登之而瞭望敌

人。 [2] 大宰：官名，掌王族事务。大，通“太”。伯州犁：晋大夫伯宗之子，因其父被杀而奔楚，楚任命为太宰。 [3] 皆聚于军中矣：此句是楚王的话。以下这段凡不加“曰”的，皆楚王所说，凡加“曰”的，皆伯州犁回答的话。 [4] 合谋：一同谋划军务。 [5] 虔卜先君：虔诚地向先君问卜。 [6] 彻幕：撤掉帐幕。 [7]“甚嚣”二句：喧哗得很，连尘土都飞扬起来。 [8] 为行：布列行阵。 [9] 左右：春秋时，一般的兵车，将领居左，车右居右。车右，参见《晋灵公不君》注。 [10] 乘而左右皆下矣：指上了战车，可是将领和车右又全都下车了。 [11] 战祷：战前的祈祷。 [12] 公卒：晋侯的亲兵。 [13] 苗贲皇：原为楚臣，鬬椒之子，鲁宣公四年奔晋。王卒：与下文的“王族”，均指楚王的亲兵。 [14]“国士在”二句：指楚国的杰出人才全在军中，而且人数众多。 [15] 萃：聚集。 [16]《复》䷗：《复》卦，《震》卦在下，《坤》卦在上。 [17]“南国蹙”二句：这两句是史官根据《复》卦的卦象、卦爻辞而作的归纳，意谓南国艰难窘迫，射他的元首，中其一目。蹙（cù），同“蹙”，窘迫。元王，最高之王。

写晋军违淖、陷淖、出淖，无一阻碍，说明晋军整饬有序。

有淖于前，乃皆左右相违于淖[1]。步毅御晋厉公，栾鍼为右[2]。彭名御楚共王，潘党为右。石首御郑成公，唐苟为右。栾、范以其族夹公行[3]。陷于淖，栾书将载晋侯，鍼曰：“书退，国有大任，焉得专之[4]。且侵官，冒也；失官，慢也[5]；离局，奸也[6]。有三罪焉，不可犯也。”乃掀公以出于淖[7]。

[注释]

[1] 淖（nào）：泥坑。违：避开。 [2] 步毅：即郤毅，郤克的同族。栾鍼：栾书之子，栾黶之弟。 [3] 以其族夹公行：带领着他们的家族士兵左右夹护着晋侯前进。 [4] 专：犹如说“一手包办”。 [5]“且侵官”四句：意谓侵夺他人职责，这是冒犯；丢弃本人职守，这是怠慢。 [6] 离居：离开自己的部属、岗位。奸也：不忠。 [7] 掀公：托起晋侯的坐车。

癸巳[1]，潘尪之党与养由基蹲甲而射之[2]，彻七札焉[3]。以示王，曰：“君有二臣如此，何忧于战？”王怒曰：“大辱国[4]。诘朝尔射[5]，死艺[6]。”吕锜梦射月[7]，中之，退入于泥[8]。占之，曰：“姬姓，日也。异姓，月也，必楚王也[9]。射而中之，退入于泥，亦必死矣。”及战，射共王中目。王召养由基，与之两矢，使射吕锜，中项，伏弢[10]。以一矢复命。

潘、养二人以“彻七札”的匹夫之勇狂言“何忧于战”，显然是“不尚智谋”的表现，从而引起楚王的愤怒。

养由基是春秋时期有名的射手。“以一矢复命”五字表现其善射，语带风趣。

[注释]

[1] 癸巳：这是上文“甲午晦”的前一天，即六月二十八日。以下补叙癸巳日的事情。 [2] 潘尪之党：即潘尪之子潘党。养由基：楚国名将，善射。蹲甲：把铠甲积叠起来。此指二人将皮甲衣叠起比赛射箭。 [3] 彻：穿透。札：编织甲的叶片。此指射穿七层。 [4] 大辱国：太羞辱楚国了。 [5] 诘朝：第二天早晨。 [6] 死艺：只凭射艺，恐怕要死在这武艺上。 [7] 吕锜：

即晋国的魏锜。 [8] 退入于泥：指射中月亮但后退时掉入泥坑里。 [9]“姬姓”五句：是以日比天子，以月比臣、诸侯，周天子与晋侯均姬姓，故云“日也”，楚王芈姓，为异姓诸侯，故云“月也”。 [10] 中项：射中脖子。伏弢：吕锜倒伏在弓套上死去。弢（tāo），弓衣，盛弓的套子。

战争中交战双方君臣悠游有礼，这是春秋时期崇尚礼制的特点，也是《左传》描写的特色。韩席筹《左传分国集注》引近人吴曾祺曰：“此等雍容闲雅，文之胜景，使左公率军，必将才也。”

郤至三遇楚子之卒，见楚子必下，免胄而趋风[1]。楚子使工尹襄问之以弓[2]，曰：“方事之殷也，有韎韦之跗注[3]，君子也。识见不穀而趋[4]。无乃伤乎？”郤至见客，免胄承命[5]，曰：“君之外臣至[6]，从寡君之戎事，以君之灵，间蒙甲胄，不敢拜命[7]。敢告不宁，君命之辱，为事之故，敢肃使者[8]。”三肃使者而退。

［注释］

[1] 免胄而趋风：脱去头盔，疾走如风。这是臣见君时的恭敬表现。 [2] 工尹：官名。襄：人名。问：慰问。春秋时，向某人问候时，一般须送上礼物以表示情意。 [3] 事之殷：战事激烈之时。韎（mèi）：赤黄色。韦：熟牛皮。跗（fū）注：当时的军服，衣裤相连，裤脚系在踝跗之上。此指郤至，身穿金黄色皮军装。 [4] 识：适，刚才。不穀：不善。这是春秋时诸侯君的谦称。 [5] 见客：接见楚军来客。承命：接受楚王的问候。 [6] 君：此指楚王。外臣：古代臣子在他国国君之前自称“外臣”。文中工尹襄代表楚王，故郤至亦自称“外臣”。 [7]“从寡君”四句：

意谓我郤至跟随寡君来作战，托楚君的威灵，参与披戴铠甲和头盔的行列，所以无法拜受君王慰劳的旨意。间，近来。蒙，披着，穿着。 [8]“敢不告宁”四句：意谓我冒昧地告诉您我没受伤。对于君王的问候，我感到惭愧，因为战事的缘故，我冒昧地向您作揖行礼。宁，通“憖（yìn）”，受伤。肃，古代的一种行礼方式，与今之作揖相似。

晋韩厥从郑伯，其御杜溷罗曰[1]：“速从之？其御屡顾，不在马，可及也[2]。”韩厥曰：“不可以再辱国君[3]。”乃止。郤至从郑伯，其右茀翰胡曰[4]：“谍辂之，余从之乘而俘以下[5]。”郤至曰：“伤国君有刑[6]。”亦止。石首曰：“卫懿公唯不去其旗[7]，是以败于荧。”乃内旌于弢中。唐苟谓石首曰[8]：“子在君侧，败者壹大。我不如子，子以君免，我请止[9]。”乃死。

此段写韩厥、郤至都不活捉郑伯，颇似成公二年鞌之战时韩厥已追上齐顷公，最后并没抓住。韩席筹《左传分国集注》评曰：“晋之伐郑，意在败楚，楚败而郑自来，故韩、郤力能俘郑伯而不肯辱伤之也。”

［注释］

[1] 杜溷罗：晋国大夫。 [2]“其御屡顾”三句：意谓他的御者屡屡回顾，不专心驾车，可以赶上。 [3] 不可以再辱国君：吕锜已羞辱过楚王（射其一目），故韩厥说：“不可以再辱国君”。 [4] 茀翰胡：晋国大夫。 [5]“谍辂之”二句：意谓派遣轻兵绕道拦击，从后面登上他的车将他俘获抓下。谍，侦察兵，此指轻兵。辂，迎战，此指拦击。 [6] 有刑：将受到惩罚。 [7] 卫懿公：春秋初年卫国国君，名赤。鲁闵公二年（前 660），卫与狄

战于荧泽，卫军大败，卫懿公因不去其旗，被狄人认出而被杀。参看《卫懿公好鹤》篇。 [8] 唐苟：郑国大夫。 [9]“子在君侧”五句：意谓您在国君的旁边，战败者应一心保护国君。这方面我不如您，您带着国君逃走，我请留下。壹，专心一意。大，此指国君。止，留下抵御。

楚师薄于险[1]，叔山冉谓养由基曰[2]：“虽君有命[3]，为国故，子必射！”乃射。再发，尽殪[4]。叔山冉搏人以投，中车折轼[5]。晋师乃止。囚楚公子茷[6]。

栾鍼见子重之旌，请曰：“楚人谓：‘夫旌，子重之麾也[7]。’彼其子重也。日臣之使于楚也[8]，子重问晋国之勇。臣对曰：‘好以众整[9]。’曰：‘又如何？’臣对曰：‘好以暇[10]。’今两国治戎，行人不使[11]，不可谓整；临事而食言，不可谓暇。请摄饮焉[12]。”公许之。使行人执榼承饮[13]，造于子重，曰：“寡君乏使，使鍼御持矛[14]，是以不得犒从者，使某摄饮[15]。”子重曰：“夫子尝与吾言于楚，必是故也，不亦识乎[16]？”受而饮之。免使者而复鼓[17]。旦而战，见星未已[18]。

在兵戎相见、激烈战斗中插入闲笔，实为描写战争提供了样本。韩席筹《左传分国集注》引近人吴曾祺曰：“极雍容之致，文章之妙，亦可谓好整以暇者矣。”诚哉是言。

清人冯李骅《左绣》评曰：“文中往往作牵上搭下之笔，起处郑闻晋师告楚，中间公卒告王，末段旦而战，见星未已，皆是转棙笔法，亦即作前后章法矣，妙甚！”

[注释]

[1] 薄于险：逼到险地。薄，同“迫”。 [2] 叔山冉：楚之勇士，复姓叔山，名冉。 [3] 君有命：楚共王曾责潘党、养由基二人“尔射，死艺”，言外之意即禁止其射箭。 [4] 再发：连发二箭。尽殪（yì）：所射尽死。 [5] 搏人以投：抓住晋人，又将此人向晋军投过去。中车折轼：投中战车，折断车前横木。 [6] 公子茷：也作公子发。 [7] 麾：旗帜。 [8] 日：往日，从前。 [9] 好以众整：喜欢部队人多而整饬有纪律。 [10] 好以暇：喜欢从容不迫。 [11] 行人不使：不派使者。 [12] 摄：代。栾鍼为晋侯车右，不能离开，故请求派人代为献酒。 [13] 执榼承饮：拿着食盒和酒。榼，同“盒”，装食物的器具。承，奉。 [14] 御持矛：指为晋侯的车右。御，侍。 [15]“是以”二句：意谓无法来犒劳你的随从人员，派我来代为进酒。 [16]“夫子”三句：意谓那位先生曾跟我在楚国交谈过，必定是为了那次交谈的缘故，他记性真好。识（zhì）：记。 [17] 复鼓：重新擂鼓进军。 [18] 见星未已：到晚上星星出来了战斗还没结束。

子反命军吏察夷伤[1]，补卒乘，缮甲兵，展车马[2]，鸡鸣而食，唯命是听。晋人患之。苗贲皇徇曰[3]：“蒐乘补卒，秣马厉兵，修陈固列，蓐食申祷[4]，明日复战。”乃逸楚囚[5]。王闻之，召子反谋。穀阳竖献饮于子反[6]，子反醉而不能见。王曰：“天败楚也夫！余不可以待。”乃宵遁[7]。晋入楚军，三日谷[8]。范文子立于戎马之

晋军“逸楚囚”的目的，是想借楚囚的口告诉楚王：晋军亦早有准备。

楚国之败的直接原因，好像是在于子反喝醉了不能去见楚王商量战斗事宜，其实从一开始作者已经多次预示楚军必败的结局。

前，曰："君幼，诸臣不佞[9]，何以及此？君其戒之！《周书》曰：'惟命不于常'[10]，有德之谓[11]。"

[注释]

[1] 夷：通"痍"，创伤。 [2] 展：排列。 [3] 苗贲皇：本是楚国大夫，后逃奔晋国。徇：通告全军。 [4]"蒐乘补卒"四句：意谓检阅战车，补充士卒，喂饱战马，磨快兵器，整顿军阵，巩固行列，早早地进食，再三地祈祷。蓐食，黎明清晨，尚未起床，就在寝席被蓐上吃早饭，极言进食之早。 [5] 乃逸楚囚：故意放松警惕，让楚军俘虏逃走。 [6]"穀阳"句：指穀阳的小臣献酒给子反，子反喝醉了。 [7] 宵遁：因子反喝醉，不能听命，楚王只好连夜撤军。 [8] 三日谷：一连三天，吃缴获来的楚军粮食。 [9] 君幼：国君年幼。不佞：不才。 [10] 惟命不于常：语出《尚书·周书·康诰》。意谓天命之所在并非一成不变的。常，不变的规律。 [11] 有德之谓：上天只保佑有德行的人。

楚师还，及瑕[1]。王使谓子反曰："先大夫之覆师徒者[2]，君不在[3]。子无以为过，不穀之罪也。"子反再拜稽首曰："君赐臣死，死且不朽。臣之卒实奔[4]，臣之罪也。"子重使谓子反曰："初陨师徒者[5]，而亦闻之矣[6]！盍图之？"对曰："虽微先大夫有之，大夫命侧，侧

子反喝酒贻误战机，是其性格使然。《春秋》经文记载"楚杀其大夫公子侧"，此处说子反因自责而自杀，《经》《传》有所不同。

敢不义？侧亡君师，敢忘其死[7]？”王使止之，弗及而卒[8]。

[注释]

[1] 瑕：随国地名，在今安徽蒙城。随为楚之附庸国，故楚军得以在瑕地歇息。 [2] 先大夫：指子玉，子反的父亲。覆：覆没，败亡。 [3] 君不在：子玉在城濮之战中，败于晋军，时楚成王不在军中，故失败的责任应由子玉承担（时子玉为令尹、中军之帅），而这次楚王在军中，故下文共王说“不穀之罪也”。 [4] 臣之卒实奔：指下臣的士卒确实有溃败逃奔的。 [5] 初陨师徒者：此指子玉。按，子重要子反考虑一下子玉的下场，其用意是逼其自杀。陨，损失。 [6] 而：同“尔”，你。 [7]“虽微”五句：意谓即使没有先大夫那件事，可是有大夫命令侧考虑，侧岂敢不义而偷生？侧损失了君王的军队，岂敢忘记先大夫的自杀？言外准备自杀。 [8]“王使止之”二句：楚共王想阻止子反自杀，已太迟了。

[点评]

鄢陵之战是晋、楚两国发生的又一次大战。这次大战的直接原因是楚国北伐郑、卫，又以汝阴之田赂郑，引起晋、卫两国伐郑，楚国救郑，终于爆发鄢陵之战。在这次战役中，晋厉公亲征，晋栾书将中军；楚共王亲征，子反将中军。晋国因国内晋厉公与郤氏家族的原因，本无意于取胜，未料楚军内部混乱，晋国意外取得胜利。《左传》描写战争的一个共同点，就是不单单为战争而写战争，而是从政治因素、人的因素去揭示战争的性质、胜败的原因。鄢陵之战也是如此。如楚国申叔时等人对战争的分析，无不透露着对战争性质看法的信息。此外，鄢陵之战最精彩处，是作者描写了从清晨至星星出现的一整天的战斗。作者采用了主线交代和细节补充相结合的手法，把纷繁复杂、头绪众多的事件叙述得一清二楚。而其中的细节描写，往往更引人入胜，如楚子登巢车以望晋军、养由基的善射、晋军的塞井夷灶、晋军的陷淖出淖、郤至的免胄趋风、叔山冉搏人以投，都是精彩的细节描写。交战双方的人物，如楚国的楚共王、子反、子重、申叔时、养由基，晋国的栾书、郤至、韩厥等，都刻画得栩栩如生。

30.魏绛戮扬干

襄公三年　晋侯之弟扬干乱行于曲梁[1]，魏绛戮其仆[2]。晋侯怒，谓羊舌赤曰[3]：“合诸侯，以为荣也。扬干为戮，何辱如之[4]？必杀魏绛[5]，无失也！”对曰：“绛无贰志，事君不辟难[6]，有罪不逃刑，其将来辞[7]，何辱命焉？”言终，魏绛至，授仆人书，将伏剑[8]。士鲂、张老止之[9]。公读其书，曰：“日君乏使[10]，使臣斯司马[11]。臣闻师众以顺为武，军事有死无犯为敬[12]。君合诸侯，臣敢不敬？君师不武，执事不敬，罪莫大焉。臣惧其死，以及扬干，无所逃罪[13]。不能致训[14]，至于用钺[15]。臣之罪

魏绛之父魏犨，是追随晋文公重耳出逃之人。

先是由羊舌赤对魏绛之为人进行描述，接着又宕开一笔，叙述魏绛的信，以揭示魏绛执法严明，并敢于冒死以谏。二者各有侧重，作者手法不单一，读者读之不枯燥。

晋悼公“跣而出”，是怕来不及阻止魏绛自杀。

重，敢有不从以怒君心？请归死于司寇[16]。”公跣而出[17]，曰：“寡人之言，亲爱也[18]。吾子之讨，军礼也。寡人有弟，弗能教训，使干大命[19]，寡人之过也。子无重寡人之过也[20]，敢以为请。”

晋侯以魏绛为能以刑佐民矣[21]，反役[22]，与之礼食[23]，使佐新军[24]。张老为中军司马[25]，士富为候奄[26]。

［注释］

[1]“晋侯之弟”句：指扬干在鸡泽之会上乱行。扬干，晋悼公之弟。乱行，扰乱军阵行列。曲梁，在鸡泽附近。鸡泽，在今河北邯郸市东。 [2]魏绛：魏庄子，魏犨之子，时为晋国中军司马，主管军法。戮其仆：戮（杀）其车夫。仆，车夫。 [3]羊舌赤：羊舌职之子，字伯华。羊舌职，叔向之父。 [4]何辱如之：还有什么比这更大的侮辱。 [5]必杀魏绛：羊舌赤时为中军尉佐，职位高于司马，故晋侯可以命其杀魏绛。 [6]辟：同“避”。 [7]来辞：自己前来表白解释。 [8]“授仆人书”句：指魏绛把一封信交给奏事官后，就要拔剑自杀。仆人，接受官员紧急奏事之官。 [9]士鲂：晋士会之子，食邑于彘，又称彘季。张老：晋臣，名老，字孟。 [10]日：昔日，指悼公新即位时。乏使：缺少使唤的人。此是委婉之语。 [11]斯：同“司”，担任的意思。 [12]“臣闻”二句：意谓我听说军旅以服从命令为武，军中之事以宁死不犯军纪为敬。 [13]“臣惧其死”三句：意谓我害怕自己因不严肃执行军法而犯死罪，所以处理了扬干，

这罪过无可逃避。[14] 致训：事前不能教导众人。[15] 钺（yuè）：大斧。这里指大刑。[16] 归死于司寇：回去死在司寇那里。[17] 跣（xiǎn）：赤足。古人入室脱履，出室要穿上。[18] 亲爱：对兄弟的爱。[19] 使干大命：使他犯了军令。[20] 无重寡人之过也：意谓别让我错上加错。重（chóng），再。[21] 以刑佐民：用刑罚来治理百姓。[22] 反役：从鸡泽之役归来。[23] 礼食：国君在太庙宴请臣子称"礼食"。[24] 佐新军：司马位为大夫，佐新军则位列于卿。[25] 张老为中军司马：张老本是候奄，此是提升。[26] 士富：士会的别族。候奄：官名。军中掌谍报侦察之官。

［点评］

魏绛是晋国后期的贤臣，他执法不阿，不因为扬干是晋悼公之弟而手下留情。针对晋悼公的责难，魏绛的回答义正词严，而且提高到是否影响晋国霸主在诸侯中的地位的高度来认识。晋悼公是晋国霸业的中兴之主，能够接受魏绛的批评。此篇既写魏绛，也表现晋悼公能听谏改过、识才爱才、用人有方的特点。晋悼能复霸，与其个人性格有密切关系。

31. 魏绛论和戎

襄公四年　无终子嘉父使孟乐如晋[1]，因魏庄子纳虎豹之皮，以请和诸戎[2]。晋侯曰："戎狄无亲而贪，不如伐之。"魏绛曰："诸侯新服，陈新来和，将观于我[3]。我德，则睦[4]；否，则携贰[5]。劳师于戎[6]，而楚伐陈，必弗能救，是弃陈也。诸华必叛[7]。戎，禽兽也。获戎失华，无乃不可乎！《夏训》有之曰[8]：'有穷后羿……'"公曰："后羿何如[9]？"对曰："昔有夏之方衰也，后羿自鉏迁于穷石[10]，因夏民以代夏政[11]。恃其射也，不修民事，而淫于原兽[12]。弃武罗、伯困、熊髡、龙圉[13]，而用寒

钱锺书《管锥编》说："实则魏绛论和戎一节，正亦绛词未毕，而晋侯瞿然抄问也。吾国古籍记言，语中断而脉遥承之例莫早于此。"打断魏绛的话，表现了晋悼公的急促心理。

浞[14]。寒浞，伯明氏之谗子弟也[15]。伯明后寒弃之[16]，夷羿收之[17]，信而使之，以为己相。浞行媚于内[18]，而施赂于外，愚弄其民，而虞羿于田[19]。树之诈慝，以取其国家，外内咸服[20]。羿犹不悛[21]，将归自田，家众杀而亨之[22]，以食其子。其子不忍食诸[23]，死于穷门[24]。靡奔有鬲氏[25]。浞因羿室[26]，生浇及豷[27]，恃其谗慝诈伪，而不德于民。使浇用师，灭斟灌及斟寻氏[28]。处浇于过[29]，处豷于戈[30]。靡自有鬲氏，收二国之烬[31]，以灭浞而立少康[32]。少康灭浇于过，后杼灭豷于戈[33]，有穷由是遂亡，失人故也[34]。昔周辛甲之为大史也[35]，命百官，官箴王阙[36]。于《虞人之箴》曰[37]：'芒芒禹迹[38]，画为九州[39]，经启九道[40]。民有寝庙，兽有茂草，各有攸处[41]，德用不扰[42]。在帝夷羿，冒于原兽[43]，忘其国恤，而思其麀牡[44]。武不可重[45]，用不恢于夏家[46]。兽臣司原[47]，敢告仆夫[48]。'《虞箴》如是，可不惩乎[49]？"于是晋侯好田[50]，故魏绛及之[51]。

论和戎却插入有穷后羿的故事，看似突兀，实则借此告诫晋悼公不可荒于田猎，不可听信谗言、重用佞人而失去贤人。谏田猎，又关锁开篇孟乐献虎豹之皮，用心极妙。

[注释]

[1] 无终：山戎国名，在今山西太原一带。嘉父：无终国君名。子：《春秋》对落后之国国君常称子。孟乐：无终的使臣。 [2]“因魏庄子”二句：晋国此时国力强盛，声威大振，戎人因此也来请和。因，通过。魏庄子，即魏绛。 [3]“诸侯新服”三句：意谓诸侯才归顺，陈国刚来讲和，都在观察我们的行动。 [4] 我德，则睦：我有德，则亲近我。 [5] 携贰：背叛。 [6] 劳师于戎：劳动军队去打戎人。 [7] 诸华必叛：不能救陈国，诸侯必叛。诸华，指中原诸国。 [8]《夏训》：夏书。 [9] 有穷：夏代国名。后：君王。羿（yì）：国君名。这里是魏绛的话还没讲完，晋悼公突然插问。 [10] 鉏（jū）：古地名。在今河南滑县。穷石：即穷谷，在今河南洛阳。 [11] 因夏民以代夏政：相传禹之孙太康荒淫失国，夏人立其弟仲康。仲康死，儿子相立，后羿遂推翻相而夺取王位。因，依靠。 [12] 原兽：田兽，田猎。 [13] 武罗、伯困、熊髡（kūn）、龙圉（máng yǔ）：四人都是后羿的贤臣。 [14] 寒浞（zhuó）：后羿的相。寒，本为部落名，居今山东潍县。寒浞以部落名为氏。 [15] 伯明：寒国国君。谗：奸诈。 [16] 伯明后寒：即寒后伯明，寒国国君伯明。 [17] 夷羿：即后羿。 [18] 行媚于内：本指在内宫对女人献媚，实指浞与后羿妻妾通奸。 [19] 虞羿于田：此指引诱后羿沉迷于田猎。虞，同“娱”。 [20]“树之”三句：意谓扶植奸诈邪恶者，由此夺取了后羿的家和国，朝廷内外都顺从归附。慝（tè），邪恶。 [21] 悛（quān）：悔改。 [22] 亨：同“烹”，煮。 [23] 诸：之，他（后羿）。 [24] 穷门：杜预注为国门，即穷国城门。或认为是穷石，在今河南洛阳南。 [25] 靡：夏朝人，曾事奉羿。有鬲（gé）氏：部落名，居今山东德州。 [26] 浞因羿室：指寒浞霸占了后羿的妻妾。室，妻妾。 [27] 浇（ào）及豷（yì）：浞和后羿妻妾通奸

所生两个儿子。［28］用师：用兵。斟灌：部落名，在今山东范县。斟寻：部落名，居今河南偃师。［29］过：部落名，居今山东莱州，近海。［30］戈：部落名，在宋、郑之间。［31］烬：东西被火烧后的剩余。此指遗民。［32］少康：夏后相之子，相传他在有鬲氏的帮助下，攻杀寒浞，恢复了夏朝统治。［33］后杼：少康子。［34］失人故也：失去贤人的缘故。［35］辛甲：本为殷商大臣，后为周太史。大史：即太史。［36］"命百官"二句：意谓百官都来劝诫天子的过失。箴（zhēn），规诫。阙，过失。［37］《虞人之箴》：作品名。虞人，掌管田猎之官。箴，因《虞人之箴》而发展成为一种文体。［38］芒芒：邈远的样子。禹迹：大禹治水的痕迹，指中国国土。［39］画：分。［40］经启九道：指开辟了众多的道路。九，泛指多数。［41］攸处：所处。［42］德用不扰：意指互不干扰。德，指人与兽的本质而言。用，因。［43］冒：贪恋。［44］"忘其国恤"二句：指后羿忘记国家的忧患，想的只是飞禽走兽。国恤，国家的忧患。麀牡，泛指各种禽兽。麀（yōu），雌鹿；牡，雄兽。［45］武：田猎。重：多次，意即过度。［46］用不恢于夏家：意谓因此使国家灭亡。用，因。恢，扩大。［47］兽臣：虞人自称。司：主管。原：原兽，田猎。［48］敢告仆夫：这里不敢直言告诉君王，以仆夫代称。［49］惩：引以为戒。［50］于是：此时。［51］及之：指魏绛委婉地说了这件事。意在告诫晋悼公。

公曰："然则莫如和戎乎[1]？"对曰："和戎有五利焉：戎狄荐居[2]，贵货易土[3]，土可贾焉[4]，一也。边鄙不耸，民狎其野，穑人成功[5]，

近人林纾《左孟庄骚精华录》说："魏绛之言，自始至终，皆极论游猎之害，与和戎毫不相涉，似谏猎为主，和戎为客，何云及也？不知此篇语语皆有本源。魏绛特借题发挥。语语说游猎，却语语注重和戎。"又说："公曰：'然则和戎乎？''然'之一字，是领会魏绛言中之意，知借谏猎以谏伐戎。彼此神会。不然，中间一段，岂非无著？"

二也。戎狄事晋，四邻振动，诸侯威怀[6]，三也。以德绥戎，师徒不勤[7]，甲兵不顿[8]，四也。鉴于后羿，而用德度[9]，远至迩安[10]，五也。君其图之！”

公说[11]，使魏绛盟诸戎，修民事，田以时。

[注释]

[1] 然则：那么就。莫如和戎：没有比跟戎人修好更好的对策吗？ [2] 荐居：逐水草而居。荐，草。 [3] 易土：轻视土地。 [4] 土可贾焉：意谓其土地可以买来。 [5]“边鄙不耸”三句：意谓边境不再恐惧，民众安心于农事，农夫可获收成。耸，恐惧。穑人，农夫。 [6] 威怀：慑服于我们的威严。 [7] 勤：辛劳。 [8] 顿：同“钝”。 [9] 德度：道德法度。 [10] 远至迩安：意谓远方国家来朝，近邻国家安定。 [11] 说：同“悦”。

[点评]

春秋时期，中原诸国对于周围的少数民族常采取轻视的态度，即所谓“攘夷”。晋国对于其北部的戎族无终国也是这样的态度。魏绛虽也认为“戎，禽兽也”，但他从晋国霸业的利益出发，提出“和戎”的主张，这对于巩固霸业、团结少数民族是明智的。魏绛的对答，着重谈到有穷后羿的故事，虽未必就是信史，但可以知道春秋时期已有有穷后羿及其部族的传说，为后人保存了甚为珍贵的史料。魏绛说此故事的目的在于劝谏晋悼公不要沉迷于田猎，不要轻易发动战争，要与戎人结好，这是有积极意义的。其实在春秋时期，中原汉族与北方少数民族关系融洽，甚至多通婚姻的例子也不在少数，特别是晋国，晋文公重耳的母亲狐姬是戎人，晋惠公夷吾母亲是戎人，骊姬也是戎人（参看庄公二十八年传）。魏绛论和戎的五大好处，可以说是历史上民族政策的范例。因此，晋悼公欣然接受劝谏，派魏绛和戎，并且励精图治，使晋国霸业重新进入辉煌时期。

32.驹支不屈于晋

晋国的做法是为了维持其“讨叛逆，诛贰心”的霸主威权。

襄公十四年 十四年春，吴告败于晋[1]。会于向，为吴谋楚故也[2]。范宣子数吴之不德也，以退吴人[3]。

执莒公子务娄，以其通楚使也[4]。

［**注释**］

[1] 吴告败于晋：上一年，吴、楚发生战争。楚国在子庚、养由基的指挥下打败吴军。晋、吴同盟，因此吴国向晋国报告被楚国打败的事。 [2] 向：吴地，在今安徽怀远。为吴谋楚故也：打算伐楚为吴国报仇。 [3] 范宣子：即士匄，此时为晋国执政大臣。数（shǔ）吴之不德也：责备吴国乘楚国丧而伐楚是不道德的。数，责备。 [4]“执莒公子”二句：指晋以通楚之罪扣留莒公子务娄。

将执戎子驹支[1]。范宣子亲数诸朝[2]，曰："来！姜戎氏[3]！昔秦人迫逐乃祖吾离于瓜州[4]，乃祖吾离被苫盖、蒙荆棘以来归我先君[5]。我先君惠公有不腆之田[6]，与女剖分而食之。今诸侯之事我寡君不如昔者，盖言语漏泄，则职女之由[7]。诘朝之事[8]，尔无与焉[9]！与，将执女！"对曰："昔秦人负恃其众，贪于土地，逐我诸戎[10]。惠公蠲其大德[11]，谓我诸戎是四岳之裔胄也[12]，毋是翦弃[13]。赐我南鄙之田，狐狸所居，豺狼所嗥[14]。我诸戎除翦其荆棘，驱其狐狸豺狼，以为先君不侵不叛之臣，至于今不贰[15]。昔文公与秦伐郑，秦人窃与郑盟而舍戍焉[16]，于是乎有殽之师[17]。晋御其上，戎亢其下[18]，秦师不复[19]，我诸戎实然[20]。譬如捕鹿，晋人角之[21]，诸戎掎之[22]，与晋踣之[23]，戎何以不免[24]？自是以来[25]，晋之百役，与我诸戎相继于时[26]，以从执政，犹殽志也[27]。岂敢离逷[28]？今官之师旅无乃实有所阙[29]，以携诸侯[30]，而罪我诸戎！我诸戎饮食衣服不与华同，贽币不通[31]，言语不达，何恶之能为[32]？不与

驹支从三方面回应范室子的罪责：

第一，诸戎对晋国不侵、不叛、不贰，是对晋人的报答。

第二，殽之战以及其后的诸多战役，戎人皆助晋而战，而且立功。

第三，戎人与中原的"三不"，证明戎人不可能为恶。

《青蝇》共三章，各章的后两句分别是：“恺悌君子，无信谗言”；“谗人罔极，交乱四国”；“谗人罔极，構我二人”。孔子说：“不学诗，无以言。”戎人（少数民族）与汉族很早就有交融，驹支能赋《青蝇》之诗，说明戎人熟悉中原文化。文化认同，是民族团结的重要力量。

于会，亦无瞢焉[33]！”赋《青蝇》而退[34]。宣子辞焉[35]，使即事于会，成恺悌也[36]。

于是子叔齐子为季武子介以会[37]，自是晋人轻鲁币而益敬其使[38]。

[注释]

[1] 驹支：戎人部落头目之名。 [2] 朝：朝堂。盟会的地方也设朝位。 [3] 姜戎氏：瓜州之戎有姜姓、允姓二支，这里是姜姓。 [4] 吾离：姜戎祖父名。瓜州：古地名，在今甘肃敦煌。 [5] 被苫（zhān）盖、蒙荆棘：这里是形容其贫困。被，同“披”。苫盖，编茅草为衣。蒙荆棘，头戴用荆棘所编的冠。 [6] 先君：指晋惠公。不腆：不多。 [7]“盖言语漏泄”二句：意谓由于话语泄漏了机密，显然是你们传出去的。职女之由，都是由于你的缘故。职，当，主要。 [8] 诘朝：明天早上。 [9] 尔无与：你不要参加明天的会盟。与，参与。 [10]“昔秦人”三句：指秦穆公称霸西戎。 [11] 蠲（juān）：昭明，显示。 [12] 四岳：尧时诸侯之长，姜姓。裔胄：后代。 [13] 毋是翦弃：不要灭亡他们。翦弃，灭亡。 [14]“赐我”三句：指南鄙之田都是狐狸出没、豺狼乱嚎的荒野之地。嗥（háo），咆哮。 [15] 不贰：不改变做法。 [16]“昔文公”二句：指僖公三十年烛之武退秦师，秦国与郑国结盟，并派杞子等三人戍郑。舍，安置。 [17] 殽之师：殽之战在僖公三十三年。 [18] 戎亢其下：戎人配合晋军抗秦。亢，同“抗”，抵抗。 [19] 不复：战败而回不去。 [20] 诸戎实然：所以如此，是诸戎之功。 [21] 角之：从正面执其角。角，用作动词。 [22] 掎（jǐ）

之：从后面拖其足。 [23] 踣（bó）之：向前扑倒。 [24] 不免：不能免于罪责。 [25] 是：此，指殽之战。 [26]“晋之百役”二句：指晋国有战事，诸戎都共同从事，从未间断。 [27] 从：追随。犹殽志：还是与殽之战时候一样无二心。 [28] 逷（tì）：同“逖”，疏远。 [29] 官之师旅：指晋国群臣大夫。有所阙：有过失。 [30] 以携诸侯：使诸侯离心。携，叛离。 [31] 贽币不通：财礼不相往来。 [32]“言语不达”二句：这是驳范宣子责备戎人使得诸侯离晋、言语漏泄。 [33]“不与于会”二句：不出席会议，也不会感到惭愧。瞢（méng）：惭愧。这是驹支历举戎人帮助晋国打败秦国的事实，说明晋国的责难毫无根据之后的结论。 [34]《青蝇》：《诗经·小雅》中的一篇。 [35] 辞：道歉。 [36] 即事以会：此指让他参加会见，成就了不信谗言的雅量。成恺悌：不信谗言。 [37] 子叔齐子：即鲁国大臣叔老，子叔婴齐之子。介，副手。 [38]“自是”句：此指从此晋国减轻鲁国的财礼而更敬重其使者。轻鲁币，减轻鲁国的财礼。币，指财礼。

［点评］

吴国被楚国所败，向晋国求救。晋国范宣子责备吴国在楚国丧期侵楚不合礼仪，以此为借口拒绝出兵。此时的晋国，霸主的威风已经削弱，但又要维持着霸主的体面，于是找借口逮捕莒国使臣公子务娄，又把目标对准姜戎首领驹支。范宣子加给驹支的罪名是蛮横无理的，驹支据理反驳，从晋惠公接纳姜戎氏说起，指出姜戎历来效忠于晋，与晋国合力败秦，晋之百役，无不参加，顺从晋国，从不变心。今日晋国如果恩将仇报，不让参加盟会亦无所谓。驹支最后的赋诗，含蓄地忠告范宣子“无信谗言”，其反驳，坦坦荡荡，说理严密，辞令委婉而严正，令人信服。

33.崔杼弑齐庄公

襄公二十五年　齐棠公之妻，东郭偃之姊也[1]。东郭偃臣崔武子[2]。棠公死，偃御武子以吊焉[3]。见棠姜而美之，使偃取之[4]。偃曰："男女辨姓[5]，今君出自丁，臣出自桓[6]，不可。"武子筮之，遇《困》䷮之《大过》䷛[7]。史皆曰"吉"[8]。示陈文子[9]，文子曰："夫从风，风陨妻[10]，不可娶也。且其《繇》曰：'困于石，据于蒺藜，入于其宫，不见其妻，凶[11]。'困于石，往不济也[12]。据于蒺藜，所恃伤也[13]。入于其宫，不见其妻，凶，无所归也[14]。"崔子曰："嫠也[15]，何害？先夫当之矣[16]。"遂取之。

崔杼贪图美色而强娶棠姜，颇似桓公二年宋华父督娶孔父之妻。

崔杼娶棠姜表面看似其弑齐庄公的导火线，其实本年春崔杼率师伐鲁时，鲁国的孟公绰便已预言"崔子将有大志"，预知崔杼志不在伐鲁而在齐萧墙之内。

［注释］

[1] 棠公：齐国棠邑大夫。东郭偃：崔杼家臣。 [2] 臣：动词，做家臣。崔武子：即崔杼，齐国执政大臣。 [3] 御：驾车。吊：前往吊唁。 [4] 棠姜：即棠公之妻。取之：为崔杼娶棠姜为妻。 [5] 男女辨姓：辨姓，分别姓氏，指同姓不通婚。 [6] 今君出自丁，臣出自桓：丁，指齐丁公。桓，指齐桓公。同为姜姓，故不能通婚。 [7] 遇《困》䷮之《大过》䷛：《困》卦为《坎》下《兑》上，《大过》卦为《巽》下《兑》上，《困》卦变为《大过》卦，即第三爻由阴爻变为阳爻。 [8] 史皆曰“吉”：太史为了逢迎崔杼，所以都说“吉”。 [9] 陈文子：齐国大夫，又称陈须无。 [10] 夫从风，风陨妻：上面的变卦，是《困》卦的《坎》变为《巽》，《坎》是中男，故曰夫；《巽》为风，故曰从风。风陨妻，谓是风吹掉其妻，故陈文子根据卦象断言不可娶。 [11]“困于石”五句：这是《困》卦为“六三”的爻辞。 [12]“困于石”二句：人走路竟被石头绊倒，前进也没有用。 [13]“据于蒺藜”二句：绊倒而两手抓在蒺藜上，是受到所依靠者的伤害。 [14]“入于其宫”四句：意谓回到家中，将看不到妻子，家破人亡，无可归宿。 [15] 嫠（lí）：寡妇。 [16] 先夫当之矣：意思是棠公已受棠姜之凶而死。先夫，指棠公。

齐庄公通棠姜，又侮辱崔杼，给了崔杼杀他的机会。呼应前云“崔子将有大志”。事件纷纭复杂，但作者叙述有条不紊。

庄公通焉[1]，骤如崔氏[2]。以崔子之冠赐人，侍者曰：“不可。”公曰：“不为崔子，其无冠乎[3]？”崔子因是[4]，又以其间伐晋也[5]，曰：“晋必将报。”欲弑公以说于晋，而不获间[6]。公鞭侍人贾举，而又近之[7]，乃为崔子间公[8]。

［注释］

[1] 庄公通焉：齐庄公与棠姜淫乱。古代凡淫都可叫“通”。 [2] 骤：屡次。 [3]“不为崔子”二句：意思是不用崔杼之冠，岂无他冠可用。这是庄公目无崔杼，有意侮辱他。不为，不是。其，同“岂”。 [4] 因是：崔杼因此怨恨齐庄公。 [5] 间伐晋：乘晋国有难而攻打他。 [6]“欲弑公”二句：意谓崔杼想要杀死庄公以取悦晋国，只是没找到机会。间，机会。 [7] 近：亲宠。 [8] 间公：寻找机会杀庄公。

夏五月，莒为且于之役故[1]，莒子朝于齐。甲戌[2]，飨诸北郭，崔子称疾，不视事[3]。乙亥[4]，公问崔子[5]，遂从姜氏。姜入于室，与崔子自侧户出[6]。公拊楹而歌[7]。侍人贾举止众从者而入，闭门[8]。甲兴[9]，公登台而请[10]，弗许；请盟，弗许；请自刃于庙[11]，弗许。皆曰：“君之臣杼疾病，不能听命[12]。近于公宫，陪臣干掫有淫者[13]，不知二命[14]。”公逾墙，又射之，中股，反队[15]，遂弑之。贾举、州绰、邴师、公孙敖、封具、铎父、襄伊、偻堙皆死[16]。祝佗父祭于高唐[17]，至，复命，不说弁而死于崔氏[18]。申蒯，侍渔者[19]，退，谓其宰曰：“尔以帑免，我将死。”[20]其宰曰：“免，是反子之义

“皆曰”一句颇具讽刺效果。前称其“君”，后即称其为“淫者”。一国之君，进入臣子家里，只是一个奸夫，真可谓“君不君，臣不臣”也。此段写齐庄公死前的狼狈状，细腻生动。

崔杼杀了齐庄公，又杀了庄公手下一大批人，可见崔杼势力之大，已无所顾忌。

也[21]。”与之皆死[22]。崔氏杀鬷蔑于平阴[23]。

[注释]

[1] 且于之役：去年，齐国攻打晋国，回国途中袭击莒国，攻城时齐庄公受伤。且于，莒国地名，在今山东莒县境内。 [2] 甲戌：十六日。 [3] 不视事：崔杼称病不上朝，意在诱使庄公来崔家。 [4] 乙亥：十七日。 [5] 问：问候。 [6] “姜入于室”二句：指姜氏进入内室，又和崔杼一起从侧门避出去。 [7] 拊楹而歌：庄公以此暗示棠姜。拊，拍打。楹，柱子。 [8] 闭门：将庄公的随从关在门外。 [9] 甲兴：崔杼预先埋伏的甲士一拥而上。 [10] 请：请求免死。 [11] 自刃于庙：在太庙自杀。 [12]“君之臣”二句：意谓下人称崔杼病重而不能听取庄公的命令。崔杼并不露面。 [13] 近于公宫：指崔宅靠近国君宫室。陪臣干掫(zōu)有淫者：由于地近公宫，所以要抓捕奸盗和淫乱者。陪臣，家臣自称。干掫，巡夜捕击不法的人。 [14] 不知二命：只知奉崔杼之命捕杀淫者，不知其他。 [15] 中股，反队：庄公腿中箭，仍跌到墙里。队，通“坠”。 [16] “贾举”句：贾举等八人都是庄公的宠臣。此贾举非侍人贾举。 [17] 高唐：古地名。在今山东高唐，这里有齐国的别庙。 [18] 不说弁：祭服还没脱。说，同“脱”。弁，祭服上的帽子。死于崔氏：死在崔杼家里。 [19] 侍渔者：主管渔业之官。 [20] “谓其宰曰”句：对家臣说，你带着我的妻儿逃命去，我准备一死。宰，家臣。帑，指申蒯的妻子。 [21]“免”二句：我如果逃走，是违背了死君之义。 [22] 与之皆死：指与申蒯一起自杀。皆，同“偕”。 [23] 鬷(zōng)蔑：平阴大夫。齐庄公之母叫鬷声蔑，鬷蔑为其母党。以上包括鬷蔑这些被杀者都是庄公的宠臣。

晏子立于崔氏之门外[1]，其人曰[2]：“死乎[3]？”曰：“独吾君也乎哉，吾死也[4]？”曰：“行乎？”曰：“吾罪也乎哉，吾亡也[5]？”曰：“归乎[6]？”曰：“君死，安归？君民者，岂以陵民[7]？社稷是主[8]。臣君者，岂为其口实，社稷是养[9]。故君为社稷死，则死之；为社稷亡，则亡之。若为己死，而为己亡，非其私昵，谁敢任之[10]？且人有君而弑之，吾焉得死之？而焉得亡之[11]？将庸何归[12]？”门启而入，枕尸股而哭[13]。兴，三踊而出[14]。人谓崔子：“必杀之[15]！”崔子曰：“民之望也[16]！舍之[17]，得民。”卢蒲癸奔晋，王何奔莒[18]。

晏子所言，核心是将社稷与国君分别看待。晏子的“不死”“不亡”“不归”都是为了社稷！晏子对齐庄公之死的态度，与后来孟子的“闻诛一夫纣”的观点是一致的。

[注释]

[1] 晏子：即晏婴。 [2] 其人：指晏婴的随从。 [3] 死乎：是否为国君而死。 [4]“独吾君”二句：难道是我一人的国君，为什么要为其死。 [5]“吾罪”二句：我有什么罪要逃亡呢。 [6] 归：回去。 [7]“君死”四句：意谓国君死了，回到哪里去？作为百姓的君王，难道可用来凌驾在民众之上吗？ [8] 社稷是主：应好好主持国政。 [9]“臣君者”三句：意谓当臣子的，岂能只为俸禄，应奉养国家。臣君者，为臣的。口实，俸禄。 [10]“若为己死”四句：国君不是为国家而是为个人的私欲而死，不必为其死或逃亡。私昵，私下亲昵宠爱的人。谁敢

任之，谁能承担此祸。 [11]“且人”三句：意谓得到国君信任而把他杀死，我哪能为他而死？哪能为他而逃亡？人，指崔杼。有君，得到国君的信任。 [12]庸：即何。 [13]枕尸股而哭：头枕在尸体的大腿上号哭。 [14]兴：起身。三踊而出：三次跳跃，表示哀痛。此为当时哭君之礼。 [15]杀之：杀晏婴。 [16]民之望也：指晏婴是民心所仰望的人。 [17]舍之：不杀晏婴。 [18]卢蒲癸、王何：二人皆庄公党羽。

崔杼立新君而专国柄，此即其“大志”。晏婴先歃血定盟，为的是社稷。

叔孙宣伯之在齐也[1]，叔孙还纳其女于灵公[2]，嬖，生景公[3]。丁丑，崔杼立而相之[4]，庆封为左相[5]，盟国人于大宫[6]，曰：“所不与崔、庆者……[7]”晏子仰天叹曰：“婴所不唯忠于君、利社稷者是与，有如上帝[8]。”乃歃[9]。辛巳[10]，公与大夫及莒子盟[11]。

［注释］

[1]叔孙宣伯：即鲁国大夫叔孙侨如，成公十六年出奔齐国。 [2]“叔孙”句：指将叔孙侨如女儿送给齐灵公。叔孙还，齐国公子。 [3]嬖：受宠。景公：名杵臼，庄公同父异母弟。 [4]丁丑：十九日。崔杼立而相之：拥立景公，自己为相。 [5]庆封：齐大夫，又称庆季、子家等，任左相。 [6]大宫：齐太公庙。 [7]“所不与”句：崔、庆二人宣读盟辞，要使与盟的人都和自己结党，但没读完，晏婴插话改变了它。 [8]“婴所不唯”二句：言外之意指崔、庆二人不忠于君，不利于社稷，

不可与盟。 [9] 乃歃：晏婴先歃血定盟。 [10] 辛巳：二十三日。 [11] 公与大夫及莒子盟：莒犂比公朝齐，因崔氏之乱而未能结盟，现在和齐景公结盟。

大史书曰："崔杼弑其君。"崔子杀之。其弟嗣书，而死者二人[1]。其弟又书，乃舍之[2]。南史氏闻大史尽死，执简以往[3]。闻既书矣[4]，乃还。

崔杼弑君不对，庄公也不是什么贤君、明君，所以《春秋》经文记"齐崔杼弑其君光"，的确是微言大义，含义隐幽。

唐人刘知幾《史通·直书》篇说："盖烈士殉名，壮夫重气。宁为兰摧玉折，不为瓦砾长存。若南、董之仗气直书，不避强御，韦、崔之肆情奋笔，无所阿容，虽周身之防有所不足，而遗芳余烈，人到于今称之！"

［注释］

[1] 死者二人：太史弟弟仍然秉笔直书，接连二人被杀。 [2] 乃舍之：崔杼不敢再杀。 [3] 南史氏：也是史官。执简以往：带着竹简准备前往。简，竹简。 [4] 既书：已经记载了。

［点评］

本篇实际上写了三件事：崔杼弑其君、晏子不死君难、南史氏秉笔直书。三件事相互关联，有因果关系。但是，作为事件的核心，是晏子不死君难。《古文观止》编者把这一纷繁复杂的事件剪裁安顿，命题为《晏子不死君难》，是很有眼光的。春秋后期，齐国的崔杼是奸佞之臣的代表。他迎立齐庄公，直接掌握了齐国的政权，齐庄公不过是个傀儡。齐庄公和棠姜淫乱，给崔杼弑君提供了可能性。所以他设计杀了齐庄公。齐国的晏子，是春秋贤臣的代表。在崔杼弑君这一事件中，晏子的态度是将忠于社稷置于“忠君”之上，把国君与社稷分别对待，“社稷为重，君为轻”，这是非常了不起的进步思想！而且，在崔杼的凶焰面前，晏子表现出临危不惧、刚正不阿的品质。对于晏子的塑造，清人冯李骅《左绣》说：“此篇只出色写一晏子，语语有经有权，不随不激。前后纷纷死亡，全不知有社稷二字。”明末清初金圣叹《才子古文》也说：“注眼看定‘社稷’二字，便于君臣生死之际，处之夷然自如。此本严毅之论，而出之以犹夷之调，最是脱俗文字。”后来，在《左传》记载的晏子形象的基础上，演义出《晏子春秋》的许多故事。本篇所记的齐太史氏兄弟和南史氏不畏强暴、忠于职守的事迹，也非常感人，激励着后代的史官和志士仁人。

34.弭兵之会

襄公二十七年　宋向戌善于赵文子，又善于令尹子木[1]，欲弭诸侯之兵以为名[2]。如晋，告赵孟。赵孟谋于诸大夫，韩宣子曰[3]：“兵，民之残也，财用之蠹[4]，小国之大灾也。将或弭之，虽曰不可[5]，必将许之。弗许，楚将许之，以召诸侯，则我失为盟主矣[6]。”晋人许之。如楚[7]，楚亦许之。如齐，齐人难之[8]。陈文子曰[9]：“晋、楚许之，我焉得已？且人曰‘弭兵’，而我弗许，则固携吾民矣[10]，将焉用之？”齐人许之。告于秦，秦亦许之。皆告于小国，为会于宋[11]。

向戌深谙交聘行人礼仪和为政之道，自鲁襄公八年起代表宋国多次出使列国。但是向戌也有阴险狡诈的一面，其“欲弭诸侯之兵以为名”，说明他是带着个人的私心而来，因此弭兵是不会长久的。

[注释]

[1] 宋向戌：宋国大夫。赵文子：赵武，又称赵孟。令尹子木：楚国令尹屈建，字子木。 [2] 欲弭诸侯之兵以为名：希望通过斡旋诸侯之间停止战争，为自己取得名誉。弭……兵，停止战争。以为名，博取名声。 [3] 韩宣子：又称韩起，晋韩厥之子。 [4] 财用之蠹：战争要消耗国家财力。蠹，蛀虫。 [5] 虽曰不可：虽知不能成功。 [6] "弗许"四句：意谓楚国以弭兵团结诸侯，若不同意，晋国将失去盟主地位。 [7] 如楚：向戌到楚国。 [8] 难之：不答应弭兵。 [9] 陈文子：齐国大夫陈须无。 [10] "而我弗许"二句：意谓如果不许，就会使我国民众生出二心。携，携贰，叛离，离心。 [11] 为会于宋：准备在宋国召开弭兵大会。

杨伯峻《春秋左传注》认为，孔子生于襄公二十一年(《史记·孔子世家》说二十二年)，至此不过七岁耳。当是以后读此时史料，见宾主文辞甚多，才有此看法。

五月甲辰[1]，晋赵武至于宋。丙午[2]，郑良霄至。六月丁未朔[3]，宋人享赵文子，叔向为介[4]。司马置折俎[5]，礼也。仲尼使举是礼也，以为多文辞[6]。戊申[7]，叔孙豹、齐庆封、陈须无、卫石恶至。甲寅[8]，晋荀盈从赵武至[9]。丙辰[10]，邾悼公至。壬戌[11]，楚公子黑肱先至，成言于晋[12]。丁卯[13]，宋向戌如陈，从子木成言于楚[14]。戊辰[15]，滕成公至。子木谓向戌："请晋、楚之从交相见也[16]。"庚午[17]，向戌复于赵孟。赵孟曰："晋、楚、齐、秦，匹也[18]，晋之不能于齐，犹楚之不能于秦也[19]。楚君若能使秦君辱于敝邑，寡君敢不固请于齐[20]？”壬申[21]，左师复言于子木[22]，子木使驲谒诸王[23]。王曰：“释齐、秦，他国请相见也[24]。”秋七月戊寅[25]，左师至[26]。是夜也，赵孟及子皙盟，以齐言[27]。庚辰[28]，子木至自陈。陈孔奂、蔡公孙归生至[29]。曹、许之大夫皆至。以藩为军[30]。

[注释]

[1] 甲辰：二十七日。 [2] 丙午：二十九日。 [3] 丁未朔：初一。 [4] 为介：做副手，陪客。 [5] 折俎：把熟牲切成小块盛于砧板上。俎，砧板。 [6]“仲尼”二句：向戌很得意于自己的弭兵之举，宴享赵武时辞藻甚美，后来孔子见到这次礼仪的记载，认为辞藻修饰太多。举，记录。 [7] 戊申：初二。 [8] 甲寅：初八。 [9] 晋荀盈从赵武至：晋国以赵武为主。 [10] 丙辰：初十。 [11] 壬戌：十六日。 [12] 成言：征询和约条件。 [13] 丁卯：二十一日。 [14]“宋向戌”二句：当时楚国令尹屈建在陈国，所以向戌到陈国。 [15] 戊辰：二十二日。 [16] 请晋、楚之从交相见也：请晋、楚两国的附属国属晋的朝楚，属楚的朝晋。 [17] 庚午：二十四日。 [18] 匹也：地位对等。 [19]“晋之不能于齐”二句：意谓晋不能指挥齐，楚也不能指挥秦。 [20]“楚君”二句：楚能让秦朝于晋，则晋必能让齐朝于楚。赵武有意以此为难楚国。 [21] 壬申：二十六日。 [22] 左师：即向戌。 [23]“子木”句：子木派人坐传车请示楚康王。驲（rì），传车。谒诸王，报告楚王。 [24]“释齐”二句：指除去齐、秦二国，其他国家要互相朝见。杜预注：“《经》

所以不书齐、秦。” [25] 戊寅：初二。 [26] 左师至：向戌从陈国回来。 [27] 子晳：楚国公子黑肱。以齐言：商定同意盟辞，到时不能再反悔争讼。 [28] 庚辰：初四。 [29] “陈孔奂”句：指陈、蔡二国大夫和屈建一起到达宋国。 [30] 以藩为军：虽是盟会，诸侯仍各带有军队，只是不互相表示敌意。藩，藩篱，不筑营垒，仅以篱笆为营墙。

楚国人心怀不轨，暗中穿上铠甲做好战斗准备。楚国令尹屈建（字子木）一开始就不准备守信，甚至做好了动用武力的准备。

叔向之言，强调的是一个“信”字。楚人无信，将自食其果。

晋、楚各处其偏[1]。伯夙谓赵孟曰[2]：“楚氛甚恶，惧难[3]。”赵孟曰：“吾左还[4]，入于宋，若我何[5]？”辛巳[6]，将盟于宋西门之外，楚人衷甲[7]。伯州犁曰：“合诸侯之师，以为不信，无乃不可乎？夫诸侯望信于楚，是以来服。若不信，是弃其所以服诸侯也[8]。”固请释甲[9]。子木曰：“晋、楚无信久矣，事利而已[10]。苟得志焉[11]，焉用有信？”大宰退[12]，告人曰：“令尹将死矣，不及三年。求逞志而弃信，志将逞乎[13]？志以发言[14]，言以出信[15]，信以立志[16]，参以定之[17]。信亡[18]，何以及三[19]？”赵孟患楚衷甲，以告叔向。叔向曰：“何害也？匹夫一为不信[20]，犹不可，单毙其死[21]。若合诸侯之卿，以为不信，必不捷矣[22]。食言者不病[23]，非子之患也[24]。夫以信召人，而以僭济之[25]，必莫之与也[26]，安能害我？且吾因宋以守病[27]，则夫能致死[28]。与宋致死[29]，虽倍楚可也[30]。子何惧焉？又不及是[31]。曰弭兵以召诸侯，而称兵以害我[32]，吾庸多矣[33]，非所患也。”

［注释］

[1] 晋、楚各处其偏：晋在北，楚在南，各在两头。 [2] 伯夙：即荀盈。 [3] 氛甚恶：气氛不对。惧难（nàn）：担心楚国发难攻晋。难，祸难。 [4] 左还：向左而行。还，同“旋”。 [5] 入于宋：赵孟认为，有事就跑进宋国都城，不怕楚人发难。若我何：能把我怎么样。 [6] 辛巳：初五。 [7] 衷甲：在外衣里穿上铠甲。 [8]“若不信”二句：意谓如果不守信，就是丢弃让诸侯顺服的东西了。 [9] 固请释甲：伯州犁主张以信用服诸侯。释甲，脱去铠甲。 [10] 事利而已：事情有利于我则可。 [11] 得志：获得成功。 [12] 大宰：即伯州犁。 [13]“求逞志”二句：意谓弃信必不能得志。 [14] 志以发言：有心志于是发之于语言。志，指心志、思想。 [15] 言以出信：有语言则必须有相应的行动，才产生信用。 [16] 信以立志：言行相符，其志才得以树立。 [17] 参以定之：志、言、信三者俱备才能安定。参，同“三”。 [18] 信亡：失掉诚信。楚与向戌本来有约言，现在要动武，是无信。 [19] 何以及三：不必等到三年。此为明年子木死伏笔。 [20] 匹夫：普通人。一为不信：做出一件不守信用的事。 [21] 单毙其死：无信的人必定没有善终。单，同“殚”，尽。毙，踣，仆倒。 [22] 捷：成功。 [23] 不病：不能害人。 [24] 非

子之患也：意指楚人无信，不足惧。 [25] 僭：诈伪。济：利用。 [26] 必莫之与也：以信召人，而以诈伪手段达到目的，必定得不到支持者。 [27] 且无因宋以守病：意谓我们依凭宋国来防御他们制造的威胁。 [28] 则夫能致死：这样晋军人人能拼死命。 [29] 与宋致死：和宋国一起拼死抗敌。 [30] 倍楚可也：楚军再增一倍也不怕。 [31] 又不及是：此句是叔向估计楚国不敢贸然进攻。 [32] 称兵：举兵。 [33] 庸多：得到好处很多。庸，用。

季武子使谓叔孙以公命[1]，曰："视邾、滕[2]。"既而齐人请邾，宋人请滕[3]，皆不与盟[4]。叔孙曰："邾、滕，人之私也[5]；我，列国也，何故视之[6]？宋、卫，吾匹也。"乃盟[7]。故不书其族，言违命也[8]。

晋、楚争先[9]。晋人曰："晋固为诸侯盟主，未有先晋者也[10]。"楚人曰："子言晋、楚匹也，若晋常先，是楚弱也。且晋、楚狎主诸侯之盟也久矣[11]，岂专在晋？"叔向谓赵孟曰："诸侯归晋之德只，非归其尸盟也[12]。子务德，无争先。且诸侯盟，小国固必有尸盟者[13]，楚为晋细，不亦可乎[14]？"乃先楚人。书先晋[15]，晋有信也。

此时晋国悼公已死，晋平公在位；楚国是楚康王在位。"晋、楚争先"，其实质还是为当霸主而争。叔向之言，指出应以德、信为先，不在于名分。《国语·晋语八》"叔向论忠信而本固"亦记载此事，可参看。

[**注释**]

[1]“季武子”句：意谓派人以襄公的名义告诉叔孙豹。 [2] 视邾、滕：由于“交相见”，中小国家要负担双重贡赋，因此季武子以襄公之命告诉叔孙豹，要求将鲁国等同于邾、滕小国，以求减轻贡赋。 [3]“既而”二句：指齐、宋请求以邾、滕作为自己的属国，不再向晋、楚朝贡。 [4] 皆不与盟：邾、滕因此失去独立国地位，不参与盟会。 [5] 私：私属。 [6] 视之：等同看待。 [7] 乃盟：鲁国和宋、卫相等，于是参加盟会。 [8]“故不书其族”二句：这是解释经文，指叔孙豹违背命令，因此经文不称叔孙豹，只写“豹及诸侯之大夫”。 [9] 争先：争先歃血，实际是争当盟主。 [10] 未有先晋者也：意谓从来没有先于晋国歃血的国家。 [11] 狎主诸侯之盟：更替着主持诸侯会盟。狎，更替。 [12]“诸侯归晋”二句：意思是诸侯归服的是晋国的德行，不是归服他是否主持盟会。只，语尾助词，无意义。尸盟，主盟。 [13] 小国固必有尸盟者：小国主持会盟的琐细具体事务。固必，当然。 [14]“楚为晋细”二句：叔向用这话宽慰赵孟，实际上准备做出让步。细，指歃血为盟琐细的具体事务。 [15] 书先晋：经文将晋国放在前面。此系解释经文。

晋、楚双方都“不能对”，实际上是相争激烈。

壬午[1]，宋公兼享晋、楚之大夫，赵孟为客[2]，子木与之言，弗能对。使叔向侍言焉[3]，子木亦不能对。

乙酉[4]，宋公及诸侯之大夫盟于蒙门之外[5]。子木问于赵孟曰：“范武子之德何如[6]？”对曰：“夫子之家事治[7]，言于晋国无隐情[8]。其祝史楚人认为晋国有叔向、士会等一批贤臣，不可与之争锋。

陈信于鬼神无愧辞[9]。”子木归，以语王[10]。王曰：“尚矣哉[11]！能歆神、人[12]，宜其光辅五君以为盟主也[13]。”子木又语王曰：“宜晋之伯也[14]，有叔向以佐其卿，楚无以当之[15]，不可与争。”晋荀盈遂如楚莅盟[16]。

弭兵之盟，前后花了二个月时间，终于在晋、楚等国中达成协议。

[注释]

[1] 壬午：初六。 [2] 客：上宾。 [3] 使叔向侍言焉：叔向在旁边帮着答对。 [4] 乙酉：初九。 [5] 蒙门：宋国都城东北门。 [6] 范武子之德何如：范武子：士会。士会以贤闻名诸侯，所以屈建问赵孟。 [7] 家事治：家事井井有条。 [8]“言于”句：意谓对晋国来说没有需要隐瞒的事情。 [9] 无愧辞：没有言不由衷的话。 [10] 王：指楚康王。 [11] 尚：高尚。 [12] 能歆神、人：使神享其祭，人怀其德。歆，享。 [13] 光辅：即辅佐。五君：指晋文公、襄公、灵公、成公和景公五位国君。 [14] 宜晋之伯也：晋国该为盟主。 [15] 楚无以当之：晋国多贤臣，楚国自愧不如。 [16] 如楚莅盟：晋、楚重新结好。

[点评]

所谓弭兵大会，是指诸侯各国召开停止战争的大会。春秋时期，晋、楚两国经过多年的争霸战争，双方都感到疲倦，都有停战休息的意愿。襄公二十五年，晋国的赵武，曾提出“弭兵”的主张。二十六年，子产也曾预言晋、楚和诸侯将会息兵停战。此时晋、齐等国因内部斗争消耗了国力，无法大规模对外用兵，楚国受吴国牵制，也无力和晋国争雄，因此具备弭兵的条件。宋国的向戌乘机奔走晋、楚之间，终于召开弭兵大会。但是，在弭兵大会上，各国还是各有打算，各为自己的利益着想。楚国甚至准备武装发难。晋、楚两国为谁歃血主盟吵得不亦乐乎。几经曲折，诸侯国还是达成了弭兵协议。但是，这样的协定必然是脆弱的。弭兵大会，只是使晋、楚之间暂时停止了战争，弭兵是不会长久的。此篇对于各国的态度，参加大会的各国大夫的心态，特别是晋、楚两国尔虞我诈、争强不息的明争暗斗的描写，都非常生动。

35.吴公子季札观乐

此为昭公四年叔孙穆子为其子竖牛所害之伏笔。

襄公二十九年 吴公子札来聘，见叔孙穆子，说之[1]。谓穆子曰："子其不得死乎[2]！好善而不能择人[3]。吾闻君子务在择人。吾子为鲁宗卿[4]，而任其大政，不慎举[5]，何以堪之？祸必及子[6]！"

古代诗、乐、舞三位一体，观乐包含诗歌欣赏、聆听音乐、观赏舞蹈。

请观于周乐[7]。使工为之歌《周南》《召南》[8]，曰："美哉！始基之矣，犹未也，然勤而不怨矣[9]。"为之歌《邶》《鄘》《卫》[10]，曰："美哉，渊乎！忧而不困者也[11]。吾闻卫康叔、武公之德如是，是其《卫风》乎[12]！"为之歌《王》[13]，曰："美哉！思而不惧，其周之东乎[14]？”为之歌《郑》[15]，曰：“美哉！其细已甚，民弗堪也[16]。是其先亡乎[17]！”为之歌《齐》[18]，曰：“美哉，泱泱乎！大风也哉[19]！表东海者，其大公乎[20]！国未可量也。”为之歌《豳》[21]，曰：“美哉，荡乎[22]！乐而不淫，其周公之东乎[23]！”为之歌《秦》[24]，曰：“此之谓夏声[25]。夫能夏则大[26]，大之至也，其周之旧乎[27]！”为之歌《魏》[28]，曰：“美哉，沨沨乎[29]！大而婉[30]，险而易行[31]，以德辅此，则明主也[32]。”为之歌《唐》[33]，曰：“思深哉[34]！其有陶唐氏之遗民乎！不然，何其忧之远也[35]？非令德之后[36]，谁能若是？”为之歌《陈》[37]，曰：“国无主，其能久乎[38]！”自《郐》以下无讥焉[39]。

十五国风中，季札品评十三国风，《桧风》《曹风》未加品评。季札观乐的品评是评点式的，这种方式为时人和后人所常用，如上海博物馆馆藏的战国楚竹书中的《孔子诗论》，其评《诗》，也多用这种方式。

[注释]

[1] 吴公子札：即季札，吴王寿梦的小儿子，春秋时期的贤人。聘：访问。叔孙穆子：鲁国叔孙豹。说：同“悦”。 [2] 不得死：不得善终。 [3] 而不能择人：不能了解人的善恶而用之。 [4] 宗卿：与国君同宗的世卿。 [5] 不慎举：举拔人不慎重。 [6] 祸必及子：昭公四年，叔孙穆子为其子竖牛所害。 [7] 请观于周乐：鲁为周公之后，所以有天子之乐，季札请求聆听观看周朝的音乐和舞蹈。 [8] 工：乐工。歌：弦歌，用各国的乐曲伴奏。《周

南》《召南》:《诗经·国风》的前二篇。周、召是周公、召公的封地,在现今在长江、汉水一带。 [9] 始基之:开始为周王奠定教化的基础。"二南"产生的时代较早,所以季札认为从"二南"中可以听出周的教化已经奠基了。勤而不怨:指民虽劳而不怨。 [10]《邶》(bèi)《鄘》(yōng)《卫》:指《诗经·国风》中的《邶风》《鄘风》和《卫风》。邶,周代诸侯国名,在今河南淇县东北到河北南部一带。鄘,也是周代诸侯国名,今河南新乡的鄘城即古鄘国。卫,同样是周代诸侯国名,在今河南淇县。按,这三地本是三国,武王灭纣,分其地为三监,三监叛周,周平王平定后并入卫国。所以季札后面的评论单指卫。 [11] 渊乎:声音深远。忧而不困者也:指民虽有忧思,但还没到困穷的地步。 [12]"吾闻"二句:季札由音乐的优美深远联想到康叔、武公二君的贤能。康叔,周公弟弟;武公,康叔九世孙,二人都是卫国的贤君。 [13]《王》:指《诗经》中的《王风》,是东周洛邑王城的乐曲。 [14]"思而不惧"二句:《王风》是忧伤宗周陨灭的诗歌。季札认为它虽有忧思,但无恐惧之意,或许是周室东迁以后的诗。 [15]《郑》:指《诗经·郑风》。 [16]"其细已甚"二句:由此可知郑国风化日衰,政情可见,因此百姓不能忍受。细,指民歌反映男女恋情过于琐碎。已,太。弗堪,受不了。 [17] 是其先亡乎:由此预言郑国将先灭亡。 [18]《齐》:指《诗经·齐风》。 [19]"泱泱"二句:齐是大国,季札论其音乐有大国之风。泱泱(yāng),宏大的声音。大风,绰绰宏大的大国之风。 [20]"表东海"二句:齐为姜姓国,姜太公是其远祖。季札认为这种声音象征着齐国可以做东海一带诸侯的表率。大公,指姜太公。 [21]《豳》(bīn):指《诗经·豳风》。今本《诗经》中《豳风》是十五国风中最后一国。豳为周的旧国,在今陕西彬县、旬邑一带。 [22] 荡乎:博大的样子。 [23]"乐而不淫”二句：指周公遭管、蔡之变，东征三年，为成王陈述后稷、先公不敢荒淫，以成王业。季札认为，此音乐欢乐而有节制，不是荒淫无度之音，或许为周公东征后的诗。淫，过度，没有节制。 [24]《秦》：指《诗经·秦风》。 [25] 夏声：西方之声，也就是指西周王畿的声调。古指西方为夏，秦地在今陕、甘一带，本是西周旧都。 [26] 夫能夏则大：这里指《秦风》既为京声，自然声音宏大。夏，即大。 [27] 周之旧乎：周朝的旧乐。秦国处在西周旧地域。 [28]《魏》：指《诗经·魏风》。魏指古魏国，在今山西芮城，闵公元年为晋献公所灭。 [29] 沨（fēng）：音节轻飘浮泛。 [30] 大而婉：声音虽大而委婉曲折。 [31] 险：狭隘、迫促，指乐歌的节拍急促。易行：指乐调易于使转，并不艰涩难歌。 [32]“以德辅此”二句：季札观乐时，魏国早已被晋国所灭，所以此乐乃是晋乐的风格。此句仍然以音乐为政治教化的象征，指音乐如此，正如政治方面德教不足；如果有人用德教来辅助，一定是一位贤君。 [33]《唐》：指《诗经·唐风》。唐为唐叔虞始封之地，在今山西太原。 [34] 思：忧思。 [35]“其有”三句：尧本封陶，后迁徙于唐，古唐为尧旧都。季札认为，其乐反映了唐尧时代的旧风俗。 [36] 令德：美德。之后：指尧的后裔。 [37]《陈》：指《诗经·陈风》。陈国之地在今河南开封以东、安徽亳县以北。 [38] 国无主，其能久乎：陈乐淫靡放荡，说明国无贤君，将不能长久。哀公十七年，楚国灭陈，距此仅六十五年。 [39] 自《郐》（kuài）以下无讥焉：因为国家微小，季札不再加以分析评论。《郐》，指《诗经·郐风》，下面还有《曹风》。郐，古国，在今河南密县。讥，评论。

为之歌《小雅》[1]，曰：“美哉！思而不贰[2]，怨而不言[3]，其周德之衰乎？犹有先王之遗民焉[4]。”为之歌《大雅》[5]，曰：“广哉，熙熙乎[6]！曲而有直体[7]，其文王之德乎！”为之歌《颂》[8]，曰：“至矣哉[9]！直而不倨[10]，曲而不屈[11]，迩而不偪[12]，远而不携[13]，迁而不淫[14]，复而不厌[15]，哀而不愁，乐而不荒[16]，用而不匮[17]，广而不宣[18]，施而不费[19]，取而不贪[20]，处而不底[21]，行而不流[22]。五声和[23]，八风平[24]。节有度[25]，守有序[26]，盛德之所同也[27]。”

季札评《颂》是“至矣”，即美到顶点，又有“盛德”，因此是无以复加了。

［注释］

[1]《小雅》:《诗经·小雅》。《小雅》多是周室衰微到平王东迁后的作品。 [2]思而不贰：思文、武之德，无背叛之心。 [3]怨而不言：虽有怨恨而不敢尽情倾吐。 [4]先王：指周代文、武、成、康诸王。 [5]《大雅》：指《诗经·大雅》，大部分是周初的作品。 [6]熙熙：和美，融洽。 [7]曲而有直体：乐曲音节表面曲折柔缓而内容刚劲有力。 [8]《颂》：指《诗经》中的《周颂》《鲁颂》和《商颂》三部分，是祭祀的乐歌。 [9]至矣哉：尽善尽美。 [10]直：正直无私。倨：倨傲不逊。 [11]曲而不屈：婉顺而不屈挠。 [12]迩而不偪：亲近而不避促。 [13]远而不携：疏远又不离异。 [14]迁而不淫：虽有变异而不淫乱。 [15]复而不厌：多反复重叠而不使人厌倦。 [16]“哀而不愁”二句：哀伤而不忧愁，欢乐而不过分。荒，过度。 [17]用而不匮：乐调表现出道德宏大，可用之无穷。匮，穷困。 [18]广而不

宣：宽广而又不夸张炫耀。 [19] 施而不费：如施惠于人而不损耗。 [20] 取而不贪：如有征收而不贪婪。 [21] 处而不底：声音好似静止了，实则并未停滞。处，不动。底，停滞。 [22] 行而不流：此句意思正与上句相对。流，放荡。按，从“直而不倨”以下都是形容《颂》的乐调之美。 [23] 五声：指宫、商、角、徵（zhǐ）、羽。和：和谐。 [24] 八风平：这里指乐曲协调。 [25] 节有度：八音和谐。八音指金、石、丝、竹、匏、土、革、木八类乐器。 [26] 守有序：乐器交相鸣奏，有一定次序，不互相干扰。 [27] 盛德之所同也：这里仍以音乐作为政治的象征，意思是文、武、周公同有如此的盛德。

见舞《象箾》《南籥》者[1]，曰：“美哉！犹有憾[2]。”见舞《大武》者[3]，曰：“美哉！周之盛也，其若此乎[4]！”见舞《韶濩》者[5]，曰：“圣人之弘也，而犹有惭德，圣人之难也[6]。”见舞《大夏》者[7]，曰：“美哉！勤而不德[8]，非禹，其谁能修之？”见舞《韶箾》者[9]，曰：“德至矣哉，大矣！如天之无不帱也[10]，如地之无不载也。虽甚盛德，其蔑以加于此矣。观止矣[11]！若有他乐，吾不敢请已[12]。”

季札特别推崇乐舞《韶箾》，谓为“观止”，即至善至美了。清人所编《古文观止》之“观止”一词即典出于此。

［注释］

[1]《象箾（xiāo）》《南籥（yào）》：两种舞蹈名。象，武舞。

箾，舞者所持的竿子。“象箾”是执竿而舞。南，文舞。籥，似笛的乐器。“南籥”是持籥而舞。二者都是歌颂文王的乐舞。 [2] 憾：有遗憾，感到美中不足。 [3]《大武》：歌颂武王的乐舞。 [4]“周之盛也”二句：文王未致太平，所以季札见《象箾》《南籥》而说“犹有憾”。武王时周室开始兴盛，因此见《大武》而称颂“周之盛”。 [5]《韶濩（hù）》：商汤的乐舞。 [6]“圣人之弘”三句：季札认为，汤虽伟大，但汤伐桀，未免有失君臣之义。弘，伟大。惭德，缺点。 [7]《大夏》：歌颂夏禹的乐舞。 [8] 勤而不德：勤劳于民事而不自以为功德。 [9]《韶箾》：歌颂虞舜的乐舞。 [10] 如天之无不帱（dào）也：如天之覆盖一切。帱，覆盖。 [11] 观止矣：观乐至此。亦指达到顶点了。 [12]“若有他乐”二句：再有别的音乐，也不敢再请求欣赏了。

[点评]

本篇记述了吴国公子季札到鲁国观乐的过程。鲁国所演奏的音乐，展现了春秋时期华夏音乐的历史长卷和壮丽画面。季札所观之“乐”，即《诗经》。季札对所观之乐舞进行了评论。季札是吴人，虽是在鲁国观乐，但是他对《诗经》是非常熟悉的，说明此时《诗经》传播之广。季札的评论，非常精辟，可以说代表了春秋时期人们的诗乐观念。季札观乐可以给我们三点启示。一是由此可以发现《诗三百》在春秋时期的传播情况。季札在鲁国所欣赏的“诗三百”乐舞，其编订的次序与今本《诗经》基本相同。说明“诗三百”的编次已经基本定型。此年孔子仅八岁，孔子编订《诗》的说法可不攻自破。二是季札评“诗”，将国之盛衰治乱与音乐紧密联系，体现了儒家功利主义的诗乐观。不仅这些，诸如关于美善合一的思想，中正和谐的文艺观，诗乐与地理之关系、文质关系等等，都可以从季札观乐中得到启发。三是季札观乐，融进了自己的主观创造和理性思辨，特别是有关政教风化的原则，对后代的诗乐理论有很大的影响。季札可谓第一位《诗经》评论家。《古文观止》编者评注说："季札贤公子，其神智器识，乃是春秋第一流人物，故闻歌见舞，便能尽察其所以然。读之者，细玩其逐层摹写，逐节推敲，必有得于声容之外者。如此奇文，非左氏其孰能传之？"

36.郑子产相国

清人冯李骅说“《左传》大抵……后半出色写一子产”(《左绣·读左卮言》)。《左传》中子产最早出现在鲁襄公八年，此后，一直到鲁昭公二十年子产病逝，几乎每年都有子产的事迹。

襄公二十五年 初，陈侯会楚子伐郑[1]，当陈隧者，井堙木刊[2]。郑人怨之。六月，郑子展、子产帅车七百乘伐陈。

郑子产献捷于晋[3]，戎服将事[4]。晋人问陈之罪[5]。对曰：“昔虞阏父为周陶正，以服事我先王[6]。我先王赖其利器用也，与其神明之后也[7]，庸以元女大姬配胡公[8]，而封诸陈，以备三恪[9]。则我周之自出，至于今是赖[10]。桓公之乱，蔡人欲立其出[11]，我先君庄公奉五父而立之[12]，蔡人杀之[13]，我又与蔡人奉戴厉公[14]。至于庄、宣，皆我之自立[15]。夏氏之乱，成公播荡，又我之自入，君所知也[16]。今陈忘周之大德，蔑我大惠[17]，弃我姻亲，介恃楚众，以凭陵我敝邑，不可亿逞[18]，我是以有往年之告[19]。未获成命[20]，则有我东门之役[21]。当陈隧者，井堙木刊。敝邑大惧不竞，而耻大姬[22]，天诱其衷，启敝邑之心[23]。陈知其罪，授手于我[24]。用敢献功[25]！”晋人曰：“何故侵小[26]？”对曰：“先王之命，唯罪所在，各致其辟[27]。且昔天子之地一圻[28]，列国一同[29]，自是以衰[30]。今大国多数圻矣，若无侵小，何以至焉[31]？”晋人曰：“何故戎服？”对曰：“我先君武、庄为平、桓卿士[32]。城濮之役[33]，文公布命[34]，曰：‘各复旧职[35]！’命我文公戎服辅王，以授楚捷[36]。不敢废王命故也[37]。”士庄伯不能诘[38]。复于赵文子。文子曰：“其辞顺[39]。犯顺，不祥。”乃受之。

冬十月，子展相郑伯如晋，拜陈之功[40]。子西复伐陈，陈及郑平。

仲尼曰：“《志》有之[41]：‘言以足志，文以足言[42]。’不言，谁知其志？言之无文，行而

晋人三问，子产三答。问“陈之罪”，答以陈国忘恩负义，又依仗着楚国的支持攻打郑国，郑国是被迫反击。问“何故侵小”，答以大国多是侵小才有今日“数圻”之地。问“何故戎服”，答以晋文公当年即令郑文公“戎服辅王，以授楚捷”，郑人不敢违命。子产之答，有理有力。

不远。晋为伯，郑入陈，非文辞不为功[43]。慎辞也[44]！”

[注释]

[1] 陈侯会楚子伐郑：事在去年冬天。　[2] 当陈隧者，井堙(yīn)木刊：陈军经过之处，井被塞，树被砍。隧，道路。堙，堵塞。刊，除。　[3] 郑子产献捷于晋：献伐陈之功，请求认可。　[4] 戎服将事：穿着军服处理事情。　[5] 晋人问陈之罪：责问以何罪伐陈。　[6] 虞阏(è)父：人名。虞舜后人。陶正：主管陶业的官职。先王，指周武王。　[7]“我先王”二句：武王嘉奖他能做器物，又是虞舜的后人。赖，善，嘉奖。神明，指虞舜。　[8] 庸以元女大姬配胡公：把长女太姬嫁给他儿子。庸，乃。元女大姬，武王长女。胡公，虞阏父儿子。　[9] 三恪：周封黄帝、尧、舜的后人，以表示诚敬。　[10]“则我”二句：陈是周的外甥，至今依赖周朝。　[11]“桓公之乱”二句：桓公之乱事见鲁桓公五年。陈桓公死后，子弟争位，于是乱。其出，指陈桓公儿子厉公，是蔡女所生。　[12] 五父：陈桓公弟五父佗，由郑庄公所立。　[13] 蔡人杀之：事见鲁桓公六年经。　[14] 奉戴：奉事拥戴。　[15]“至于”二句：陈庄公、宣公也都是依靠郑国帮助而继位。　[16]“夏氏之乱”四句：鲁宣公十年，夏征舒杀陈灵公，陈成公午流亡晋国，得到郑国的帮助才返国即位。播荡，流离失所。按，以上说明郑国对陈国一向有恩。[17]蔑：抛弃。[18]亿逞：满足。　[19] 我是以有往年之告：去年郑简公告晋请求伐陈。　[20] 未获成命：去年晋国没答应。　[21] 则有我东门之役：不讨伐陈国，于是去年陈与楚国一起攻打郑国东门。　[22]“敝邑”二句：郑国不强被侵犯，有辱太姬在天之灵。　[23]“天诱”

二句：陈国如此无道，才开启郑国伐陈之心。 [24] 授手：即“授首”，有罪得到惩罚。 [25] 用敢献功：以上子产历数陈国背恩侵郑之罪，说明伐陈原因。 [26] 何故侵小：郑大陈小，盟辞常称“大无侵小”，所以晋国以此责问。 [27] 唯罪所在，各致其辟：有罪就应该给予惩罚。辟，刑罚。 [28] 一圻（qí）：方圆千里。 [29] 一同：方圆百里。 [30] 自是以衰（cuī）：以此递减。衰，差降。 [31]“今大国”三句：晋国也是大国，如果不侵小也不成其大。 [32] 我先君武、庄为平、桓卿士：郑武公、庄公为周平王、桓王的卿士。 [33] 城濮之役：在僖公二十八年。 [34] 文公：指晋文公。 [35] 各复旧职：这样的话，郑国国君仍然是周王的卿士。 [36]“命我文公”二句：郑文公戎服帮助周王接受晋国所献的楚国俘虏。 [37] 不敢废王命故也：穿着戎服是天子所命。 [38] 士庄伯：士弱。诘：责问。 [39] 其辞顺：言词合于情理。 [40]“子展相郑伯”二句：拜谢晋国接受伐陈之功。 [41]《志》：此指古书。 [42]“言以足志”二句：言语用来表达心志，文采用来修饰语言。足，完成。 [43]“晋为伯”三句：晋国成为霸王，郑国进入陈国，非善言就不能成功。 [44] 慎辞也：孔子称赞子产言辞谨慎得体。

襄公三十年 郑子皮授子产政[1]。辞曰：“国小而偪[2]，族大宠多[3]，不可为也[4]。”子皮曰：“虎帅以听，谁敢犯子[5]？子善相之。国无小，小能事大，国乃宽[6]。”

“国小而偪”，指郑国外部南有强楚，北有晋霸，亲晋则楚怨，亲楚则晋讨；“族大宠多”，指郑国国内强宗大族执国柄。

子产为政，有事伯石[7]，赂与之邑[8]。子大叔曰：“国皆其国也[9]，奚独赂焉？”子产曰：

安定国内，子产先安抚伯氏。

“无欲实难[10]。皆得其欲，以从其事，而要其成[11]。非我有成，其在人乎[12]？何爱于邑，邑将焉往[13]？”子大叔曰：“若四国何[14]？”子产曰：“非相违也，而相从也，四国何尤焉[15]？《郑书》有之曰[16]：‘安定国家，必大焉先[17]。’姑先安大，以待其所归[18]。”既，伯石惧而归邑，卒与之[19]。伯有既死[20]，使大史命伯石为卿，辞[21]。大史退，则请命焉[22]。复命之，又辞。如是三，乃受策入拜[23]。子产是以恶其为人也，使次己位[24]。

[注释]

[1] 子皮：郑大夫，名罕虎。子产：名公孙侨，一字子美，郑大夫公孙发之子。郑国伯有死后，子皮执政，因子产贤能，让与子产。 [2] 偪：处于大国之间。 [3] 族大宠多：郑国公族盛大，而恃宠专横的人甚多。 [4] 不可为也：不可治。此是子产辞谢。 [5] 虎帅以听，谁敢犯子：子皮愿意率公族以听命于子产。虎，罕虎，即子皮。 [6] “国无小”三句：国不在于小，只要善治，可以宽舒缓和。 [7] 有事伯石：有政事让伯石去办。伯石，即公孙段，字子石。 [8] 赂与之邑：给伯石田邑作为报赏。 [9] 子大叔：名游吉，郑国贤大夫。国皆其国：郑国是大家的郑国。 [10] 无欲实难：意谓人要没贪欲也很难。 [11] 以从其事，而要（yāo）其成：只要事情成功，可以满足其私欲。要，

求。[12]“非我有成”二句：只要事情成功，就达到目的，赏邑只是一种手段。其，同“岂”。[13]邑将焉往：虽赏之田邑，田邑却不会跑掉，仍在郑国。[14]若四国何：子太叔担心这样做将被邻国所笑。四国，四方邻国。[15]“非相违也”三句：意谓我这样做不是分裂国家，而是使大家和睦，各国又什么可非议的呢？赏之田邑，并不违反伯石的利益。[16]《郑书》：指郑国的史籍。[17]必大焉先：即“必先大”。大，大族。[18]“姑先”二句：先安定大族，再观其后果。[19]卒与之：伯石虽归还田邑，最终还是给了他。[20]伯有既死：伯有刚愎酗酒，被大夫公孙黑所杀。[21]辞：伯石辞而不就职。[22]请命：伯石请求重新发布命令，愿就任卿位。[23]“如是三”二句：可见伯石虚伪矫情。[24]使次己位：位次仅次于自己。

子产使都鄙有章[1]，上下有服[2]，田有封洫[3]，庐井有伍[4]。大人之忠俭者[5]，从而与之[6]；泰侈者因而毙之[7]。

丰卷将祭[8]，请田焉[9]。弗许[10]，曰：“唯君用鲜，众给而已[11]。”子张怒，退而征役[12]。子产奔晋，子皮止之，而逐丰卷。丰卷奔晋。子产请其田、里[13]，三年而复之[14]，反其田、里及其入焉[15]。

从政一年，舆人诵之，曰：“取我衣冠而褚之[16]，取我田畴而伍之[17]。孰杀子产，吾其与

子产解决国内“族大宠多”的痼疾，扫除改革障碍，最终使国人消除误解，受到支持与拥戴。唐韩愈作《子产不毁乡校颂》赞叹说：“於乎！四海所以不理，有君无臣。谁其嗣之？我思古人。”

之[18]!”及三年，又诵之，曰：“我有子弟，子产诲之[19]；我有田畴，子产殖之[20]。子产而死，谁其嗣之[21]？”

[注释]

[1] 使都鄙有章：国都与乡间一切事情都有一定的规章。都，国都。鄙，乡野。 [2] 上下有服：各有职责。服，职责，制度。 [3] 田有封洫(xù)：子产作封洫，是清理田亩，划定田界，将侵占他人的土地归还原主的一项经济政策。封，田界。洫，灌田水沟。 [4] 庐井有伍：将居民按照户口有一定的安排，使房舍和耕地互相适应。庐，房舍。 [5] 大人：指卿大夫。忠俭：忠诚俭朴。 [6] 与之：亲近他，举拔他。 [7] “泰侈者”句：骄傲奢侈者依法惩办，赏罚分明。泰侈，汰侈。 [8] 丰卷：郑穆公后裔，字子张。 [9] 田：田猎。猎取祭品。 [10] 弗许：子产不许可。 [11] “唯君”二句：国君祭祀时才用“鲜”，群臣只要一般祭品齐备就可以了。鲜，指新杀的动物。给，指一般的供应。 [12] “子张”二句：子张招聚兵众，准备攻打子产。征役，召集兵卒。 [13] 子产请其田、里：子产请求国君不没收丰卷的田、里。里，住宅。 [14] 三年而复之：三年后让丰卷回国。 [15] 反其田、里及其入焉：都还给丰卷。入，指三年的收入。 [16] 取我衣冠而褚之：指骄奢逾制的衣冠不敢用。褚，即“贮”，储藏。 [17] 取我田畴而伍之：指把田亩进行重新划分、安排。畴，耕地。伍，“赋”的借字，纳田税。 [18] 与之：助之，帮助杀子产。 [19] 诲：教诲。 [20] 殖：繁殖，增产。 [21]“子产而死”二句：子产的政治措施取得成就，受到众人歌颂。而，如果。嗣，继承。

襄公三十一年　公薨之月[1]，子产相郑伯以如晋，晋侯以我丧故，未之见也。子产使尽坏其馆之垣而纳车马焉[2]。士文伯让之[3]，曰："敝邑以政刑之不修[4]，寇盗充斥[5]，无若诸侯之属辱在寡君者何[6]，是以令吏人完客所馆[7]，高其闬闳[8]，厚其墙垣，以无忧客使[9]。今吾子坏之，虽从者能戒，其若异客何[10]？以敝邑之为盟主，缮完葺墙[11]，以待宾客，若皆毁之，其何以共命[12]？寡君使匄请命[13]。"

毁坏馆垣是子产采取的谋略，是以此非常手段表示抗议。

[注释]

[1] 公：指鲁襄公。　[2]"子产使尽坏其馆"句：意谓拆毁客馆的围墙，将车马停放进去。垣，围墙。　[3] 士文伯：即士匄。让：责问。　[4] 政刑之不修：政事刑罚没搞好。　[5] 充斥：充满。　[6] 无若诸侯之属辱在寡君者何：因盗贼很多，若客馆破旧，将无法保证诸侯宾客的安全。　[7] 完客所馆：特意修好宾馆。　[8] 闬闳（hàn hóng）：都指门。　[9] 以无忧客使：外宾可不用担心寇盗为患。　[10] 从者：指郑国的随从。戒：戒备，防备寇盗。异客：他国宾客。　[11] 完：借用为"院"，指围墙。葺（qì）：修补。　[12] 共命：供给所求。　[13] 寡君使匄请命：请问毁垣的理由。

对曰："以敝邑褊小，介于大国，诛求无时，

子产批评晋国"诛求无时"，使郑人进退两难。

是以不敢宁居[1]，悉索敝赋，以来会时事[2]。逢执事之不闲[3]，而未得见，又不获闻命，未知见时[4]。不敢输币[5]，亦不敢暴露[6]。其输之[7]，则君之府实也，非荐陈之，不敢输也[8]。其暴露之，则恐燥湿之不时而朽蠹，以重敝邑之罪[9]。侨闻文公之为盟主也[10]，宫室卑庳[11]，无观台榭[12]，以崇大诸侯之馆，馆如公寝[13]；库厩缮修，司空以时平易道路[14]，圬人以时塓馆宫室[15]；诸侯宾至，甸设庭燎[16]，仆人巡宫[17]，车马有所[18]，宾从有代[19]，巾车脂辖[20]，隶人、牧、圉，各瞻其事[21]；百官之属，各展其物[22]；公不留宾[23]，而亦无废事[24]；忧乐同之，事则巡之[25]；教其不知，而恤其不足[26]。宾至如归，无宁灾患[27]；不畏寇盗，而亦不患燥湿。今铜鞮之宫数里[28]，而诸侯舍于隶人[29]，门不容车，而不可逾越[30]；盗贼公行，而天厉不戒[31]。宾见无时，命不可知[32]。若又勿坏[33]，是无所藏币以重罪也。敢请执事：将何所命之[34]？虽君之有鲁丧，亦敝邑之忧也[35]。若获荐币，修垣而行，君之惠也，敢惮勤劳[36]！”文伯复命[37]。

子产指出当年晋文公是自己宫室卑小，客馆崇大。

如今正好相反，晋平公宫室数里，客馆却如奴隶住所；且晋国“盗贼公行”，又“宾见无时”，诸侯惶恐，无所适从。今昔对比，事理不言自明。清人冯李骅《左绣》评子产之应答说：“这是一篇诘辩，前难后解。妙在难中句句授人以解，解中却又句句藏得难在，是极有机锋文字。”

赵文子曰："信[38]。我实不德，而以隶人之垣以赢诸侯[39]，是吾罪也。"使士文伯谢不敏焉[40]。

［注释］

[1]"以敝邑"四句：意谓由于敝国狭小，又夹在大国之间，大国随时要敝国进贡财物，所以我们不敢安居，诛求，责求。无时，无定时。 [2]"悉索"二句：搜尽国内财富以作朝聘之礼。会，朝会。 [3]不闲：无暇，不得空。 [4]又不获闻命，未知见时：晋国又不通知何时接见。 [5]不敢输币：不能献纳贡品。 [6]暴露：指贡品日晒夜露。 [7]其：如果。 [8]"则君"三句：不经一定的仪式，又不敢进献。府实，府库中的物品。荐陈，将贡品陈列于庭，此时要举行一定的仪式。 [9]"其暴露之"三句：贡品日晒雨淋，虫咬朽坏，将加重郑国之罪。朽，腐烂。蠹，虫咬坏。 [10]侨：子产名。文公：晋文公。 [11]卑庳：同义词连用，指低矮。 [12]无观台榭：没有供游观的台榭。 [13]"以崇大"二句：言文公自己宫室简朴，而客馆却修得非常漂亮。 [14]"库厩"二句：言客馆的库房、马厩修好，司空及时将道路按时修整。 [15]圬(wū)人：泥工。塓(mì)：涂墙。 [16]甸：即甸人，管理柴薪者。庭燎：大烛。 [17]巡宫：巡视客馆。 [18]车马有所：车马有地方安置。 [19]宾从有代：外宾的仆从有人代为服役。 [20]巾车：管理车辆的官。脂辖：用油脂涂轮轴。 [21]隶人：洒扫房舍、清除厕所的人。牧：看守牛羊的人。圉：看马的人。瞻：照管。 [22]各展其物：陈列各种物品招待外宾。 [23]公不留宾：文公及时接见，不耽搁外宾时间。 [24]无废事：虽接见迅速，交聘仪式仍然齐备，并不废除。 [25]事则巡之：有意外情况，格外注意警卫巡行。事，指意外事件。 [26]"教其不知"

二句：指对外宾热心指教，物资不足，尽量照顾。［27］无宁灾患：即无灾患。宁，语助词。［28］铜鞮（dī）之宫：晋国君的离宫，故址在今山西沁县南。［29］而诸侯舍于隶人：诸侯外宾住在隶人之舍。隶人，下人。［30］“门不容车”二句：指门小，车又不能越墙而入。［31］天厉：瘟疫。不戒：不能预防。［32］“宾见”二句：指宾客进见的时间没有一定，君王的命令也不知道什么时候发出。命，指晋国君接见之命。［33］若又勿坏：不坏馆垣。［34］将何所命之：反诘士匄有何指教。［35］“虽君之有鲁丧”二句：意谓鲁国有丧，郑国同哀。意思是晋国不应该以鲁丧为借口不接见。［36］“若获荐币”四句：如果晋国君马上接见，我们愿意修好墙垣再回国。荐币，献上贡品。［37］复命：向国君复命。［38］信：子产的话有道理。［39］赢：受，指接待。［40］谢不敏焉：晋国表示歉意。

以上士文伯以及此处、赵文子之言，叔向之言，皆意在突显子产辞令之美。

晋侯见郑伯，有加礼[1]，厚其宴好而归之[2]。乃筑诸侯之馆。叔向曰：“辞之不可以已也如是夫[3]！子产有辞，诸侯赖之[4]，若之何其释辞也[5]？《诗》曰：‘辞之辑矣，民之协矣；辞之绎矣，民之莫矣[6]。’其知之矣。”

［注释］

［1］有加礼：礼节特别隆重。［2］厚其宴好而归之：宴会更加隆重，回赠更加丰厚。宴，宴礼。好，好货。［3］辞之不可以已也如是夫：交聘辞令不可忽视就是这样啊。辞，辞令。［4］“子产有辞”二句：子产善辞令，诸侯得其利。［5］释

辞：废弃辞令。 [6]“辞之辑矣”四句：出自《诗经·大雅·板》，意思是辞令和谐，人民团结；辞令愉快，人民安定。叔向引这段诗句称赞子产善辞令，而且知道辞令的重要。辑，和谐。协，今作“洽”，融洽。绎，喜悦。莫，安定。

十二月，北宫文子相卫襄公以如楚[1]，宋之盟故也[2]。过郑，印段迋劳于棐林[3]，如聘礼而以劳辞[4]。文子入聘。子羽为行人，冯简子与子大叔逆客[5]。事毕而出，言于卫侯曰[6]：“郑有礼，其数世之福也，其无大国之讨乎[7]！《诗》云：‘谁能执热，逝不以濯[8]。’礼之于政，如热之有濯也。濯以救热，何患之有[9]？”

借北宫文子之言，称赞子产贤能，必将安定郑国。

子产之从政也，择能而使之：冯简子能断大事，子大叔美秀而文[10]，公孙挥能知四国之为[11]，而辨于其大夫之族姓、班位、贵贱、能否[12]，而又善为辞令。裨谌能谋，谋于野则获，谋于邑则否[13]。郑国将有诸侯之事，子产乃问四国之为于子羽，且使多为辞令[14]；与裨谌乘以适野，使谋可否；而告冯简子使断之[15]。事成，乃授子大叔使行之，以应对宾客，是以鲜有败事[16]。北宫文子所谓有礼也。

冯简子等子产的下属各有所长，子产充分发挥他们的长处，择能而使，各尽其能，又执政有方，所以“鲜有败事”。

[注释]

[1] 北宫文子：卫大夫北宫佗。卫襄公：名恶，卫献公之子。 [2] 宋之盟故也：指弭兵大会规定的“交相见”。 [3] 印段：郑大夫，字子石。迋劳：前往慰劳。迋，同“往”。棐林：即北林，古地名。在今河南新郑。 [4] 如聘礼而以劳辞：按正规的交聘之礼接待卫君，并向卫君致慰劳之词。 [5] 子羽：郑国大夫公孙挥。冯简子：郑大夫。子大叔：即游吉。客：指北宫文子。 [6] 言于卫侯曰：文子出来对卫襄公说。 [7] 其无大国之讨乎：大概不会被大国讨伐了。讨，讨伐。其，大概，恐怕。 [8]“谁能执热”二句：出自《诗经·大雅·桑柔》，本意谓天气闷热，谁能不去洗澡。这里比喻礼对于政的重要。 [9]“礼之于政”四句：意谓礼仪对于政事，如天热必须洗澡。以礼治国，国可长久。 [10] 美秀而文：貌美才高，谈吐又有文采。 [11] 四国之为：为，指政令。 [12] 辨：明察。族姓：家族姓氏。班位：禄秩爵位。贵贱：指身份。能否(pǐ)：才能高低。 [13]“裨谌能谋”三句：裨谌，郑大夫。裨谌喜静不喜闹，考虑问题要到野外去，才能有收获。野，郊外。邑，城里。否(pǐ)，不行。 [14] 多为辞令：多拟几份交聘辞令稿。 [15] 而告冯简子使断之：谋划之后，让冯简子判断。 [16] 鲜有败事：很少有办坏的事情。

子产不毁乡校，主张广开言路，多倾听下面的意见，体现了他所具有的朴素的民主思想。子产“然犹防川”云云，与《国语·周语上》“邵公谏厉王弭谤”篇所说的“防民之口，甚于防川”异曲同工。后来王安石说“人言不足恤”，或本于此。

郑人游于乡校[1]，以论执政。然明谓子产曰[2]：“毁乡校何如[3]？”子产曰：“何为？夫人朝夕退而游焉[4]，以议执政之善否[5]。其所善者，吾则行之；其所恶者，吾则改之，是吾师也。

若之何毁之？我闻忠善以损怨，不闻作威以防怨[6]。岂不遽止[7]？然犹防川[8]。大决所犯[9]，伤人必多，吾不克救也。不如小决使道[10]，不如吾闻而药之也[11]。”然明曰：“蔑也今而后知吾子之信可事也[12]。小人实不才，若果行此，其郑国实赖之，岂唯二三臣[13]？”

仲尼闻是语也，曰：“以是观之，人谓子产不仁，吾不信也[14]。”

孔子此时才十一二岁，此话应是后来称赞子产时才说的。唐韩愈《子产不毁乡校颂》称颂说：“既乡校不毁，而郑国以理。”“维是子产，执政之式，维其不遇，化止一国。”

［注释］

[1] 乡校：乡间的公共场所，既是学校，又是乡人聚会议事场所。 [2] 然明：郑大夫鬷蔑，字然明。 [3] 毁乡校：关闭乡校。众人在乡校议论行政得失，然明建议毁掉乡校。 [4] 朝夕退而游焉：早晚工作之余到乡校走走。 [5] 否（pǐ）：不善。 [6]“我闻”二句：只有多行忠善以减少怨恨，不可用威势来防止怨恨。 [7] 遽：马上，立刻。 [8] 然犹防川：如同防止河水决口一样。 [9] 大决：河水大决口。 [10] 不如小决使道：开小口使水流通，即发扬舆论，让意见随时说出来。道，同“导”。 [11] 不如吾闻而药之也：不如以听到的舆论，作为治病的药。 [12] 信可事：确实可以成事。 [13]“小人”四句：意谓我实在没能力，如果真按您的想法去做，郑国就有希望了，岂止我们几个大臣得到好处？ [14]“以是”三句：言由此看来，人们说子产不仁，我才不相信呢。

尹何能否“为邑”，子皮与子产的分歧在于：子皮主张“以政学”，子产主张“学而后入政”。

子皮欲使尹何为邑[1]。子产曰：“少，未知可否[2]。”子皮曰：“愿[3]，吾爱之，不吾叛也。使夫往而学焉，夫亦愈知治矣[4]。”子产曰：“不可。人之爱人，求利之也[5]。今吾子爱人则以政，犹未能操刀而使割也，其伤实多[6]。子之爱人，伤之而已，其谁敢求爱于子[7]？子于郑国，栋也，栋折榱崩[8]，侨将厌焉[9]，敢不尽言？子有美锦，不使人学制焉[10]。大官、大邑，身之所庇也，而使学者制焉[11]，其为美锦不亦多乎[12]？侨闻学而后入政，未闻以政学者也[13]。若果行此，必有所害。譬如田猎，射御贯[14]，则能获禽，若未尝登车射御，则败绩厌覆是惧[15]，何暇思获[16]？”子皮曰：“善哉！虎不敏。吾闻君子务知大者、远者，小人务知小者、近者[17]。我，小人也。衣服附在吾身，我知而慎之，大官、大邑所以庇身也，我远而慢之[18]。微子之言[19]，吾不知也。他日我曰[20]：子为郑国，我为吾家，以庇焉，其可也[21]。今而后知不足。自今请，虽吾家，听子而行[22]。”子产曰：“人心之不同如其面焉，吾岂敢谓子面如吾面乎[23]？抑心所

子产先后用五个比喻来阐述他的道理。清王源《左传评》说：“共用五喻，层迭芊眠，点染生动，最耐看。”余诚《古文释义》也说：“前后共五喻，一喻一样笔态，句调意态，毫不犯复，真新异绝伦。”

谓危，亦以告也[24]。”子皮以为忠，故委政焉[25]，子产是以能为郑国。

《史记·郑世家》：“子产仁人。郑所以存者，子产也。”

［注释］

[1] 尹何：子皮家臣。为邑：治理私邑。 [2] 少：尹何年少。未知可否：不知道他行不行。 [3] 愿：为人老实。 [4]“使夫”二句：子皮认为，若派尹何学为邑宰，会更增进他行政的能力。 [5] 求利之也：求对他有利。 [6]“今吾子”三句：意谓年少而授予政事，就像让不会拿刀的人割东西，必将自伤。 [7]“子之爱人”三句：意谓您这样爱人，只会伤害他，那么谁还敢求得您的喜爱呢？爱人反而伤人，人必疏远你。 [8] 栋折榱崩：栋梁折断，屋椽也会崩塌。榱（cuī），屋椽。 [9] 侨将厌焉：子产由子皮举荐为政，子皮犹如国家栋梁，栋梁折断，自己也将被压在下面。厌，同“压”。 [10] 锦：有彩色花纹的绸缎。学制：学裁缝。 [11]“大官”三句：大官和封邑是自身的庇护，更不能让人当作衣裳来练习治理。庇，庇护，依赖。 [12] 其为美锦不亦多乎：意谓让毫无经验的人去学习治理封邑做官，比让不会裁缝的人去剪裁美锦还要糟糕。 [13]“侨闻学”二句：意谓只听说先经学习再为政，而不是借做官的机会来学习为政。 [14] 射御贯：御，指驾车。贯，同“惯”，娴熟。 [15] 败绩厌覆是惧：即惧败绩厌覆，担心是否翻车被压。 [16] 何暇思获：无暇顾及猎获了。 [17] 大者、远者：指重大、长远的事务。小者、近者：指小的、眼前的事务。 [18]“衣服”四句：以衣服作比，意谓衣服穿在我身上，我知道爱惜它，大官、大邑恰恰是用以护身的，我却疏远轻视它。远而慢之，疏忽而轻视它。 [19] 微子之言：如果没有你这样的话。 [20] 他日：往日，从前。 [21]“子为

郑国”四句：原来认为你治理国事，我治理家事，有所托庇就可以了。为，治理。 [22] 虽吾家，听子而行：今后连家事都听你的。 [23]“人心之不同”二句：意思是人心各有打算，我不能干预你的家事。 [24]“抑心”二句：意思是只是心里认为不妥，因此以实相告。抑，表转折，不过。 [25] 委政：把国事委托给他。

[点评]

子产是春秋时期郑国杰出的政治家。子产在郑国的政治舞台上的活动达四十年之久，是春秋后期郑国简公、定公时期的执政。本篇所选章节反映出子产在治理国政中过人的政治智慧以及宽阔的胸襟。文章开篇首写子产初为政时，郑国内部“国小而偪，族大宠多”的现状，继而详写子产对强族采取了既遏制又笼络的政治手法，并叙述了子产对郑国田制等方面卓有成效的改革措施，增强了郑国国力，因此获得了公众的支持。其中插叙丰卷请猎一事，既显示子产持礼自重，不稍苟且的正直刚毅，亦在对待丰卷的态度上显示了子产的开阔胸襟。子产还是一个卓越的“行人”，在处理对外事务中，显示了出色的交聘才能。他对晋国霸主采取既归服又不屈从的态度，又善于利用晋楚两强之间的矛盾，以维护郑国的利益和尊严。子产的交聘辞令，同样非常出色，被称为典范，叔向、孔子都盛赞他的辞令。子产执政二十余年，内政外交均“鲜有败事”，他使郑国获得了较长时间的相对的安定，功不可没。子产的思想，对后人影响深远。如子产说：“苟利社稷，死生以之。”林则徐化用其句：“苟利国家生死以，岂因祸福避趋之。”其爱国思想，一脉相承。《左传》襄公二十五、三十、三十一年比较集中地记叙了子产的事迹。全文波澜不惊，在叙事与人物的娓娓对话中，为我们清晰地描绘出子产这位春秋时期杰出政治家的非凡风采。

37. 郑徐吾犯之妹美

公孙黑子皙是郑国势力强大的旧贵族，曾攻伐伯有，且“欲攻子产”，此时又要与公孙楚子南争徐吾犯之妹。子产以“唯所欲与”解决了这一矛盾。

昭公二年，公孙黑又将作乱，子产历数其三项死罪，令其自缢。

昭公元年　郑徐吾犯之妹美[1]，公孙楚聘之矣[2]，公孙黑又使强委禽焉[3]。犯惧，告子产。子产曰：“是国无政[4]，非子之患也。唯所欲与[5]。”犯请于二子，请使女择焉。皆许之[6]。子皙盛饰入，布币而出[7]。子南戎服入，左右射，超乘而出[8]。女自房观之，曰：“子皙信美矣，抑子南，夫也[9]。夫夫妇妇，所谓顺也[10]。”适子南氏[11]。子皙怒，既而櫜甲以见子南[12]，欲杀之而取其妻。子南知之，执戈逐之。及冲[13]，击之以戈。子皙伤而归，告大夫曰：“我好见之，不知其有异志也[14]，故伤。”

［注释］

[1] 徐吾犯：郑国大夫，复姓徐吾。　[2] 公孙楚：公孙楚，即子南，郑穆公孙。聘之矣：已下了订婚礼。　[3] 公孙黑：即子皙。强委禽焉：强行送聘礼。按，上古聘礼用雁。　[4] 无政：政事混乱。　[5] 唯所欲与：由女子自己的喜欢选择丈夫。　[6] 皆许之：二人同意由女选择。　[7] 盛饰：装扮华丽。布币：陈设彩礼。币即贽币，初见时礼品，男用玉帛或禽鸟，陈于堂上。按，是以此取悦于女。　[8] 左右射，超乘而出：左右开弓射箭，然后一跃上车出去。子南是表演战斗技巧。　[9] 夫也：像个大丈夫、男子汉。　[10] 夫夫妇妇：丈夫要像个丈夫，妻子要像个妻子。顺：符合事理。　[11] 适：嫁给。　[12] 櫜甲：把皮甲穿在外衣里面，即衷甲。　[13] 冲：十字路口。　[14] 异志：另外的想法，存心不良。按，子皙櫜甲见子南，本蓄意动武，不得逞而受伤，反而说子南有异志，乃自我掩饰。

［点评］

本篇写郑国两家强宗公孙楚和公孙黑都看上了郑国大夫徐吾犯之妹，后依子产之计由徐吾犯之妹自行择婿而解决矛盾。公孙楚和公孙黑的表演可以看出二人的价值观的差异，徐吾犯之妹的选择，体现了当时女子择偶的审美观念。最后子皙欲动武抢妻，又增添了波澜。此段文字不长，却写得曲折而饶有风趣。就徐吾犯之妹择婿部分来说，不啻为最早的三角恋爱小说。《左传》记载此事件，其用意在于揭示子产如何处理强宗大族的纷扰和矛盾，表现子产治国理政的智慧。

38.楚灵王乾溪之难

昭公十二年 楚子狩于州来[1]，次于颍尾[2]，使荡侯、潘子、司马督、嚣尹午、陵尹喜帅师围徐以惧吴[3]。楚子次于乾溪[4]，以为之援。雨雪，王皮冠，秦复陶[5]，翠被[6]，豹舄[7]，执鞭以出，仆析父从[8]。右尹子革夕[9]，王见之，去冠、被，舍鞭[10]，与之语曰："昔我先王熊绎与吕伋、王孙牟、燮父、禽父并事康王[11]，四国皆有分[12]，我独无有。今吾使人于周，求鼎以为分[13]，王其与我乎？"对曰[14]："与君王哉！昔我先王熊绎，辟在荆山[15]，筚路蓝缕，以处草莽[16]。跋涉山林，以事天子，唯是桃弧、棘矢以共御王

此段中关于楚灵王装扮的描写，吴闿生评说："负声振采，可谓惊才绝艳之文，在全篇尤为极力顿挫之处。"近人吴曾祺评说："左氏一书，每以举动容止决人之吉凶祸福，无不奇中。"（皆韩席筹《左传分国集注》引）可谓深得左氏用心。

事[17]。齐，王舅也[18]；晋及鲁、卫，王母弟也[19]。楚是以无分，而彼皆有[20]。今周与四国服事君王，将唯命是从，岂其爱鼎[21]？”王曰：“昔我皇祖伯父昆吾，旧许是宅[22]。今郑人贪赖其田，而不我与[23]。我若求之，其与我乎？”对曰：“与君王哉！周不爱鼎，郑敢爱田？”王曰：“昔诸侯远我而畏晋[24]，今我大城陈、蔡、不羹，赋皆千乘[25]，子与有劳焉[26]。诸侯其畏我乎？”对曰：“畏君王哉！是四国者，专足畏也[27]。又加之以楚，敢不畏君王哉！”

鲁宣公三年，楚灵王祖父庄王曾问周鼎，今灵王又问周鼎。

灵王三问，一问求周鼎，二问求郑田，三问诸侯畏楚否。子革三答，看似附和他，实语含讽刺，欲擒故纵。近人林纾评曰：“王无心而子革有心，写深人与浅人论事，步步皆有趣味。”（《左孟庄骚精华录》）

[注释]

[1] 楚子：楚灵王，名围，楚共王庶出之子，楚康王之弟，鲁昭公元年杀康王之子熊麇（郏敖）自立。公元前540年至公元前529年在位。狩：冬猎。州来：今安徽凤台。 [2] 颍尾：古地名。颍水下游入淮河处，即今安徽颍上的西正阳镇。 [3] 荡侯、潘子、司马督、嚣尹午、陵尹喜：五人都是楚国大夫。帅师围徐以惧吴：徐国为吴的盟国，所以围徐以威胁吴国。 [4] 乾溪：古地名。在今安徽亳州。 [5] 秦复陶：秦国所送羽衣。 [6] 翠被：翠羽披肩。 [7] 豹舄（xì）：豹皮鞋子。 [8] 仆：官名，太仆。析父：人名。 [9] 子革：子革，即郑丹，又称然丹，郑国大夫子然之子。鲁襄公十九年逃往楚国。夕：晚上朝见楚王。晨见为“朝”，暮见为“夕”。 [10] 去冠、被，舍鞭：表示对子革的尊重。 [11] 熊

绎：楚国始封君。吕伋（jí）：齐太公姜尚之子。王孙牟：卫国始封君康叔之子，又称康伯。燮父：晋国唐叔之子。禽父：即伯禽，周公旦之子，鲁国始封君。康王：即周康王。 [12] 四国皆有分（fèn）：五国同事康王，四国都得到周王的宝器。分，珍宝之器。 [13] 求鼎以为分：请求把鼎作为颁赐。 [14] 对曰：这是子革答对。 [15] 辟在荆山：楚国熊绎都于丹阳，即今湖北秭归，荆山在其北。荆山，楚国的发祥地，在今湖北南漳，熊绎分封在这里。辟，僻处。 [16] 筚路：用竹木编成的车。蓝缕：即“褴褛”，破旧的衣服。草莽：草野。 [17] 桃弧：桃木做的弓。棘矢：棘木（酸枣木）做的箭。以共御王事：楚地贫瘠，只能进贡桃弧、棘矢给周王，以祛除不祥。共御，贡献。共，同“供”。 [18] 王舅也：周成王母亲为姜太公女儿，所以齐国国君是周王舅舅。 [19] 王母弟也：周公旦、卫康叔为周武王母弟，晋唐叔为成王母弟。 [20]“楚是”二句：意谓楚国因此无宝器，而他们则都有。 [21]“今周与四国”三句：意思是楚国已经强大，周与四周诸侯都来事奉楚王，为什么舍不得九鼎？ [22]“昔我”二句：意谓我的皇祖伯父原来居住在旧许。昆吾是楚国远祖的哥哥，所以称皇祖伯父。旧许，地名，在今河南许昌，后因迁于叶、夷，原国土为郑所得，所以称旧许。旧许是宅，即“宅旧许”，旧许是从前昆吾所居之地。宅，居住。 [23]“今郑人”二句：郑国仍占着旧许不给我。 [24] 远我而畏晋：疏远楚国惧怕晋国。 [25]“今我大城”二句：陈、蔡、不羹，陈、蔡两国，皆为楚所灭。不羹，地名，在河南舞阳与襄城一带。赋，指军备。 [26] 子与有劳焉：你是有功劳的。 [27]“是四国者”二句：仅此四国的兵力，已足使诸侯畏惧。四国，指陈、蔡、东西不羹四城。

工尹路请曰[1]：“君王命剥圭以为鏚柲，敢请命[2]。”王入视之。析父谓子革：“吾子，楚国之望也。今与王言如响，国其若之何[3]？”子革曰：“摩厉以须[4]，王出，吾刃将斩矣[5]。”

王出，复语[6]。左史倚相趋过[7]。王曰：“是良史也，子善视之。是能读《三坟》《五典》《八索》《九丘》[8]。”对曰：“臣尝问焉。昔穆王欲肆其心[9]，周行天下，将皆必有车辙马迹焉[10]。祭公谋父作《祈招》之诗以止王心[11]，王是以获没于祗宫[12]。臣问其诗而不知也。若问远焉，其焉能知之[13]？”王曰：“子能乎？”对曰：“能。其诗曰：‘祈招之愔愔，式昭德音[14]。思我王度，式如玉，式如金[15]。形民之力，而无醉饱之心[16]。’”王揖而入，馈不食，寝不寐[17]，数日，不能自克，以及于难[18]。

子革用此诗劝告灵王应量力而行，适可而止，如放纵其野心，后果将不堪设想。

仲尼曰：“古也有志[19]：‘克己复礼[20]，仁也。’信善哉！楚灵王若能如是，岂其辱于乾溪？”

[注释]

[1] 工尹：官名。路：工尹名。 [2]“君王”二句：言要剖开圭玉来装饰斧柄，工尹路请楚灵王指示样式。剥圭（guī），剖开玉。鏚（qī），斧。柲（bì），柄。 [3]“今与王言”二句：析父认为，子革回答楚灵王之问，如回声，只知一味随声附和，顺王之心，是纵容他的野心，国家怎么办？响，回声。 [4] 摩厉以须：子革将自己的话比作刀刃，意思是刀已磨利，只等机会。摩，同“磨”。厉，同“砺”。须，等待。 [5]“王出”二句：待楚王出来，我的刀刃将要对准要害砍去。言外之意是要劝阻楚灵王不要好大喜功，害民生事。 [6] 复语：又和子革说话。 [7] 左史：楚国官名，名倚相。趋过：小跑经过王前，表示恭敬。 [8]“是能读”句：所说四部书都是古书，已失传，内容不详。 [9] 穆王：周穆王。肆其心：放纵其野心。 [10] 将皆必有车辙马迹焉：想使自己的车辙马迹无处不有。 [11] 祭（zhài）公谋父：周公孙子，武公儿子，名谋父，周王卿士。 [12] 获没于祇（qí）宫：谋父作诗以谏穆王，打消了穆王的意图，穆王筑祇宫，并善终于祇宫。祇宫，穆王的别宫，在今陕西华县。 [13]“若问远焉”二句：问倚相，他连《祈招》的诗都不知道，更不必说久远之事了。 [14]“祈招”二句：祈招性情平和，不滥用武力，因此显示了周天子的好名声。愔愔（yīn），安和的样子。式，语首助词，无义。 [15]“思我”三句：周王的举止，如金似玉一般坚重而完美。度，仪度，举止。 [16]“形民”二句：使用民力财力，适度而已，不可放纵无度。形，同“型”，衡量。醉饱之心，比喻放纵过度。 [17]“馈不食”二句：楚灵王已经领悟了子革讽谏的意思，因此吃不下睡不着。 [18]“不能自克”二句：思量好几天，灵王仍不能克制自己的野心，终于有明年的乾溪之难。克，克制。 [19] 志：记载。 [20] 克己复礼：克制自己，使自

己遵循先王的礼法。

昭公十三年　楚子之为令尹也，杀大司马薳掩[1]，而取其室。及即位，夺薳居田[2]；迁许而质许围[3]。蔡洧有宠于王，王之灭蔡也，其父死焉[4]，王使与于守而行[5]。申之会，越大夫戮焉[6]。王夺鬬韦龟中犨[7]，又夺成然邑[8]，而使为郊尹[9]。蔓成然故事蔡公[10]，故薳氏之族及薳居、许围、蔡洧、蔓成然，皆王所不礼也[11]。因群丧职之族[12]，启越大夫常寿过作乱[13]，围固城，克息舟[14]，城而居之[15]。

此段集中叙述楚灵王多行不义，多方树敌。

[注释]

[1] 楚子之为令尹也：鲁襄公二十九年，楚灵王（当时称公子围）继屈建为令尹。杀大司马薳掩：楚灵王杀薳掩事在鲁襄公三十年。　[2] 薳（wěi）居：薳掩族人。　[3] 迁许而质许围：扣留许围为人质。迁许事在鲁昭公九年。许围，许大夫。　[4]“蔡洧有宠于王”三句：蔡洧（wěi），蔡国人，楚灭蔡后，洧在楚国为官。楚灭蔡时，蔡洧父亲被楚王所杀。　[5] 王使与于守而行：让蔡洧留守国内，楚灵王自己前往乾溪。　[6] 越大夫戮焉：鲁昭公四年楚灵王会合诸侯于申，越国大夫常寿过被楚灵王侮辱。戮，同“辱”。　[7] 鬬韦龟：令尹子文玄孙。中犨（chōu）：邑名。　[8] 成然：鬬韦龟儿子，食邑于蔓，又称蔓成然。　[9] 郊

尹：治理郊境的官。 [10] 故：从前。事：事奉。蔡公：指公子弃疾，楚灵王在昭公十一年灭蔡后封他为蔡公。 [11] 皆王所不礼也：意指楚灵王多行不义，树敌颇多。 [12] 因：凭借。群丧职之族：许多丧失职位的亲族。 [13] 启：诱导。 [14] 固城、息舟：楚国二邑。 [15] 城而居之：作乱者筑息舟之城而据守。

观从不仅要为父报仇，还要为朝吴恢复蔡国。

观起之死也，其子从在蔡，事朝吴[1]，曰："今不封蔡，蔡不封矣[2]。我请试之[3]。"以蔡公之命召子干、子皙[4]，及郊，而告之情[5]，强与之盟，入袭蔡。蔡公将食，见之而逃[6]。观从使子干食[7]，坎用牲，加书而速行[8]。己徇于蔡[9]，曰："蔡公召二子，将纳之[10]，与之盟而遣之矣，将师而从之[11]。"蔡人聚，将执之[12]。辞曰："失贼成军，而杀余，何益[13]？"乃释之。朝吴曰："二三子若能死亡，则如违之，以待所济[14]。若求安定，则如与之，以济所欲[15]。且违上[16]，何适而可？"众曰："与之。"乃奉蔡公，召二子而盟于邓[17]，依陈、蔡人以国[18]。楚公子比、公子黑肱、公子弃疾、蔓成然、蔡朝吴帅陈、蔡、不羹、许、叶之师，因四族之徒[19]，以入楚。

楚灵王虽雄心勃勃，但为恶太多，群怨偕作，四族并起，已无法挽狂澜于既倒了。

[注释]

[1] 观起：楚令尹子南所宠信的人。鲁襄公二十二年，楚康王杀子南，观起被车裂。其子观从在蔡。朝吴：蔡国大夫归生之子，楚灭蔡后，依附楚国公子弃疾。 [2]“今不封蔡”二句：现在如果不恢复蔡国，蔡国就没希望了。 [3] 我请试之：观从准备响应作乱以图谋恢复蔡国。 [4] 蔡公：公子弃疾。子干：公子比。子皙：公子黑肱。二人都是楚灵王弟弟，昭公元年，子干奔晋，子皙奔郑。 [5] 告之情：观从告诉他们真情。 [6] 见之而逃：蔡公起先不知何故，所以吓跑了。 [7] 观从使子干食：让子干吃了那些食物。 [8] 坎用牲：挖坑杀牲。加书而速行：置盟书于牲之上，伪造和子干结盟的迹象，并迅速公布于众。 [9] 己：观从自己。徇：公开宣布。 [10] 纳之：送二人入楚。 [11] 将师而从之：假说蔡公将率军援助二人入楚。 [12] 将执之：蔡人不信观从的话，准备逮捕他。 [13]“失贼成军”三句：贼人已走，蔡公军队已组成，杀我无益。贼，指子干、子皙。 [14] 二三子：指蔡人们。能死亡：效忠楚灵王而死。则如：就不如。违之：违背蔡公。以待所济：以观事情的成败。 [15]“若求安定”三句：求安定就助蔡公，以求复国。与之，助蔡公。所欲，恢复祖国。 [16] 违上：违背蔡公。 [17] 邓：古地名，在蔡旧都上蔡，即今河南漯河。 [18] 依陈、蔡人以国：指用复国的许诺利用陈、蔡两地人的力量。陈、蔡人都有复国的愿望，所以用复国的许诺来发动陈、蔡人。依，依赖。 [19] 四族：薳氏、许围、蔡洧、蔓成然。

及郊，陈、蔡欲为名，故请为武军[1]。蔡公知之，曰：“欲速。且役病矣[2]，请藩而已[3]。”乃藩为军[4]。蔡公使须务牟与史猈先入[5]，因正仆人杀大子禄及公子罢敌[6]。公子比为王，公子黑肱为令尹，次于鱼陂[7]。公子弃疾为司马，先除王宫[8]。使观从从师于乾溪，而遂告之[9]，且曰："先归复所，后者劓[10]。"师及訾梁而溃[11]。

［注释］

[1] 欲为名：陈、蔡为了播扬诛除无道和复国的名声。为武军：大筑营垒。 [2] 役病：士卒疲敝。 [3] 请藩而已：指暂时用篱笆编成工事以驻军。藩，藩篱，用为动词。 [4] 乃藩为军：指于是编篱笆作为军营。 [5] 须务牟、史猈（bà）：楚国大夫，蔡公同党。 [6] 正仆人：仆人之长。大子禄、公子罢（pí）敌：都是楚灵王儿子。 [7] 鱼陂（pí）：古地名，在今湖北天门。 [8] 除王宫：清理王宫，驱除灵王亲信。除，清理。弃疾一入国都，先清理王宫，可见其野心。 [9]"使观从"二句：楚灵王在乾溪，为伐徐之师作后援。观从赴乾溪，告知子干等起兵叛王。 [10]"先归"二句：意谓先回去的保留所有待遇，后回去的将受割鼻刑罚。观从号召众人背叛灵王。复所，恢复其禄位、居室和田产。劓（yì），割鼻刑罚。 [11] 师及訾（zī）梁而溃：灵王回师，到訾梁全军溃散。訾梁，訾水上的桥梁，在今河南信阳。

侍者之言，暗讽灵王自己也将死于非命，何必还眷恋儿子被杀。

王闻群公子之死也，自投于车下[1]，曰："人之爱其子也，亦如余乎？"侍者曰："甚焉[2]。小人老而无子，知挤于沟壑矣[3]。"王曰："余杀人子多矣，能无及此乎[4]？”右尹子革曰：“请待于郊，以听国人[5]。”王曰：“众怒不可犯也。”曰：“若入于大都[6]，而乞师于诸侯。”王曰：“皆叛矣。”曰：“若亡于诸侯，以听大国之图君也[7]。”王曰：“大福不再，衹取辱焉[8]。”然丹乃归于楚[9]。王沿夏[10]，将欲入鄢[11]。芋尹无宇之子申亥曰[12]：“吾父再奸王命[13]，王弗诛，惠孰大焉？君不可忍[14]，惠不可弃，吾其从王。”乃求王，遇诸棘闱以归[15]。夏五月癸亥[16]，王缢于芋尹申亥氏[17]。申亥以其二女殉而葬之[18]。

灵王自缢前才明白“众怒不可犯”和“大福不再”的道理，颇有枭雄末路之感。清人周大璋说：“刺骨语，断肠声，读之如闻夜雨芭蕉。总之极写汰侈人末路。”（韩席筹《左传分国集注》引）

［注释］

[1] 自投于车下：摔到车下。　[2] 甚焉：爱子之心更甚于楚灵王。　[3] 知挤于沟壑矣：必被抛弃于沟壑之中。　[4]“余杀人子”二句：杀别人之子太多，才有今日的报应。此，即指“挤于沟壑”。　[5]“请待”二句：是劝灵王在近郊停下来，由国人来处理。　[6] 大都：如陈、蔡、不羹等大的都邑。　[7] 亡：逃亡。以听大国之图君也：由大国出面为楚灵王进行干预。　[8] 大福：指当国君的好运。衹（zhī）：恰巧。灵王知道大国也不会支持。　[9] 然丹乃归于楚：子革也离开灵王归楚。然丹，子革。　[10] 夏：汉水的别名。　[11] 鄢：楚国别都，在今湖北宜城。　[12] 芋尹无宇：即申无宇。　[13] 吾父再奸王命：指鲁昭公七年申无宇折断王旌及入章华宫追捕逃犯二事。奸，触

犯。[14]君不可忍：灵王有难，我不可狠心不救。忍，狠心。[15]遇诸棘围以归：申亥遇灵王，和他一起回来。棘围，楚国棘邑之门。[16]癸亥：二十五日。[17]王缢于芋尹申亥氏：灵王在申亥家上吊死。[18]以其二女殉而葬之：申亥葬楚灵王，并将两个女儿殉葬。

灵王虽死，但国内并不安宁。韩席筹引清人周大璋说："几番恐喝，只为此五字，奇奇怪怪，如天崩地曌，浪涌云堆，千古奇观也。"

观从谓子干曰："不杀弃疾，虽得国，犹受祸也[1]。"子干曰："余不忍也。"子玉曰[2]："人将忍子，吾不忍俟也[3]。"乃行。国每夜骇曰："王入矣[4]！"乙卯夜[5]，弃疾使周走而呼曰[6]："王至矣！"国人大惊。使蔓成然走告子干、子皙曰[7]："王至矣，国人杀君司马，将来矣[8]！君若早自图也[9]，可以无辱。众怒如水火焉，不可为谋[10]。"又有呼而走至者，曰："众至矣！"二子皆自杀[11]。丙辰[12]，弃疾即位，名曰熊居[13]。葬子干于訾，实訾敖[14]。杀囚，衣之王服，而流诸汉，乃取而葬之，以靖国人[15]。使子旗为令尹[16]。

楚师还自徐[17]，吴人败诸豫章[18]，获其五帅[19]。

[**注释**]

[1] 犹受祸也：还将受到祸害。 [2] 子玉：即观从。 [3]“人将”二句：意谓人家将会狠心地对待您，我不忍心这样的结果出现。俟，等待。 [4] 王入矣：当时不知道灵王的生死，所以国都里的人常常夜里以灵王回国而相互惊扰。 [5] 乙卯：十七日。 [6] 使周走：让人走遍各处。 [7]“使蔓成然”句：主语仍然是弃疾。 [8]“王至矣”三句：意谓灵王来了，国人杀司马弃疾，马上就要过来了！司马，司马弃疾。 [9] 早自图：早点为自己打算。 [10]“众怒”二句：意谓众怒如大水一样爆发，已无计可施了。 [11] 二子：子干、子皙。 [12] 丙辰：十八日。 [13] 弃疾即位，名曰熊居：弃疾为国君，即楚平王。按，楚国国君之名多用“熊”字，弃疾即位后也更名熊居。 [14]“葬子”二句：楚国君臣死后无谥号者，多以葬地冠“敖”字，如前面的郏敖和这里的訾敖。实，就是。 [15]“杀囚”五句：楚平王杀一囚犯，并扮作灵王之尸，加以安葬，以安定人心。 [16] 子旗：即蔓成然。 [17] 还自徐：去年围徐的部队返回。 [18] 豫章：古地名，在今安徽、河南一带。 [19] 五帅：指领兵伐徐的荡侯等五人。

平王封陈、蔡[1]，复迁邑[2]，致群赂[3]，施舍、宽民[4]，宥罪、举职[5]。召观从，王曰：“唯尔所欲[6]。”对曰：“臣之先佐开卜[7]。”乃使为卜尹[8]。使枝如子躬聘于郑[9]，且致犨、栎之田[10]。事毕弗致[11]。郑人请曰：“闻诸道路[12]，将命寡君以犨、栎，敢请命[13]。”对曰：“臣未闻命[14]。”既复，王问犨、栎，降服而对[15]，曰：“臣过失命[16]，未之致也。”王执其手，曰：“子毋勤[17]。姑归，不穀有事，其告子也[18]。”

他年[19]，芋尹申亥以王柩告，乃改葬之[20]。

初，灵王卜曰：“余尚得天下[21]！”不吉。投龟，诟天而呼曰[22]：“是区区者而不余畀[23]，余必自取之[24]。”民患王之无厌也[25]，故从乱如归[26]。

最后一句，是《左传》作者对灵王为民所弃的评价。

［注释］

[1] 封陈、蔡：复陈、蔡二国，立陈惠公（吴）于陈，立蔡平公（庐）于蔡（今河南新蔡）。 [2] 复迁邑：灵王时被迁徙的都返回原来的居处。 [3] 致群赂：初起事时答应的赏赐，现在都兑现。 [4] 施舍、宽民：布施恩惠，与民休息。 [5] 宥罪、举职：赦免罪臣，举拔贤才。 [6] 唯尔所欲：虽然观从曾劝子干杀自己，但平王不计前嫌，答应他所有的要求。 [7] 佐开卜：担任卜人的助手。 [8] 卜尹：卜师。 [9] 枝如子躬：楚国大夫，枝如为复姓。 [10] 且致犨、栎之田：犨、栎本是郑国之邑，被楚国夺去。楚平王即位，准备将它们归还郑国，以敦睦邦交。 [11] 弗致：子躬并没有把二邑归还郑国。 [12] 闻诸道路：道听途说。 [13] 敢请命：郑国得知平王的意思，要向子躬讨还二邑。 [14] 臣未闻命：诡称没得到平王此令。 [15] 降服：脱去上衣，表示请罪。 [16] 过：罪过。失命：违背了命令。 [17] 子毋勤：平王用好话劝慰子躬，不要这样自苦。勤，

劳苦。 [18] 姑归：且先回去。不穀有事，其告子也：以后有事，仍要用他。 [19] 他年：几年以后。 [20] 乃改葬之：改葬楚灵王。 [21] 尚：或许，可能。 [22] 诟：责骂。 [23] 区区：指小小的楚国。不余畀：即不畀余。畀（bì），给予。 [24] 自取之：后来灵王果然弑君自立。 [25] 民患王之无厌也：灵王野心很大，永无满足的时候。 [26] 从乱如归：楚灵王贪得无厌，丧尽民心，百姓参加动乱好像回家一样踊跃。

［点评］

楚灵王是个贪婪、奢侈、残暴、荒唐的暴君，《汉书·古今人表》把他列入“下愚”中的“下下”等。楚灵王在世时，时人即谓之“汰侈”，即骄盈奢侈。他刚愎自用，清除异己，杀害忠良，甚至伤害同族。最终是众叛亲离，被迫自缢而死。司马迁在《史记·楚世家》中说：“楚灵王方会诸侯于申，诛齐庆封，作章华台，求周九鼎之时，志小天下；及饿死于申亥之家，为天下笑。操行之不得，悲夫！势之于人也，可不慎与？”这个评价是中肯的。楚灵王留下了不少为后人所诟病的教训，如“作章华之台，筑乾溪之室，穷木土之技，殚珍府之实”（汉·边让《章华赋》）；“楚王好细腰，宫中多饿死”（汉·马廖《上长乐宫以劝成德政疏》）等。《左传》作者对这一人物的描写可谓有声有色，文中用了许多细节描述他“汰侈”的表现，说明其败亡有性格的必然性。但是，作者也向读者展示了楚灵王性格的另一面，如听了子革的讽谏又有所醒悟，甚至“馈不食，寝不寐”数日；听到群公子被杀，竟自己跌到车下来，自责说“余杀人子多矣”，活该遭此报应。这些，说明他还不是完全顽冥不化之人，有时能够自省，尚有人情味；有时对那些曾经反对过自己的人也能容忍甚至重用。他不是“某种孤立的性格特征的寓言式的抽象品”(黑格尔语)，而是一个丰富、复杂、矛盾的性格组合体。作者写出了一个在特定时代背景下的“人”。

39. 伍员奔吴

昭公十九年　楚子之在蔡也[1]，郹阳封人之女奔之[2]，生大子建。及即位，使伍奢为之师[3]，费无极为少师[4]，无宠焉[5]，欲谮诸王[6]，曰："建可室矣[7]。"王为之聘于秦，无极与逆[8]，劝王取之[9]。正月，楚夫人嬴氏至自秦[10]。

司马迁评楚平王中费无极之计而娶秦女曰："弃疾以乱立，嬖淫秦女，甚乎哉，几再亡国！"（《史记·楚世家》）

［注释］

[1] 楚子之在蔡也：楚子即楚平王弃疾，即位前为蔡公。 [2] 郹（jú）阳：蔡国邑名，在今河南新蔡。封人：管理土地边界之官。奔之：与之姘居。 [3] 伍奢：邲之战中嬖人伍参的孙子，伍举的儿子，伍员（子胥）的父亲。 [4] 少师：也是太子的师傅，位次于太师。 [5] 无宠焉：太子建不喜欢费无极。 [6] 欲谮诸王：费无极将陷害太子建。谮（zèn），进谗言。 [7] 可室：

可娶妻。[8] 与逆：同往迎亲。[9] 劝王取之：本为太子建娶妻，费无极却劝平王自己娶此女。[10] 楚夫人嬴氏至自秦：即本为太子建所娶的秦女，成了楚平王的夫人。

对费无极用计使太子建离郢都而出居城父事，南宋吕祖谦《左氏传说》评曰：“骊姬赂外嬖梁五与东关嬖五（在鲁庄公二十八年），使二五耦谮太子申生，与费无极同出一谋。”

楚子为舟师以伐濮[1]。费无极言于楚子曰：“晋之伯也[2]，迩于诸夏[3]，而楚辟陋，故弗能与争。若大城城父[4]，而置大子焉，以通北方，王收南方，是得天下也[5]。”王说，从之。故大子建居于城父。令尹子瑕聘于秦，拜夫人也[6]。

［注释］

[1] 舟师：水师。濮：即南夷，南方民族，又称百濮，聚居在今湖南北部、湖北南部。[2] 伯：同“霸”。[3] 迩：接近。诸夏：指中原地区。[4] 城：筑城。城父：有二处，这里指楚国城邑，在今河南宝丰。[5]“而置”四句：意谓把太子派驻那里，用来和北方通好，君王收服南方，就可以获得天下。[6] 拜夫人也：拜谢嬴氏嫁与楚平王为夫人。

南宋吕祖谦《左氏传说》曰：“此一段，见得当时楚平王信谗喜佞。”

昭公二十年 费无极言于楚子曰：“建与伍奢将以方城之外叛[1]，自以为犹宋、郑也[2]，齐、晋又交辅之[3]，将以害楚，其事集矣[4]。”王信之，问伍奢。伍奢对曰：“君一过多矣[5]，何信于谗？”王执伍奢。使城父司马奋扬杀大子[6]。

未至，而使遣之[7]。三月，大子建奔宋。王召奋扬，奋扬使城父人执己以至[8]。王曰："言出于余口，入于尔耳，谁告建也？"对曰："臣告之。君王命臣曰：'事建如事余。'臣不佞[9]，不能苟贰[10]。奉初以还，不忍后命[11]，故遣之。既而悔之，亦无及已[12]。"王曰："而敢来[13]，何也？"对曰："使而失命[14]，召而不来，是再奸也[15]。逃无所入[16]。"王曰："归，从政如他日[17]。"

近人吴曾祺曰："王闻无极之言，不问之他人，而问之太子之傅，则不欲遽罪太子可知。使伍奢此时委婉其词以辨明太子之无罪，未必无回天之力。乃一意戆直，若不胜抱憾君父者然，宜王之怒不可遏，而太子之祸成矣。"（韩席筹《左传分国集注》引）

韩席筹《左传分国集注》引孙执升曰："奋扬答楚平王语，全从至诚中流出。"

［注释］

[1] 将以方城之外叛：去年太子建居于城父，现在费无极诬蔑他将据守以叛。 [2] 犹宋、郑也：将割据自成一国，像宋、郑那样。 [3] 交辅之：一起辅助他们。交，俱，一同。 [4] 集：成功。 [5] 一过：指平王夺太子建之妻。多：严重。 [6] 奋扬：奋是氏，扬是名。 [7] "未至"二句：奋扬知道太子建被陷害，自己还没到城父，先派人通知太子建逃走。 [8] 城父人：城父大夫。执己以至：把自己逮回郢都，以示服罪。 [9] 不佞：不才。 [10] 苟贰：苟且而怀二心。 [11] "奉初"二句：既奉王之初命必须好生事奉太子，就不忍再执行后来杀太子的命令。 [12] 无及已：后悔已来不及了。 [13] 而：同"尔"，你。 [14] 使而失命：接受使命而没有完成。 [15] 再奸：二次违犯命令。 [16] 逃无所入：无处可逃。 [17] 归，从政如他日：不惩治奋扬，让他回城父，仍为城父司马。

无极曰:“奢之子材[1],若在吴,必忧楚国[2],盍以免其父召之[3]。彼仁,必来。不然,将为患。”王使召之,曰:“来,吾免而父。”棠君尚谓其弟员曰[4]:“尔适吴,我将归死。吾知不逮[5],我能死,尔能报[6]。闻免父之命,不可以莫之奔也[7];亲戚为戮[8],不可以莫之报也。奔死免父,孝也;度功而行,仁也[9];择任而往,知也[10];知死不辟[11],勇也。父不可弃,名不可废[12],尔其勉之!相从为愈[13]。”伍尚归。奢闻员不来,曰:“楚君、大夫其旰食乎[14]!”楚人皆杀之[15]。

伍奢预言伍员将会报仇。此亦为鲁定公四年吴国入楚伏笔。

员如吴,言伐楚之利于州于[16]。公子光曰:“是宗为戮,而欲反其仇,不可从也[17]。”员曰:“彼将有他志[18]。余姑为之求士,而鄙以待之[19]。”乃见鱄设诸焉[20],而耕于鄙[21]。

此乃为鲁昭公二十七年鱄设诸刺吴王僚张本。

[注释]

[1]材:是人才。 [2]必忧楚国:如果为吴国所用,必成楚国之忧。 [3]盍:何不。免其父召之:以赦免其父的名义召回他们。 [4]棠君:伍员之兄伍尚。伍尚时为棠邑大夫,所以称为棠君。员(yún):即伍员,字子胥,二人都是伍奢儿子。 [5]吾知不逮:我的才智不及你。知,同“智”。 [6]“我能死”二句:意谓一人归郢都,与父同死;一人逃吴,报仇雪恨。报,报

仇。 [7] 不可以莫之奔也：楚王既以免父死之命来召，不可无人前往。莫，没有人。 [8] 亲戚：指父兄。 [9]“度功而行”二句：估计能成功而去做，是仁。 [10] 择任而往，知也：知道伍员能承担复仇之任，让他逃吴，是明智之举。 [11] 辟：同“避”。 [12]“父不可弃”二句：兄弟都出逃是弃父，兄弟都死，无人报仇，是废名。 [13] 相从为愈：希望伍员听自己的话。 [14] 其旰食乎：连吃饭都不得安稳了。意谓将有吴国来患，不得早吃饭了。其，恐怕。旰食，晚食。 [15] 楚人皆杀之：杀伍奢、伍尚父子。 [16] 州于：即吴王僚。 [17]“是宗为戮”三句：此认为伍员只为报私仇而利用吴国，不可依从。反其仇，报仇。 [18] 彼将有他志：指公子光有夺位之心。彼，吴公子光。他志，别有用心。 [19]“余姑为之”二句：伍员知道公子光不用自己，于是准备为之物色勇士以助成其事，自己退居郊外等待时机。鄙，郊外，乡野。 [20] 见（xiàn）：引见。鱄（zhuān）设诸，即鱄诸。 [21] 而耕于鄙：伍员自己耕于边鄙之处。按，鲁昭公二十七年，公子光杀吴王僚。

［点评］

本篇记叙伍员（子胥）奔吴事迹。伍员奔吴，主要的原因是费无极的谗害。费无极的挑拨离间和诬告，使得伍员父兄被杀，伍员逃亡吴国。伍员到吴国后，导致吴楚之间风起云涌的斗争，他辅佐吴王阖庐，终于在鲁定公四年柏举之战中攻入郢都，报了杀父之仇。文中揭露的费无极的两面三刀、翻云覆雨的伎俩，给人印象深刻。伍员之兄伍尚的慷慨赴死，颇为感人。

40.王子朝告诸侯书

王子朝之乱，是周王朝一次重要事件。此文乃是王子朝为自己辩解的文字。

昭公二十六年 王子朝使告于诸侯曰[1]：

昔武王克殷，成王靖四方[2]，康王息民，并建母弟，以蕃屏周[3]，亦曰：‘吾无专享文、武之功，且为后人之迷败倾覆而溺入于难，则振救之[4]。’至于夷王[5]，王愆于厥身[6]，诸侯莫不并走其望，以祈王身[7]。至于厉王，王心戾虐，万民弗忍，居王于彘[8]。诸侯释位，以间王政[9]。宣王有志，而后效官[10]。至于幽王，天不吊周，王昏不若，用愆厥位[11]。携王奸命[12]，诸侯替之，而建王嗣[13]，用迁郏鄏[14]。则是兄弟之能用力于王室也[15]。至于惠王，天不靖周[16]，生颓祸心[17]，施于叔带[18]，惠、襄辟难，越去王都[19]。则有晋、郑咸黜不端，以绥定王家[20]。则是兄弟之能率先王之命也。在定王六年[21]，秦人降妖[22]，曰：‘周其有頾王[23]，亦克能修其职[24]，诸侯服享，二世共职[25]。王室其有间王位，诸侯不图，而受其乱灾[26]。’至于灵王[27]，生而有頾。王甚神圣，无恶于诸侯。灵王、景王克终其世[28]。

［注释］

[1] 王子朝：又称子朝，西王，周景王庶长子。 [2]“昔武王”二句：指周初灭殷后平定武庚、管叔、蔡叔的叛乱。 [3]“康王惜民”三句：指成王、康王分封同母兄弟，以保卫周室。蕃屏，保卫。 [4]“且为”二句：且后代一旦荒淫败坏，陷于危难，则可拯救。按，成王、康王之际，天下安宁，号称成康之治。 [5] 夷王：周厉王父亲。 [6] 王愆于厥身：身染恶疾。愆，恶疾。 [7]“诸侯莫不”二句：诸侯各祭其名山大川，为夷王祈福。望，祭祀名，祭本国的名山大川。 [8] 居王于彘（zhì）：将厉王流放于彘。彘，古地名。在今山西霍县。 [9]“诸侯释位”二句：指周厉王被逐之后，共伯和受诸侯拥戴，代行王政。周厉王死后，始归政于周宣王。释位，离开国内的职位。间，参与。 [10] 效官：归政于周宣王。 [11]“至于幽王”四句：指天子昏聩不贤，因此失去王位。不吊，不保佑。不若，不顺。用，因此。愆，失去。 [12] 携王：即王子馀臣。 [13]“诸侯替之”二句：幽王

死后，虢公翰拥立王子馀臣为王，至周平王二十一年被晋文公杀死。王嗣，指周平王，本为太子，幽王死后，为鲁、郑等国拥立，东迁洛阳。 [14] 用：因，因此。郏鄏：古地名，在今河南洛阳。 [15] 兄弟：指分封的诸侯。 [16] 天不靖周：老天不让周朝安定。 [17] 生颓祸心：指王子颓之乱，在鲁庄公十九年传。颓，王子颓，周惠王叔叔。 [18] 施于叔带：王子带作乱，在鲁僖公二十四年。施（yì），延及。带，王子带，周襄王弟。 [19] 越去王都：出奔王城。二王子作乱时，惠王、襄王出奔。 [20] 则有晋、郑咸黜不端：指郑国支持惠王回国，攻灭王子颓；晋国支持襄王回国，攻灭王子带。咸，都。绥定王家：平定王室。 [21] 在定王六年：定王六年为鲁宣公八年。 [22] 秦人降妖：秦国出现妖言。 [23] 周其有頿王：意思是周朝会出现一长胡子的天子。頿，同“髭（zī）”，嘴上的胡须。 [24] 亦克能修其职：指能够修明自己的职责。克，即能。 [25]“诸侯服享”二句：指诸侯能顺从服从，两代都恭敬地谨守本职。 [26]“王室”三句：这是王子朝借妖言为自己造舆论，说有人觊觎王位，诸侯却不起来铲除。间王位，乘隙干求王位，指王子猛与敬王。 [27] 灵王：周定王孙子。 [28] 灵王、景王克终其世：二王能善始善终。景王，灵王儿子。

此是斥责单旗、刘狄专横不法。

今王室乱，单旗、刘狄剥乱天下[1]。壹行不若[2]，谓‘先王何常之有？唯余心所命，其谁敢讨之[3]？’帅群不吊之人[4]，以行乱于王室。侵欲无厌，规求无度[5]，贯渎鬼神[6]，慢弃刑法[7]，倍奸齐盟[8]，傲很威仪[9]，矫诬先王[10]。

晋为不道，是摄是赞[11]，思肆其罔极[12]。兹不穀震荡播越，窜在荆蛮，未有攸厎[13]。若我一二兄弟甥舅奖顺天法[14]，无助狡猾[15]，以从先王之命，毋速天罚，赦图不穀[16]，则所愿也。敢尽布其腹心及先王之经[17]，而诸侯实深图之。

昔先王之命曰："王后无適[18]，则择立长。年钧以德，德钧以卜[19]。"王不立爱[20]，公卿无私，古之制也。穆后及大子寿早夭即世[21]，单、刘赞私立少[22]，以间先王[23]，亦唯伯仲叔季图之[24]！"

闵马父闻子朝之辞[25]，曰："文辞以行礼也[26]。子朝干景之命[27]，远晋之大[28]，以专其志[29]，无礼甚矣，文辞何为？"

《史记·周本纪》认为王子猛为长子，然据"先王之命"句，王子朝、王子猛、王子匄皆非嫡子，而王子朝年长，自己认为应该继承王位。

吴闿生评此文特别是闵马父之评曰："诡妙殊甚，此左氏之秘诀，而此处用意尤显。"（韩席筹《左传分国集注》引）谓左氏别有微言大义。

[注释]

[1] 单旗：即单穆公，周朝臣子。刘狄：即刘文公，刘蚠，周朝臣子。剥：乱。 [2] 壹行不若：专门倒行逆施。壹，专。 [3]"唯余心所命"二句：意思是立谁为王，本无成法，唯我所立，谁敢干涉。这是王子朝转述单、刘的意思。 [4] 不吊：不善。 [5] 侵欲无厌，规求无度：侵吞无厌，贪求无度。 [6] 贯：同"惯"，惯于。渎：亵渎。 [7] 慢：轻慢，无视。 [8] 倍：同"背"。齐盟：斋盟。 [9] 傲很威仪：蔑视威仪。 [10] 矫诬：诈伪不实

之词。先王：指景王。 [11] 摄、赞：赞助。指对单旗、刘狄支持赞助。 [12] 思肆其罔极：指晋国支持、放纵单、刘的无道无厌。肆，放肆。罔极，无限度。 [13]“兹不穀”三句：是说自己动荡流离，逃窜在外，无所归宿。不穀，王子朝自称。未有攸底，未有所止。 [14] 兄弟：指同姓诸侯。甥舅：指异姓诸侯。奖顺天法：顺从上天的法度。 [15] 狡猾：指单、刘及敬王等人。 [16] 赦图不穀：赦，为自己除去忧愁。图，为自己解难。王子朝希望诸侯弃敬王而拥戴自己。 [17] 敢尽布其腹心：尽情披露内心所想。先王之经：先王之命。 [18] 適：同“嫡”。无嫡，无嫡长子。 [19]“年钧以德”二句：年龄相同则立有德者，德相当则由占卜而定。 [20] 不立爱：不因偏爱而立之。 [21] 穆后及大子寿早夭即世：此事在鲁昭公十五年。 [22] 赞私立少：己意偏私而立敬王。 [23] 间：违背。 [24] 亦唯伯仲叔季图之：王子朝以天子自居，指责敬王篡位，希望诸侯拥立自己。伯仲叔季，泛指诸侯。 [25] 闵马父：又称闵子马，鲁国大夫。 [26] 文辞以行礼也：意谓文辞是用来实行礼的。 [27] 干景之命：指违反景王遗命，立王猛为太子。 [28] 远晋之大：疏远晋国这样的大国。 [29] 专其志：一心想做天子。

[点评]

鲁昭公二十二年（前 520），周景王死，国人立王子猛。王子朝攻猛争位，晋国出兵助猛，不久猛死，立其弟匄，是为敬王。第二年，王子朝入王城，周敬王反而居于泽邑。王子朝与敬王，如二王并存。鲁昭公二十六年，周敬王起兵，攻王子朝，王子朝携周之典籍逃奔楚国。这就是周室王子朝之乱。王子朝作乱，给周朝带来五年的动荡。此文虽是王子朝为自己辩解的文字，其中不乏诡辩之词。但文中历数周室自武王以后的变乱，文辞整饬，颇有气势。近人吴曾祺曰："此文工绝，在春秋文告当为第一篇文字。"（韩席筹《左传分国集注》引）在诏令体的文章中，当可为典范。

41. 鱄设诸刺吴王僚

此时吴国大军在外与楚国作战，国内空虚，正是公子光夺取君位的好时机。

昭公二十七年 吴子欲因楚丧而伐之[1]，使公子掩馀、公子烛庸帅师围潜[2]。使延州来季子聘于上国[3]，遂聘于晋，以观诸侯[4]。楚莠尹然、王尹麇帅师救潜[5]，左司马沈尹戌帅都君子与王马之属以济师[6]，与吴师遇于穷[7]。令尹子常以舟师及沙汭而还[8]。左尹郤宛、工尹寿帅师至于潜，吴师不能退[9]。

鱄设诸预料刺吴王僚必死，欲把母、子托付给公子光，公子光接受托付。

吴公子光曰："此时也[10]，弗可失也。"告鱄设诸曰："上国有言曰：'不索，何获[11]？'我，王嗣也，吾欲求之[12]。事若克，季子虽至，不吾废也[13]。"鱄设诸曰："王可弑也。母老、子弱，是无若我何[14]？”光曰：“我，尔身也[15]。”

［注释］

[1] 吴子：吴王僚。楚丧：去年九月楚平王死。 [2] 掩馀、烛庸：都是吴王僚同母弟弟。潜：古地名。在今安徽霍山。 [3] 季子：即季札，本封延陵，后又封州来，故称延州来。上国：吴对中原各国的尊称。 [4] 以观诸侯：与晋国结好，以为援助，并观察诸侯的强弱与态度。 [5] 莠尹、王尹：楚国官名。然、麇：二人名。 [6] 都君子：居于下边都邑的贵族子弟。王马之属：楚王养马官属。二者本不服兵役，因事急而征发他们。济师：增援。 [7] 穷：古地名。在今安徽霍丘。 [8] 沙汭：沙水入淮口，在今安徽怀远。 [9]“左尹”二句：指楚国遇穷之师在前阻挡，到达潜的军队断了吴军的后路，前后夹攻，楚军又强盛，吴军进退维谷。 [10] 此时也：此为夺取王位的时机。 [11]“不索”二句：现在不求取，更待何时？ [12] 我，王嗣也，吾欲求之：吴王寿梦生四个儿子：诸樊、馀祭、夷昧、季札，兄弟相约兄终弟继，轮到季札时，季札不受，夷昧儿子僚继父而立。公子光为诸樊儿子，认为季札不受，当由自己嗣立。 [13]“季子虽至”二句：即便季札聘晋归来，也无妨害。 [14] 若我何：奈何，怎么安排。 [15] 我，尔身也：我身即你身。

吴王僚心知有异，防备森严。作者所描写的场景恐怖、气氛紧张。

鱄设诸刺杀吴王僚，是吴国历史上重大事件。后来的荆轲刺秦王，情节上与此颇为相似。

夏四月，光伏甲于堀室而享王[1]。王使甲坐于道及其门[2]。门、阶、户、席，皆王亲也[3]，夹之以铍[4]。羞者献体改服于门外[5]。执羞者坐行而入[6]，执铍者夹承之，及体，以相授也[7]。

光伪足疾[8]，入于堀室。鱄设诸置剑于鱼中以进[9]，抽剑刺王，铍交于胸[10]，遂弑王。阖庐以其子为卿[11]。

季子至，曰："苟先君无废祀[12]，民人无废主[13]，社稷有奉，国家无倾，乃吾君也，吾谁敢怨[14]？哀死事生[15]，以待天命。非我生乱，立者从之[16]，先人之道也。"复命哭墓[17]，复位而待[18]。吴公子掩馀奔徐，公子烛庸奔钟吾[19]。楚师闻吴乱而还[20]。

[注释]

[1] 甲：武士。堀室：地下室。 [2] 王使甲坐于道及其门：吴王僚也布置甲士以备非常之变。坐，待。 [3] 皆王亲也：都是吴王僚的亲兵。 [4] 夹之以铍（pī）：以剑夹着。铍，剑类武器。指亲兵手持短剑护卫在吴王两旁。 [5] 羞者：进食的人。献体改服：露体更衣。 [6] 执羞者：进食者。坐行：膝行。 [7]"执铍者"三句：吴王僚亲兵用剑夹着进食者，剑刃几乎碰到进食者的身体，然后才将菜递给吴王僚身旁侍者，由侍者献上。 [8] 伪足疾：假装脚有病。 [9] 置剑于鱼中：藏剑于做菜的鱼肚子中。 [10]"抽剑刺王"二句：鱄设诸抽出剑猛刺吴王，自己也被两旁的剑交叉刺入胸部。 [11] 阖庐：公子光即位，是为吴王阖庐。其子：指鱄设诸儿子。 [12] 苟先君无废祀：不废弃先君的祭祀。 [13] 民人无废主：百姓不废弃国君。 [14]"社稷有奉"四句：谓阖庐杀君自立，既成事实，季札只有承认。 [15] 死：指王僚。生：指

阖庐。［16］立者从之：谁立为君，就服从谁。［17］复命哭墓：季札聘晋为吴王僚所遣，所以到吴王僚墓前报告使命。［18］复位而待：回到原来的位子，等待阖庐之命。［19］“吴公子”二句：徐、钟吾都是小国。钟吾，在今江苏宿迁。［20］楚师闻吴乱而还：因吴内乱，楚国径自撤兵。

［点评］

伍子胥逃到吴国后，知道吴公子光有异志，决意要帮助他，于是推荐鱄设诸完成其事。本篇写得惊心动魄，特别是鱄设诸刺吴王僚的一幕，整个场面充满着阴冷的杀机，残酷的氛围，但是鱄设诸却在这样的戒备森严中刺杀了吴王僚。作者在场景的描绘与气氛的烘托中突出了鱄设诸的胆量和勇敢，突出了人物性格。《礼记·经解》云：“属词比事，《春秋》教也。……属词比事而不乱，则深于《春秋》者也。”在激烈的矛盾冲突中完成人物的刻画，是本篇在文学上的特点，它就是《左传》“深于《春秋》者也”，这已经是完全小说化的“属词比事”。

42.费无极谮杀郤宛

昭公二十七年　郤宛直而和[1]，国人说之[2]。鄢将师为右领[3]，与费无极比而恶之[4]。令尹子常贿而信谗，无极谮郤宛焉[5]，谓子常曰："子恶欲饮子酒[6]。"又谓子恶："令尹欲饮酒于子氏[7]。"子恶曰："我，贱人也，不足以辱令尹[8]。令尹将必来辱，为惠已甚[9]。吾无以酬之[10]，若何？"无极曰："令尹好甲兵[11]，子出之，吾择焉[12]。"取五甲五兵，曰："置诸门，令尹至，必观之，而从以酬之[13]。"及飨日，帷诸门左[14]。无极谓令尹曰："吾几祸子。子恶将为子不利，甲在门矣，子必无往[15]！且此役也[16]，吴可以

作者叙事，直接勾画出郤宛、鄢将师、令尹子常的品格。又从对话中揭露费无极的险恶用心。清人章学诚认为："记言之文，则非作者之言也，为文为质，期于适如其人之言，非作者所能自主也。"（《文史通义·古文十弊》）此段记言，恰是"适如其人之言"。

得志[17]，子恶取赂焉而还，又误群帅，使退其师[18]，曰：'乘乱不祥[19]。'吴乘我丧[20]，我乘其乱，不亦可乎？"令尹使视郤氏，则有甲焉。不往，召鄢将师而告之。将师退，遂令攻郤氏，且爇之[21]。子恶闻之，遂自杀也。国人弗爇，令曰："不爇郤氏，与之同罪。"或取一编菅焉[22]，或取一秉秆焉[23]，国人投之[24]，遂弗爇也[25]。令尹炮之[26]，尽灭郤氏之族党，杀阳令终与其弟完及佗，与晋陈及其子弟[27]。晋陈之族呼于国曰："鄢氏、费氏自以为王[28]，专祸楚国，弱寡王室[29]，蒙王与令尹以自利也[30]。令尹尽信之矣，国将如何？"令尹病之[31]。

费无极、鄢将师的倒行逆施，已引起众怒。

韩席筹曰："无极阴险，为千古谗人之尤。然其以饮酒观甲谮郤宛，却无异儿戏，而皆为倾动者，则子常之贪而愚，郤宛之和而流，适足启小人之心也。"（《左传分国集注》）

［注释］

[1] 郤宛：又称子恶。直而和：正直而温和。 [2] 说：同"悦"。 [3] 右领：楚国官名。 [4] 比（bì）：勾结。恶（wù）：憎恨。 [5]"令尹子常"二句：子常，即囊瓦。贿，贪求贿赂。谮，诬陷。 [6] 子恶欲饮子酒：说郤宛打算请子常喝酒。子恶，即郤宛，也即子氏。 [7] 令尹欲饮酒于子氏：联系前一句，指费无极告诉令尹子常说郤宛要他请他喝酒，又告诉郤宛说令尹要请他喝酒。 [8] 不足以辱令尹：不足以让令尹屈尊前来。 [9]"令尹"二句：令尹如果光临，对我的恩惠就太大了。 [10] 酬：奉献礼物以为报答。 [11] 甲兵：衣甲、兵器。 [12] 子出

之，吾择焉：意谓让郤宛摆出好的皮甲武器，为他挑选，以备献给子常。[13]“置诸门”四句：这是费无极教给郤宛的主意。[14]帷诸门左：郤宛按费无极所教的办，将五甲兵放在门边帷帐里。[15]子必无往：叫子常不要前往。暗示郤宛将谋杀子常。[16]且此役也：指前文楚国救潜抗吴之役。[17]吴可以得志：楚国本可战胜吴国。[18]“子恶取赂”三句：意思是指郤宛退兵，是受了吴人的贿赂。[19]乘乱不祥：吴有内乱，乘人之危不吉利。[20]吴乘我丧：指吴国乘楚平王死的丧期内出兵围潜。参看《鱄设诸刺吴王僚》篇。[21]爇（ruò）：放火焚烧。[22]编菅：盖屋的茅草。菅（jiān），茅草。[23]一秉：一把。秆：禾茎。[24]投之：国人夺走编菅和秆。[25]遂弗爇也：不让烧郤宛家。[26]炮之：焚烧郤宛家。[27]阳令终：阳匄，即令尹子瑕的儿子。晋陈：楚国大夫。[28]鄢氏、费氏自以为王：当时楚昭王年幼，二人横行无忌，以君王自居。[29]弱寡王室：削弱孤立王室。[30]蒙：欺骗，蒙蔽。[31]病之：感到担心。

沈尹戌此段话，历数费无极与鄢将师的罪行，亦批评了令尹子常的“贿而信谗”。

楚郤宛之难，国言未已[1]，进胙者莫不谤令尹[2]。沈尹戌言于子常曰[3]：“夫左尹与中厩尹[4]，莫知其罪，而子杀之[5]，以兴谤讟[6]，至于今不已。戌也惑之：仁者杀人以掩谤[7]，犹弗为也。今吾子杀人以兴谤而弗图[8]，不亦异乎[9]？夫无极，楚之谗人也，民莫不知。去朝吴[10]，出蔡侯朱[11]，丧大子建，杀连尹奢[12]，屏王之耳目[13]，使不聪明[14]。不然，平王之温惠共俭，有过成、庄，无不及焉[15]。所以不获诸侯，迩无极也[16]。今又杀三不辜[17]，以兴大谤，几及子矣[18]。子而不图，将焉用之[19]？夫鄢将师矫子之命[20]，以灭三族。三族，国之良也，而不愆位[21]。吴新有君[22]，疆埸日骇[23]，楚国若有大事[24]，子其危哉！知者除谗以自安也，今子爱谗以自危也[25]，甚矣，其惑也！”子常曰：“是瓦之罪[26]，敢不良图[27]！”九月己未[28]，子常杀费无极与鄢将师，尽灭其族，以说于国[29]。谤言乃止。

近人吴曾祺评曰：“无极杀人多矣，而卒毙于沈尹戌之一言，亦所谓恶不积不足以灭身也，于此可悟天道。”（韩席筹《左传分国集注》引）

［注释］

[1] 国言未已：国内怨言不息。 [2] 进胙（zuò）者：有资格分得胙肉的人，指大夫们。胙，祭肉。诸侯祭祀，祭后必分祭肉给卿大夫。 [3] 沈尹戌：楚国大夫，楚庄王曾孙，也叫左司马戌。沈尹，官名。 [4] 左尹：郤宛。中厩尹：阳令终。 [5]“莫知”二句：指二人无辜被杀。莫，无人。 [6] 谤讟（dú）：怨言。指左尹与中厩尹不知有何罪，却被杀，国人怨言不止。 [7] 掩谤：掩盖谤怨。 [8] 杀人以兴谤而弗图：杀人兴谤，却不考虑补救办法。 [9] 不亦异乎：这不奇怪吗？ [10] 去朝吴：鲁昭公十五年，费无极挑拨朝吴与蔡人的关系，遂使蔡人逐朝吴。 [11] 出蔡侯朱：鲁昭公二十一年，费无极取货于蔡平侯之弟，欲害蔡太子朱，造谣于蔡。 [12] 杀连尹奢：即杀伍奢。事见《伍员奔吴》篇，

昭公二十年。 [13] 屏：遮挡。 [14] 聪明：耳听得清为聪，眼看得清为明。 [15]“不然”四句：指楚平王受费无极蒙蔽，否则，其温和仁慈超过成王、庄王。 [16] 迩：接近，亲近。 [17] 三不辜：指郤氏、阳氏、晋陈氏，即下文的三族。 [18] 几及子矣：几乎要拖累您了。 [19] 焉用之：何必用令尹。 [20] 矫：假传。 [21] 不愆（qiān）位：在位没过错。 [22] 吴新有君：指吴王阖庐刚立为君。 [23] 疆埸日骇：楚、吴二国边境日益紧张。埸（yì），疆界。骇，惊惧。 [24] 大事：指战争。 [25] 知者除谗以自安也：聪明人排除谗言以安定自己。今子爱谗以自危也：与上句刚好相反。 [26] 瓦：囊瓦，字子常。 [27] 良图：好好考虑。 [28] 己未：十四日。 [29] 以说于国：以取悦于国人。

[点评]

楚国的费无极是个阴谋家的典型。在《汉书·古今人表》中，费无极也是被列入“下愚”中的“下下”等之列。鲁昭公二十年，他诬陷太子建和伍奢（见《伍员奔吴》篇），这一年又陷害郤宛，由此造成了楚国不停的内乱。可以说，费无极是个以谗言诬陷杀人的行家里手。费无极的手段，是采用巧言曼语的蒙骗，心怀叵测的挑拨，无中生有的陷害，以达到除掉他的政敌如郤宛等人的目的。当然，由于楚王的糊涂，令尹子常的贪贿信谗，使得费无极的阴谋一一得逞。费无极的倒行逆施，终于引发国人的愤怒，最后费无极、鄢将师都被杀灭族，可谓自取其咎，罪有应得。不过，楚国经此内乱，国力受到损害，让吴国有了入侵的机会。作者把费无极的恶行以叙事的方式细细描述出来，对费无极的揭露可谓淋漓尽致。

43.吴楚柏举之战

定公四年　沈人不会于召陵[1]，晋人使蔡伐之。夏，蔡灭沈。秋，楚为沈故，围蔡[2]。伍员为吴行人以谋楚[3]。

楚之杀郤宛也[4]，伯氏之族出[5]。伯州犁之孙嚭为吴大宰以谋楚[6]。楚自昭王即位，无岁不有吴师[7]。蔡侯因之[8]，以其子乾与其大夫之子为质于吴。

鲁成公七年（吴寿梦二年）楚大夫巫臣从晋使吴，寿梦悦之，吴乃始通中原诸国。巫臣在吴教吴战阵，唆使吴叛楚、伐楚。鲁昭公二十年伍子胥奔吴，又增大了吴国的力量。鲁定公三年，楚国的令尹子常扣留了蔡国和唐国的国君。第二年，吴、蔡、唐联军伐楚。“无岁不有吴师”，说明吴人侵扰楚国之频繁。

［注释］

[1] 沈：楚国盟国，在今安徽阜阳。不会于召陵：此年春，刘文公合诸侯会于召陵，谋伐楚。召陵，在今河南偃城。　[2] 围蔡：楚国为沈国而报复，围攻蔡国。　[3] 伍员（yún）：字子胥。参见前《伍员奔吴》篇。行人：交聘官。谋楚：谋划进攻楚国。　[4] 杀

郤宛：事见前《费无极谮杀郤宛》篇。 [5] 伯氏之族出：伯氏为郤宛同党，因此逃离楚国。 [6]“伯州犁”句：伯州犁的孙子伯嚭（pǐ）事吴为太宰，为吴国策划对付楚国。 [7] 无岁不有吴师：年年有吴军骚扰。 [8] 蔡侯：即蔡昭侯，名申。因之：依附吴国。

司马戌之计甚善，但史皇怕司马戌独占其功，唆使子常抢先出击。

战役尚未开始，楚国将领便各有打算，不能团结一致。作者亦以此预示战争的结局。

冬，蔡侯、吴子、唐侯伐楚[1]。舍舟于淮汭[2]，自豫章与楚夹汉[3]。左司马戌谓子常曰[4]：“子沿汉而与之上下[5]，我悉方城外以毁其舟，还塞大隧、直辕、冥阨[6]。子济汉而伐之[7]，我自后击之，必大败之。”既谋而行。武城黑谓子常曰[8]：“吴用木也，我用革也，不可久也[9]，不如速战。”史皇谓子常[10]：“楚人恶子而好司马[11]。若司马毁吴舟于淮，塞城口而入，是独克吴也[12]。子必速战！不然，不免[13]。”乃济汉而陈，自小别至于大别[14]。三战，子常知不可，欲奔[15]。史皇曰：“安求其事[16]，难而逃之，将何所入[17]？子必死之，初罪必尽说[18]。”

［注释］

[1] 吴子：即吴王阖庐，名光，鲁昭公二十八年杀吴王僚自立。唐侯：唐成公。蔡、唐二君常受楚国凌辱，故联吴攻楚。 [2] 舍舟于淮汭：吴军到达淮汭，弃船登陆攻击楚国。淮，淮水。汭，

河岸凹曲处。 [3] 自豫章与楚夹汉：吴军从豫章进发，与楚军夹汉水对峙。 [4] 左司马戌：沈尹戌。子常：平王时令尹，名瓦，又称囊瓦。 [5] 沿汉而与之上下：紧守汉水沿岸，上下堵截，不让吴军渡水。 [6] 还塞：沈尹戌将以方城外全部楚军抄袭吴军背后，毁坏吴军船只而断其退路。大隧、直辕、冥阨：地名，在今河南、湖北交界的三个关隘。 [7] 子济汉而伐之：意指等沈尹戌截住吴军归路后，子常再渡过汉水来攻打吴军。 [8] 武城黑：楚国武城大夫，名黑。 [9] "吴用木也"三句：革车是用胶把皮革粘饰在车表面，虽然美观，但不耐雨湿，不可久战。木是栈车。用木、用革，都指兵车。 [10] 史皇：楚国大夫。 [11] 司马：即沈尹戌。 [12] "若司马"三句：意谓要是司马在淮水毁掉吴国战船，堵塞隘口而回兵，那可就是他单独战胜吴国了。城口：指上述大隧等三关。 [13] 不免：不免于罪。 [14] 小别：小别山，在今湖北汉川，汉水以北。大别：大别山，在今湖北汉阳东北。 [15] 欲奔：知道不能战胜吴军，准备撤军逃走。 [16] 安求其事：国安之时就想执掌政事。 [17] "难而逃之"二句：有危难时就想逃跑，又能逃到哪里去？ [18] "子必死之"二句：只有拼死一战，才可解脱前罪。初罪，以前的罪责。说，同"脱"。

十一月庚午，二师陈于柏举[1]。阖庐之弟夫槩王晨请于阖庐曰[2]："楚瓦不仁，其臣莫有死志[3]，先伐之，其卒必奔；而后大师继之，必克。"弗许[4]。夫槩王曰："所谓'臣义而行[5]，不待命'者，其此之谓也。今日我死，楚可入也[6]。"以其属五千先击子常之卒。子常之卒楚人节节败退，吴人势如破竹。二者对比鲜明。

吴人入郢都，后人有伍子胥鞭楚平王尸的传说，如《史记》的《吴太伯世家》与《伍子胥列传》所记。《吕氏春秋》与《穀梁传》则有“鞭坟”之记。《左传》未记“鞭尸”或“鞭坟”事，说明左氏是忠于历史事实的。至于《吴越春秋》所说的“鞭尸”、《越绝书》所说的“鞭坟”，更是小说家言。

奔[7]，楚师乱，吴师大败之。子常奔郑[8]。史皇以其乘广死[9]。

吴从楚师，及清发[10]，将击之。夫槩王曰：“困兽犹斗，况人乎？若知不免而致死，必败我[11]。若使先济者知免，后者慕之，蔑有斗心矣[12]。半济而后可击也[13]。”从之，又败之。楚人为食[14]，吴人及之，奔[15]。食而从之[16]，败诸雍澨[17]。五战，及郢[18]。

[注释]

[1] 二师：吴、楚两国的军队。柏举：地名，在今湖北麻城附近。 [2] 夫槩王：“夫槩”是名，其在鲁定公五年自立为王。 [3] 楚瓦：楚令尹子常。死志：死战的决心。 [4] 弗许：阖庐不同意夫槩王的请求。 [5] 臣义而行：为人臣之道，合于道义就做。 [6] 楚可入也：准备拼死攻入郢都。 [7] 子常之卒奔：子常军队本无斗志，一战即溃。 [8] 子常奔郑：不敢回郢都，逃至郑国。 [9] “史皇”句：史皇在子常车上战死。其，指子常。乘广，楚王或楚国主帅所乘坐的兵车。 [10] 清发：水名，在今湖北安陆。 [11] “若知不免”二句：要是发现免不了一死而拼死战斗，可能反败为胜。 [12] “若使”三句：意谓要是让先渡过河的楚军以为能逃脱，后面的人就会羡慕他们，这样就没有斗志了。 [13] 半济而后可攻也：楚军有一半已渡河时，再进行追击。 [14] 为食：做饭吃。 [15] 奔：楚军败逃。 [16] 食而从之：指吴军吃了楚军的饭食又去追赶。 [17] 雍澨：水名，今湖北京

山有三澨水，此为其中之一。 [18] 及郢：到达楚国郢都。

己卯[1]，楚子取其妹季芈畀我以出[2]，涉睢[3]。鍼尹固与王同舟[4]，王使执燧象以奔吴师[5]。

庚辰[6]，吴入郢，以班处宫[7]。子山处令尹之宫[8]，夫槩王欲攻之，惧而去之[9]，夫槩王入之。

楚人以燧象之计冲击吴军，《史记·田单列传》之火牛阵，或许效法楚人于此？

插叙吴人内部亦有不和，所以最终不能占有楚国。

［注释］

[1] 己卯：十一月二十七日。 [2] 季芈（mǐ）畀（bì）我：楚平王女，楚昭王妹妹，季为排行。芈，姓；畀我，名。 [3] 睢：水名，一名沮河，自今湖北江陵入长江。 [4] 鍼尹固：楚国大夫。 [5] 执燧象以奔吴师：把火炬系在象尾上，让象冲入敌阵，以抵御吴军。燧，火炬。 [6] 庚辰：二十八日。 [7] 以班处宫：按爵位等级占有楚人宫室。 [8] 子山：阖庐儿子。 [9]“夫槩王”二句：夫槩王与子山争令尹之宫，子山害怕，撤出。

左司马戌及息而还[1]，败吴师于雍澨，伤。初，司马臣阖庐，故耻为禽焉[2]。谓其臣曰：“谁能免吾首[3]？”吴句卑曰[4]：“臣贱，可乎？”司马曰：“我实失子[5]，可哉！”三战皆伤[6]，曰：“吾不可用也已[7]。”句卑布裳，刭而裹之，藏其

近人吴曾祺曰：“司马死节，实为壮伟，足为文字生色。”（韩席筹《左传分国集注》引）

身，而以其首免[8]。

［注释］

[1] 及息而还：沈尹戌得知楚军已败，中途折回来。息，古地名，在今河南息县。 [2]“司马臣阖庐”二句：沈尹戌曾在吴国为阖庐之臣，所以耻为吴国擒获。 [3] 谁能免吾首：谁能不使吴国得到我的尸首？ [4] 吴句卑：沈尹戌部下小臣。 [5] 实失子：以前疏忽，不知道你贤能而重用你。 [6] 三战皆伤：主语是沈尹戌。 [7] 不可用：不中用，将死。 [8]“句卑布裳”四句：吴句卑铺开裙子，割下沈尹戌的头包裹好，藏好他的尸身，然后带着头逃走了。布，铺开。

楚子涉雎，济江[1]，入于云中[2]。王寝，盗攻之，以戈击王。王孙由于以背受之[3]，中肩。王奔郧[4]。锺建负季芈以从[5]，由于徐苏而从[6]。郧公辛之弟怀将弑王[7]，曰：“平王杀吾父，我杀其子，不亦可乎？”辛曰：“君讨臣，谁敢仇之[8]？君命，天也。若死天命，将谁仇[9]？《诗》曰：‘柔亦不茹，刚亦不吐，不侮矜寡，不畏强御[10]。’唯仁者能之。违强陵弱[11]，非勇也；乘人之约[12]，非仁也；灭宗废祀[13]，非孝也；动无令名[14]，非知也。必犯是，余将杀女。”

鬬辛与其弟巢以王奔随[15]。吴人从之，谓随人曰：“周之子孙在汉川者，楚实尽之[16]。天诱其衷，致罚于楚[17]，而君又窜之[18]。周室何罪？君若顾报周室，施及寡人，以奖天衷，君之惠也[19]。汉阳之田，君实有之[20]。”楚子在公宫之北[21]，吴人在其南。子期似王，逃王，而己为王[22]，曰：“以我与之[23]，王必免。”随人卜与之，不吉，乃辞吴曰：“以随之辟小而密迩于楚[24]，楚实存之。世有盟誓，至于今未改[25]。若难而弃之，何以事君[26]？执事之患不唯一人，若鸠楚竟，敢不听命[27]？”吴人乃退。鑢金初宦于子期氏[28]，实与随人要言[29]。王使见[30]，辞曰：“不敢以约为利[31]。”王割子期之心以与随人盟[32]。

韩席筹分析吴人退兵说：“吴挟全胜之威以临随，责之以大义，啗之以重利，随宜念汉川诸姬之耻，引渡楚昭矣。而不然者，非不顾宗盟而思楚小惠也，盖审知子胥志在复仇，无意灭楚也。”就柏举之战的结局来说，韩的分析有理。

［注释］

[1] 江：长江。 [2] 云：即云梦泽，在今湖北安陆。 [3] 王孙由于以背受之：王孙由于以背代楚昭王受戈击。王孙由于，又称吴由于，楚国公族。 [4] 郧（yún）：本小国名，在今湖北安陆，被楚所灭。 [5] 锺建：楚国大夫。 [6] 徐苏：慢慢苏醒。从：跟随楚王。 [7] 郧公辛：鬬辛，蔓成然儿子。鲁昭公十四年楚平王杀蔓成然。 [8] “君讨臣”二句：国君诛讨其臣，谁敢记仇怀

恨？ [9]“君命”四句：意谓君王的命令是上天的意志。如果死于天命，你要仇恨谁？ [10]“柔亦不茹”四句：出自《诗经·大雅·烝民》，意思是遇到软的不吞下去，遇到硬的不吐出来。不侮辱鳏寡的人，也不畏惧强暴的人。前两句是比喻。茹，食，吞，与吐对文。矜寡，鳏寡。 [11] 违强陵弱：楚平王杀其父时，王是强者，所以其父不避君命而受之。如今楚昭王逃亡在外，是弱者。 [12] 约：穷，指楚昭王正处于困境。 [13] 灭宗废祀：弑君之罪，将遭灭族之祸而使宗祀废绝。 [14] 动无令名：弑君的行动无美名。动，行动。 [15] 鬭辛与其弟巢以王奔随：鬭辛阻止其弟杀昭王，并保护昭王逃往随国。 [16]“周之子孙”二句：僖公二十八年传说：“汉阳诸姬，楚实尽之。”吴、随等都是姬姓，所以吴国以此诱使随人反楚。 [17]“天诱”二句：意谓上天垂示意愿，要降罚于楚国。 [18] 窜：藏匿。 [19]“君若”四句：意谓君工要是能顾念并报答周室，恩惠延及寡人，以完成上天的心愿，这是君王的恩惠。奖，助成。天衷，天的意旨。 [20] 君实有之：都归君王所有。以汉阳之土田再诱随国。 [21] 公宫：随国国君之宫。 [22]“子期似王”三句：公子结长相似昭王，自荐伪扮昭王以应付吴国，让昭王逃走。子期，楚昭王兄公子结。 [23] 以我与之：把我交给吴人。 [24] 密迩于楚：指距楚极近。 [25]“世有”二句：意谓随国偏小，离楚国又近，且两国世代有盟誓，直到现在也没改变。 [26]“若难”二句：楚国有难时则背弃盟约，如此不守信义，又何以事吴国？君，指吴王。 [27]“执事之患”三句：执事，指吴王。一人，指楚昭王。鸠，安定。“竟”，同“境”。意谓吴国之患，并不在昭王一人未擒，安定楚国民心更重要。 [28]“鑢金”句：指鑢金起初在子期那里当家臣。鑢（lǜ）金，人名，曾是子期家臣。 [29] 要言：口头约定，指商定藏匿昭王以及子期代王之事。要，约。 [30] 王使见：想召见鑢金并封为王臣。 [31] 不敢以约为利：不敢趁昭王困窘时为自己谋利。 [32] 王割子期之心以与随人盟：割破子期胸部皮肤，取血与随人结盟，非剖腹取心。子期本要代王赴难，所以取他的血，表示接受其忠诚。

初，伍员与申包胥友[1]。其亡也，谓申包胥曰："我必复楚国[2]。"申包胥曰："勉之！子能复之，我必能兴之。"及昭王在随，申包胥如秦乞师，曰："吴为封豕、长蛇[3]，以荐食上国，虐始于楚[4]。寡君失守社稷，越在草莽[5]，使下臣告急，曰：'夷德无厌，若邻于君，疆埸之患也[6]。逮吴之未定[7]，君其取分焉[8]。若楚之遂亡，君之土也。若以君灵抚之，世以事君[9]。'"秦伯使辞焉[10]，曰："寡人闻命矣。子姑就馆，将图而告[11]。"对曰："寡君越在草莽，未获所伏[12]，下臣何敢即安？"立，依于庭墙而哭，日夜不绝声，勺饮不入口七日。秦哀公为之赋《无衣》[13]。九顿首而坐[14]。秦师乃出。

唐李白《奔亡道中五首》云："申包惟恸哭，七日鬓毛斑。"京剧传统剧目有《七日七夜》，即演义申包胥哭秦廷事。

《无衣》是反映士兵友爱和慷慨从军的诗，其中有"王于兴师，修我戈矛，与子同仇"及"修我甲兵，与子偕行"的诗句。秦哀公赋此诗，是表示将出兵救楚国。

［注释］

[1] 申包胥：楚之同姓，食采邑于申，因以为姓。 [2] 复：同"覆"，颠覆。 [3] 封豕：大野猪。封，大。封豕、长蛇尧时

曾为害，故用以比喻吴国。 [4]“以荐食上国”二句：吴国屡次侵害中原诸侯，首先侵害到楚国。荐，屡次。食，吞食。上国，指中原地区的诸侯国。 [5]越：流亡。草莽：草野之间。 [6]“夷德无厌”三句：楚国西界与秦国相接，现在吴国既占有楚国，则成为秦的邻国，这样一来秦国的边境也将不免于祸患。夷，指吴国。 [7]逮：及，乘。 [8]取分：取得一份地盘。指与吴国共分楚国。 [9]“若以君”二句：如不亡，楚国将世世代代事奉秦国。以君之灵，即“托福”之意。灵，威灵。抚，存恤。 [10]秦伯：秦哀公。 [11]将图而告：待考虑好后再作答复。 [12]未获所伏：未得安宁居处。 [13]《无衣》：《诗经·秦风》篇名。 [14]九顿首而坐：申包胥行大礼拜谢。顿首，叩头。坐，跪坐。

秦国愿意救楚，还有一个原因，即楚昭王乃是秦哀公外甥（可参看《左传》昭公二十六年）。

定公五年 申包胥以秦师至，秦子蒲、子虎帅车五百乘以救楚。子蒲曰：“吾未知吴道[1]。”使楚人先与吴人战，而自稷会之[2]，大败夫槩王于沂[3]。吴人获薳射于柏举[4]，其子帅奔徒以从子西[5]，败吴师于军祥[6]。

秋七月，子期、子蒲灭唐[7]。

[**注释**]

[1]吴道：吴国的战术。 [2]而自稷会之：秦军在稷和吴军相遇。稷，在今河南桐柏。 [3]沂：楚国地名，在今河南正阳。 [4]薳射：楚国大夫。 [5]奔徒：逃跑的散兵。子西：即公子申，楚平王的长庶子。 [6]军祥：古地名，在今湖北随

州。 [7] 子期、子蒲灭唐：唐国跟随吴国伐楚，因此被灭。唐，国名，在今湖北枣阳。

九月，夫槩王归，自立也[1]。以与王战而败，奔楚，为棠溪氏[2]。吴师败楚师于雍澨，秦师又败吴师。吴师居麇[3]，子期将焚之，子西曰："父兄亲暴骨焉[4]，不能收，又焚之，不可。"子期曰："国亡矣！死者若有知也，可以歆旧祀，岂惮焚之[5]？"焚之，而又战，吴师败，又战于公婿之溪[6]。吴师大败，吴子乃归。囚闉舆罢[7]，闉舆罢请先，遂逃归[8]。叶公诸梁之弟后臧[9]，从其母于吴[10]，不待而归[11]。叶公终不正视[12]。

去年吴人入郢，"以班处宫"，子山与夫槩王相争内斗；今夫槩王又自立为王，再加上秦人的帮助，吴人只能败退而归。

［注释］

[1] 自立也：自立为吴王。 [2]"以与王战"三句：夫槩王被阖庐打败，逃奔楚国，后被封为棠溪氏。棠溪，或作"堂溪"，在今河南遂平。 [3] 麇（jūn）：楚国地名，在雍澨附近。 [4] 父兄亲暴骨焉：前年楚国与吴国作战，多死于麇中，尸骨暴露未收。 [5]"国亡矣"四句：焚邑是为了消灭敌人，使楚国不亡，那时可按旧规矩来祭祖。父兄死而有知，一定不会反对焚邑。歆，享。旧祀，往日的祭祀。 [6] 公婿之溪：楚国地名。 [7] 闉（yīn）舆罢：楚国大夫。 [8]"闉舆罢"二句：意谓闉舆罢被囚，他请求先走（实为哄骗吴人），乘机逃回楚国。 [9] 叶公诸梁：叶公

子高，沈尹戌之子，因封于叶，故称叶公。 [10] 从其母于吴：吴军入楚后，后臧母亲被俘虏入吴，后臧跟随入吴。 [11] 不待而归：战后后臧丢弃母亲只身逃回楚国。 [12] 叶公终不正视：叶公嫌后臧弃母不义，终生不正眼看他。

《左传》昭公三十一年曾写史墨为赵简子占梦，说六年之后的该月，吴军将进入楚国的郢都，但是又不能胜楚。此段记鬭辛之言，再次回应前面吴人入郢以班处宫之事，说明吴人并不能真正胜楚。

楚子入于郢[1]。初，鬭辛闻吴人之争宫也[2]，曰："吾闻之：'不让，则不和；不和，不可以远征。'吴争于楚，必有乱；有乱，则必归，焉能定楚[3]？

［注释］

[1] 楚子入于郢：吴军撤走，楚昭王回到郢都。 [2] 争宫：指夫槩王与子山争处令尹之宫事。 [3] 焉能定楚：这是补叙鬭辛的预言，谓吴国的失败势在必然。

前有介之推不言禄，此有申包胥逃赏，后有范蠡泛舟五湖，虽情事不完全相同，却都为后人所津津乐道者也。

王之奔随也，将涉于成臼[1]。蓝尹亹涉其帑[2]，不与王舟。及宁[3]，王欲杀之。子西曰："子常唯思旧怨以败[4]，君何效焉？"王曰："善。使复其所，吾以志前恶[5]。"王赏鬭辛、王孙由于、王孙圉、锺建、鬭巢、申包胥、王孙贾、宋木、鬭怀[6]。子西曰："请舍怀也[7]。"王曰："大德灭小怨[8]，道也。"申包胥曰："吾为君也，非为身也。君既定矣，又何求？且吾尤子旗[9]，其又为诸[10]？”遂逃赏[11]。王将嫁季芈，季芈辞曰：“所以为女子，远丈夫也。锺建负我矣[12]。”以妻锺建，以为乐尹[13]。

［注释］

[1] 成臼：水名，大约在今湖北天门。 [2] 蓝尹亹（wěi）：楚国大夫。帑：同“孥”，妻子。 [3] 宁：安定。 [4] 子常唯思旧怨以败：当初令尹子常就是因为不弃旧怨才遭到失败。 [5]“使复其所”二句：意谓不杀蓝尹亹，并且官复原职，以此记住先前的教训。 [6]“鬭辛”等：九人都随从楚昭王逃难，有功，因此受赏。 [7] 请舍怀也：鬭怀曾要杀楚昭王，所以子西请求免赏鬭怀。 [8] 大德灭小怨：鬭怀最终听从其兄劝告，使楚昭王免于难，是大德。 [9] 且吾尤子旗：鲁昭公十四年，子旗因拥立楚平王，自以为有大功，贪得无厌，终为平王所杀。尤，怨恨。子旗，蔓成然。 [10] 其又为诸：意谓难道我又要做子旗吗？“诸”，犹“之乎”。 [11] 逃赏：逃离不接受赏赐。 [12] 锺建负我矣：锺建已背过我。所以非嫁他不可。 [13] 乐尹：掌管音乐的大夫。

王之在随也，子西为王舆服以保路[1]，国于脾泄[2]。闻王所在，而后从王。王使由于城麇[3]。复命，子西问高厚焉[4]，弗知。子西曰：“不能，如辞[5]。城不知高厚，小大何知[6]？”对曰：“固辞不能，子使余也[7]。人各有能有不

近人吴曾祺曰：“直叙战争，径率少味，故杂入夫槩之争，司马之死，伍员包胥之约，锺建由余种种情事，而后文字璀璨陆离，有五光十色之观，此记事之文一秘诀也。”（韩席筹《左传分国集注》引）

能。王遇盗于云中，余受其戈，其所犹在[8]。”袒而示之背，曰：“此余所能也。脾泄之事，余亦弗能也[9]。”

［注释］

[1] 子西为王舆服以保路：子西陈设了楚王的车马衣饰，造成楚王未逃走的假象，以安定、保护各路军民。 [2] 国于脾泄：在脾泄建立了国都。脾泄，楚国地名，在郢都附近。 [3] 城麇：修筑麇城。 [4] 子西问高厚焉：子西问王孙由于城墙的高度和厚度。 [5] 不能，如辞：不能胜任，还不如辞掉这差事。 [6] 小大：指工程的范围。 [7] 子使余：是你一定要我去的。 [8] 所：处所，这里指伤痕。 [9]“脾泄之事”二句：在脾泄建立国都之事，则非我所能。

［点评］

柏举之战，是吴、楚两国之间发生的一次大战。吴国自寿梦强大之后，遂有称霸之野心。楚国是其西邻，正可作为它扩张的对象。而此时楚国国内诸多不安定因素使得国势削弱，也给吴人可乘之机，这是吴、楚爆发柏举之战的真正原因。柏举之战，楚沈尹戌的计策本是可行的，但是史皇怕他争功，唆使子常速战，结果仓促失机，三战皆败。吴人进入郢都，却只知争财夺利，再加上申包胥乞师秦廷，楚国终于夺回郢都。吴楚柏举之战中，楚国的失败和吴国的撤出郢都，都是内部分歧和争斗带来的结果。政平、国治、民安、将帅和，才是取胜的资本。这是作者所要表现的战争思想。作者详写了战争中的谋略和细节，似小说，增加了情节的生动性和丰富性，读起来给人以回肠荡气之感。

44. 齐鲁清之战

《史记·仲尼弟子列传》："冉求，字子有，少孔子二十九岁，为季氏宰。"

冉求主张与齐国战，所以用话激季孙。

哀公十一年　春，齐为鄎故[1]，国书、高无丕帅师伐我[2]，及清[3]。季孙谓其宰冉求曰[4]："齐师在清，必鲁故也[5]。若之何？"求曰："一子守，二子从公御诸竟[6]。"季孙曰："不能[7]。"求曰："居封疆之间[8]。"季孙告二子，二子不可[9]。求曰："若不可，则君无出[10]。一子帅师，背城而战，不属者，非鲁人也[11]。鲁之群室[12]，众于齐之兵车。一室敌车[13]，优矣。子何患焉？二子之不欲战也宜，政在季氏[14]。当子之身，齐人伐鲁而不能战，子之耻也，大不列于诸侯矣[15]。"季孙使从于朝，俟于党氏之沟[16]。武叔呼而问战焉[17]，对曰："君子有远虑[18]，小人何知[19]？"懿子强问之[20]，对曰："小人虑材而言，量力而共者也[21]。"武叔曰："是谓我不成丈夫也[22]。"退而蒐乘[23]。孟孺子泄帅右师[24]，颜羽御[25]，邴泄为右[26]。冉求帅左师，管周父御，樊迟为右[27]。季孙曰："须也弱[28]。"有子曰[29]："就用命焉[30]。"季氏之甲七千，冉有以武城人三百为己徒卒[31]。老幼守宫，次于雩门之外[32]。五日，右师从之[33]。公叔务人见保者而泣[34]，曰："事充政重[35]，上不能谋，士不能死，何以治民？吾既言之矣，敢不勉乎[36]！"

冉求在《论语》中多次出现，如《论语·雍也》：（孔子）曰："求也艺，于从政乎何有？"朱熹《四书章句·论语集注》："从政，谓为大夫。艺，多才能。"又如《论语·先进》："（子曰）'求！尔何如？'对曰：'方六七十，如五六十，求也为之，比及三年，可使足民。如其礼乐，以俟君子。'""季氏富于周公，而求也为之聚敛而附益之。子曰：'非吾徒也。小子鸣鼓而攻之，可也。'"还有《论语·季氏》等，可参看。

［注释］

[1] 齐为鄎故：上一年，鲁国曾与吴师一同伐齐，驻军于鄎。鄎，齐南部边境邑名。 [2] 国书、高无丕：齐国大夫。 [3] 清：齐国地名，在今山东长清。 [4] 季孙：即鲁季康子，鲁哀公时执国政。宰：家臣。冉求：孔子弟子，又称冉有。 [5] 必鲁故也：必为攻打鲁国。 [6]"一子守"二句：季孙留守国内，孟孙、叔孙随哀公到边境抵御齐军。一子，指季孙。二子，指孟孙、叔孙。 [7] 不能：季孙自料无法调动孟孙、叔孙二人。 [8] 封疆：境内近郊之地。 [9] 二子不可：孟孙、叔孙不肯听命。 [10]"若不可"二句：二人不干，那么哀公也不必出战。 [11]"不

属”二句：意谓不参战，简直就不是鲁国人。不属者，不参战的。[12] 群室：住在都邑中的卿大夫之家。[13] 一室敌车：以一家抵御齐国兵车。意谓即使是您一家的战车，也多过齐军。[14] 政在季氏：季孙专权，所以孟孙、叔孙不肯尽力打仗。[15]“当子之身”四句：意谓您在世的时候，齐国进攻鲁国而不能出战，这是您的耻辱，将再也不能自立于诸侯之间了。大，完全。[16]“季孙使从于朝”二句：季孙入朝，叫冉求跟随前去。冉求在党氏之沟等待季孙。党氏之沟，近鲁国公宫地名。[17] 武叔：即叔孙武叔，名州仇。[18] 君子：指武叔。[19] 小人：冉求自称。[20] 懿子：孟懿子，即孟孙何忌。强问：一再地问。[21]“小人虑材”二句：意思是自知才力不足，不配发言，所以不答。虑材而言，考虑了自己的才干才发言。量力而共，估量了力量才出力。共，同“供”。[22] 是谓我不成丈夫也：武叔醒悟冉求是责其不参战，讥讽他不是个大丈夫，故意不答以激二人。[23] 蒐乘：阅兵。[24] 孟孺子泄：即孟武伯，名彘，字泄，孟懿子儿子。[25] 颜羽：孟孙家臣，字子羽。[26] 邴泄：也是孟孙家臣。[27] 樊迟：孔子弟子樊须。[28] 弱：年少。此指太年轻。[29] 有子：冉求。[30] 就用命焉：樊须虽然年少，但能胜任使命。[31]“冉有以武城人”句：指冉求带领三百名武城人为自己的亲兵。[32] 雩门：鲁都南城西门。[33]“五日”二句：孟孙不愿战，五天之后右军才前来。[34] 公叔务人：名公为，鲁昭公儿子。保者：守城人。[35] 事充政重：徭役繁多，赋税苛重。[36]“吾既言”二句：既批评了别人，自己就应尽力为国，虽死无怨。

师及齐师战于郊[1]。齐师自稷曲[2]，师不逾沟[3]。樊迟曰："非不能也，不信子也[4]。请三刻而逾之[5]。"如之，众从之[6]。师入齐军。

右师奔，齐人从之[7]。陈瓘、陈庄涉泗[8]。孟之侧后入以为殿[9]，抽矢策其马，曰："马不进也[10]。"林不狃之伍曰[11]："走乎[12]？"不狃曰："谁不如[13]？"曰："然则止乎[14]？"不狃曰："恶贤[15]？"徐步而死[16]。

徐步，颇有从容赴死之态。近人吴曾祺曰："不狃忿败军之辱，以身殉之，至为奋烈矣。"（韩席筹《左传分国集注》引）

［注释］

[1] 师：指冉求所率左师。 [2] 稷曲：稷门外的地方。稷门为曲阜城南的正门。 [3] 师不逾沟：齐军攻左师，鲁师不肯越过城沟迎战。 [4] 不信子也：指大家还不信任冉求。 [5] 请三刻而逾之：刻，戒约。此指请季氏与军士约束、申令三次，必能过沟。 [6] "如之"二句：冉求依照樊迟的话做，众人都越沟而战。 [7] "右师奔"二句：孟氏所率右师本无意作战，全军败逃，齐军紧追不舍。 [8] 陈瓘、陈庄：齐国大夫。泗：泗水，流经山东曲阜城北、城西。 [9] 孟之侧：孟氏族人。后入：最后入城。 [10] 马不进也：不矜夸自己勇敢而殿后，谦称是由于马走不快。 [11] 林不狃：右师里的军士。伍：五人为伍。指林不狃的部下兵卒。 [12] 走乎：逃跑吗？ [13] 谁不如：即"我不如谁"。按，林不狃不愿意逃跑。 [14] 止：指留下抗敌。 [15] 恶贤：我又比谁贤？恶，何。贤，贤明。 [16] 徐步：慢慢撤退。

师获甲首八十[1]，齐人不能师[2]。宵谍曰[3]：

“齐人遁。”冉有请从之三[4]，季孙弗许。

孟孺子语人曰：“我不如颜羽[5]，而贤于邴泄[6]。子羽锐敏，我不欲战而能默[7]。泄曰：‘驱之[8]。’”公为与其嬖僮汪锜乘[9]，皆死，皆殡[10]。孔子曰：“能执干戈以卫社稷，可无殇也[11]。”冉有用矛于齐师，故能入其军[12]。孔子曰：“义也。”

清人冯李骅《左绣》评曰：“郊之战自是出色写一冉有。要其写冉有乃所以形三家，通篇分两大截读：上半‘伐我及清’提起至‘右师从之’住，是未战前事，一勇一怯，得失已具。下半‘师及齐师’提起至‘泄曰驱之’住，是正写战事，一胜一败，功罪分明，中间忽插公叔务人一番议论作通身关楔。上不能谋是照前文，下不能死是照后文，直作三家总断，故未竟与冉有一例评赞。盖赞冉有以反刺三家，而正断则托之务人口中，不但圣人慎于立言，亦左氏之精于构局也已。”

[注释]

[1] 师获甲首八十：冉求左师获胜。甲首，甲士的首级。[2] 不能师：溃不成军。[3] 宵谍：夜间侦察敌情的间谍。[4] 从之三：三次请求追击齐军。[5] 我不如颜羽：颜羽为御手。[6] 而贤于邴泄：邴泄是车右。[7]“子羽锐敏”二句：子羽（颜羽）勇敢敏锐善战，孟孺子不想作战，但没喊逃走。[8] 驱之：驱马欲逃。[9] 嬖（bì）僮：所宠爱的童子。汪锜：嬖僮之名。[10] 皆殡：公为与汪锜一起战死，都加以殡敛。[11]“孔子曰”二句：孔子认为汪锜虽年少，但能拿起武器保卫国家，勇气无异于成年人，不可用殇礼葬之。殇，葬童子的仪式。[12]“冉有用矛”二句：用矛刺杀齐军，使鲁军冲进齐军阵地。

[点评]

鲁哀公十年，鲁国会合吴国以及邾子、郯子攻打齐国南部边境，入侵到齐国的鄎地。齐国为了报复，于是有清之战。此时，齐国的齐悼公刚被杀，齐简公即位。

鲁国是季孙执政，孟孙、叔孙二家与季孙也不和。所以，清之战时，齐鲁两国国内都不安定。但是，经过冉求的调停，鲁国三家还是共同出兵御齐。结果，此役以齐人失败告终。

作者写鲁齐战于郊事，先叙齐国进攻鲁国，而鲁国季氏、叔氏、孟氏都不出兵抵抗，突出冉求这一积极抵抗的形象。未战前通过季孙与冉求比照，一勇一怯，伏应下半篇战斗中鲁军左师右师一胜一败，托公孙务人“上不能谋，下不能死”的论断讽刺季氏、叔氏、孟氏三家之治民国策，从而达到了盛赞整个战役中冉求这一人物形象的效果。在《论语》中，孔子对冉求多有批评，但在本篇中，作者以叙事手法刻画了作为季孙家宰的冉求的才干，可以看出他在协调鲁国三家方面的政治才能。此外，《左传》作者仍然注重叙写战争中的人物表现和细节，篇中的孟之侧、林不狃、孟孺子等人物都写得生动可爱。

45. 楚白公胜之难

此段追叙鲁昭公十九年，太子建为费无极所谗害事。由作者所叙可见，太子建实为一个阴险反复之人。

哀公十六年　楚大子建之遇谗也，自城父奔宋[1]。又辟华氏之乱于郑[2]。郑人甚善之[3]。又适晋，与晋人谋袭郑，乃求复焉[4]。郑人复之如初[5]。晋人使谍于子木[6]，请行而期焉[7]。子木暴虐于其私邑[8]，邑人诉之，郑人省之[9]，得晋谍焉[10]，遂杀子木[11]。

其子曰胜，在吴，子西欲召之[12]。叶公曰[13]："吾闻胜也诈而乱[14]，无乃害乎[15]？"子西曰："吾闻胜也信而勇，不为不利。舍诸边竟，使卫藩焉[16]。"叶公曰："周仁之谓信[17]，率义之谓勇[18]。吾闻胜也好复言[19]，而求死士，殆有私乎[20]！复言，非信也；期死[21]，非勇也[22]。子必悔之[23]。”弗从。召之，使处吴竟[24]，为白公[25]。

请伐郑[26]，子西曰：“楚未节也[27]。不然，吾不忘也[28]。”他日，又请，许之。未起师，晋人伐郑[29]，楚救之，与之盟[30]。胜怒，曰：“郑人在此，仇不远矣[31]。”

费无极谗害伍奢，其子伍子胥为其父报仇。费无极谗害太子建，其子白公胜亦为父报仇。伍子胥引吴军入郢，白公胜酿成一次内乱。至此时，楚国再也无楚庄王时代的气势。

[注释]

[1] 楚大子建之遇谗：在昭公十九年。城父：楚邑名。 [2] 又辟华氏之乱于郑：恰逢宋国华氏之乱，又逃亡郑国。宋华氏之乱在鲁昭公二十年。 [3] 甚善之：善待太子建。 [4] 乃求复焉：晋国人准备攻打郑国，太子建请求回郑国做内应。 [5] 郑人复之如初：郑国人不知内情，待太子建如初。 [6] 使谍于子木：派间谍与子木联系。子木，太子建。 [7] 请行而期焉：辞行时与子木约定袭击郑国的日期。 [8] 暴虐于其私邑：在郑国自己的私邑中胡作非为。 [9] 省之：考察、调查子木。 [10] 得晋谍焉：因郑人抓住晋国间谍，袭击郑国的事情败露。 [11] 遂杀子木：以上追述前事。 [12] 子西欲召之：召胜回楚国。 [13] 叶公：子高，又叫沈诸梁。 [14] 诈而乱：狡诈且好作乱。 [15] 无乃：恐怕。害：成为祸害。 [16] “舍诸边竟”二句：安置在边境，让胜保卫边境。 [17] 周仁之谓信：亲近仁才叫信用。周，亲。 [18] 率义之谓勇：遵循道义才叫勇。率，遵循。 [19] 复言：一言既出，必实行之，不管是否合理。即重实践诺言。 [20] 殆有私乎：怕

有私心。 [21] 期死：不管义与不义，必拼一死。 [22] 非勇也：意谓虽存必死之心，若一意孤行，也不能算是勇。这是驳子西所谓胜"信而勇"。 [23] 子必悔之：极言胜不可用。 [24] 吴竟：楚国邻近吴国的边境，不在吴国境内，即指白地，在今河南息县。 [25] 白公：称胜为白公。 [26] 请伐郑：白公胜请伐郑。 [27] 未节：未上轨道，未强盛起来。 [28] 吾不忘也：不忘伐郑。 [29] 未起师，晋人伐郑：楚国还没发兵，晋国已攻打郑国。 [30] 楚救之，与之盟：为了与晋国抗衡，楚国反而救郑国，与郑结盟。 [31] "郑人"二句：胜与郑国有杀父之仇，子西却救郑国并与之盟，所以胜指其为敌人。仇，指郑国，也指子西。

子西是楚平王之子，曾两度辞王位，算得上是春秋后期楚国的一位贤臣。柏举之战，子西头脑清醒，冷静分析形势，又"为王舆服"以靖楚国。此时的他却一再翼护白公胜，或许是顾惜太子建的被杀吧。

胜自厉剑[1]，子期之子平见之，曰："王孙何自厉也[2]？"曰："胜以直闻[3]，不告女，庸为直乎[4]？将以杀尔父[5]。"平以告子西。子西曰："胜如卵，余翼而长之[6]。楚国，第我死[7]，令尹、司马，非胜而谁[8]？"胜闻之，曰："令尹之狂也[9]！得死，乃非我[10]。"子西不悛[11]。胜谓石乞曰[12]："王与二卿士[13]，皆五百人当之[14]，则可矣。"乞曰："不可得也[15]。"曰："市南有熊宜僚者[16]，若得之，可以当五百人矣[17]。"乃从白公而见之。与之言，说[18]。告之故[19]，辞[20]。承之以剑[21]，不动[22]。胜曰：

“不为利谄[23]，不为威惕[24]，不泄人言以求媚者[25]，去之[26]。”

［注释］

[1] 厉：磨。 [2] 王孙：指胜，他本是楚平王孙子。 [3] 以直闻：以爽直著称。 [4] 庸：岂，难道。 [5] 将以杀尔父：胜恨楚国的执政者子西、子期，因此这样说。尔父，指子期。 [6] 余翼而长之：像鸟用翅膀把卵孵养大一样养育胜。 [7] 第我死：按次序，我死后。第，按次序。 [8] “令尹”二句：子西不知道胜的本意在为父报仇，误以为他是要杀人夺权，所以说我死后胜即将执政，何必作乱。 [9] 令尹：子西。狂：狂妄。 [10] “得死”二句：得死，得善终。乃非我，我乃非人。意谓他要有善终，我就不是我了。是立誓必杀子西。 [11] 不悛：子西没察觉。 [12] 石乞：胜的同党。 [13] 王：指楚惠王。二卿士：指子西、子期。 [14] 皆五百人当之：指如有五百人，则连楚王、子西、子期都可对付。 [15] 不可得也：凑不够五百人。 [16] 熊宜僚：勇士，也称市南宜僚。 [17] 可以当五百人矣：一个人可抵得上五百人。 [18] 说：同“悦”。 [19] 告之故：告诉他杀二卿之事。 [20] 辞：熊宜僚拒绝。 [21] 承之以剑：以剑逼熊宜僚。 [22] 不动：仍不答应。 [23] 谄：动。 [24] 惕：戒惧。 [25] 求媚：讨好他人。 [26] 去之：称赞熊宜僚，知道他虽然拒绝，但一定不会泄密，作罢而归。

吴人伐慎[1]，白公败之。请以战备献[2]，许之。遂作乱。秋七月，杀子西、子期于朝，而劫惠王。子西以袂掩面而死[3]。子期曰：“昔者吾以力事君，不可以弗终[4]。”抉豫章以杀人而后死[5]。石乞曰：“焚库、弑王。不然，不济[6]。”白公曰：“不可。弑王，不祥；焚库，无聚[7]，将何以守矣？”乞曰：“有楚国而治其民，以敬事神，可以得祥，且有聚矣，何患[8]？”弗从。叶公在蔡[9]，方城之外皆曰：“可以入矣[10]。”子高曰：“吾闻之，以险侥幸者，其求无餍[11]，偏重必离[12]。”闻其杀齐管修也，而后入[13]。

石乞乃白公胜同党，故建议一不做二不休，烧掉库房、杀死楚王。

［注释］

[1] 慎：古地名，在今安徽颍上。 [2] 请以战备献：白公胜请求进献战利品。战备，战时的装备，此指俘获的甲兵等。此是白公胜要乘机作乱。 [3] 子西以袂（mèi）掩面而死：袂，衣袖。掩面，是悔不听叶公之劝。 [4] “昔者”二句：意谓以前我以勇力事君，如今也应以勇力而死。 [5] 抉：拔取。豫章：樟木。 [6] 不济：不会成功。 [7] 无聚：无储备。 [8] “有楚国”五句：意谓夺得君位，治理好国家，侍奉神灵，祥与聚就都有了。还怕什么？ [9] 叶公在蔡：蔡国已迁州来，旧址被楚国占有。 [10] 可以入矣：可以入郢都平乱。 [11] “以险侥幸者”二句：冒险以求侥幸成功者，必贪婪无厌。 [12] 偏重必离：求取无厌则办事不公，不公则众叛亲离。此意欲待有机可乘时再进入郢都。偏重，不公平。 [13] “闻其”二句：知道白公杀贤臣，然后起兵讨伐。管修，齐国管仲之后，楚国贤臣。

白公欲以子闾为王[1]，子闾不可，遂劫以兵[2]。子闾曰："王孙若安靖楚国，匡正王室，而后庇焉[3]，启之愿也，敢不听从？若将专利以倾王室[4]，不顾楚国，有死不能[5]。"遂杀之[6]，而以王如高府[7]，石乞尹门[8]。圉公阳穴宫[9]，负王以如昭夫人之宫[10]。

叶公亦至，及北门，或遇之[11]，曰："君胡不胄[12]？国人望君如望慈父母焉。盗贼之矢若伤君，是绝民望也，若之何不胄？"乃胄而进。又遇一人曰："君胡胄？国人望君如望岁焉[13]，日日以几[14]。若见君面，是得艾也[15]。民知不死，其亦夫有奋心[16]，犹将旌君以徇于国[17]，而又掩面以绝民望[18]，不亦甚乎！"乃免胄而进。遇箴尹固帅其属，将与白公[19]。子高曰："微二子者，楚不国矣[20]。弃德从贼，其可保乎[21]？"乃从叶公。使与国人以攻白公，白公奔山而缢[22]，其徒微之[23]。生拘石乞而问白公之死焉[24]。对曰："余知其死所，而长者使余勿言[25]。"曰："不言将烹。"乞曰："此事克则为卿，不克则烹，固其所也[26]，何害？"乃烹石乞。

此段写叶公，或劝其戴头盔，暗寓叶公是民之所望；或劝其不可戴，则暗寓民之冀安定。作者于叙事中暗含寄托，又平添了不少情趣。韩席筹曰："叙叶公定乱，略其战胜之迹，但就胄与免胄形容，而胜败皦然毕见，此其精神所以生动也。"（《左传分国集注》）左氏叙事，笔妙如此！

王孙燕奔頯黄氏[27]。

沈诸梁兼二事[28]，国宁，乃使宁为令尹[29]，使宽为司马[30]，而老于叶[31]。

[**注释**]

[1] 子闾：楚平王儿子启，曾五次推辞王位。 [2] 遂劫以兵：以武力相胁迫。 [3] 庇：庇护，保护。 [4] 专利：专谋私利。 [5] 有死不能：宁死不从。 [6] 遂杀之：杀子闾。 [7] 以王如高府：囚楚惠王于高府。高府，楚国离宫。 [8] 尹门：镇守高府之门。 [9] 圉公阳：楚国大夫。穴宫：在墙上挖洞。 [10] 如：前往，此指逃往。昭夫人：惠王母亲。 [11] 或遇之：有人遇见叶公。 [12] 不胄：不戴头盔。 [13] 望岁：盼望好收成。 [14] 几：同“冀”，期望。此指百姓天天等待着盼望着。 [15] 艾：安心。古人戴头盔连脸部都包着，脱了头盔，才可以见到脸部。 [16] 其亦夫有奋心：人人有奋战之心。 [17] 犹将旌君以徇于国：将表彰叶公，遍告国人。旌，表扬，宣布。徇于国，遍告国人。 [18] 而又掩面以绝民望：戴头盔则看不到脸部，百姓会失望。 [19] 将与白公：此句主语是叶公。与，帮助。 [20] 二子：子西、子期。不国：不成一个国家。 [21] “弃德从贼”二句：弃德从贼，自身难保。德，指子西等人。贼，指白公胜。 [22] 奔山而缢：逃至山中自缢。 [23] 微之：藏匿其尸。 [24] 死：同“尸”。 [25] 长者：白公胜。 [26] “此事”三句：意谓这样的事成功了就是卿，不成功就要被煮死，本来就是这样的结局。固其所也，必然的结果，预料中的事。 [27] 王孙燕：白公胜弟弟。頯（kuí）黄氏，吴国地名，在今安徽宣城境内。 [28] 沈诸梁兼二事：叶公身兼令尹、司马二职。 [29] 宁：

子西儿子子国。 [30] 宽：子期儿子。 [31] 而老于叶：国家安定之后，将二职让给宁、宽二人，叶公自己退休于叶地。

［点评］

楚白公胜之乱与费无极有关。鲁昭公十九年、二十年，楚平王为其太子建娶妇于秦，无极见秦女貌美，乃劝平王自娶之；并向平王建议，命太子建出居城父。（参见《伍员奔楚》篇）过后，费无极又向平王进谗言，诬建欲谋反；平王使人杀建，建乃自城父奔宋，最后被郑人所杀。由此太子建儿子白公胜仇视郑人。子西召白公胜回楚，不啻引狼入室，终于酿成大乱。本篇详细写了白公胜之乱的过程，其中白公胜、子西、叶公、熊宜僚、石乞等人都写得非常生动。

附 录

一、春秋鲁国十二公世系表

鲁国，姬姓，侯爵。开国君为周公旦之子伯禽，建都曲阜（今山东曲阜）。传二十三世至隐公。公元前 256 年为楚所灭。

鲁君谥号	本名	即位时间	在位时间	结局
隐公	息姑	前 722 年	11 年	为羽父（公子翚）所弑
桓公	允，一作轨	前 711 年	18 年	齐襄公指使公子彭生杀桓公
庄公	同	前 693 年	32 年	薨于路寝（处理政事的宫室）
闵公（愍公、湣公）	启，一作启方	前 661 年	2 年	庆父派卜齮袭杀闵公于武闱
僖公（釐公）	申	前 659 年	33 年	薨于小寝（休息安寝之宫）

续表

鲁君谥号	本名	即位时间	在位时间	结局
文公	兴	前 626 年	18 年	薨于台下（鲁国宫中之台）
宣公	俀，一作倭	前 608 年	18 年	薨于路寝
成公	黑肱	前 590 年	18 年	薨于路寝
襄公	午	前 572 年	31 年	薨于楚宫（襄公仿效楚国宫室而建之宫）
昭公	裯，一作稠	前 541 年	32 年	在位 25 年后流亡，8 年后薨于乾侯（晋地）
定公	宋	前 509 年	15 年	薨于高寝（鲁宫名）
哀公	蒋	前 494 年	27 年	为三桓所追，奔越；第二年回国死于有山氏家

二、《左传》所载十四次大战一览表

序号	时间	名称	交战国	主帅	起因	结局
1	桓公五年（前 707）	繻葛之战	周王朝 郑国	周：桓王亲征 郑：郑庄公	周王夺郑伯政，郑伯不朝，周王以诸侯伐郑	周王败，郑祝聃射王中肩
2	庄公十年（前 684）	长勺之战	齐国 鲁国	齐：未详 鲁：庄公、曹刿	齐为公子纠之故伐鲁	鲁胜齐败
3	僖公十五年（前 645）	韩原之战	秦国 晋国	秦：穆公 晋：惠公	晋饥，秦输之粟；秦饥，晋闭之籴，故秦伯伐晋	秦胜晋败，秦获晋惠公

续表

序号	时间	名称	交战国	主帅	起因	结局
4	僖公二十二年(前638)	泓之战	楚国 宋国	楚:未详 宋:襄公	宋伐郑,楚伐宋以救郑	楚胜宋败,宋襄公伤股而亡
5	僖公二十八年(前632)	城濮之战	晋国 楚国	晋:郤縠将中军,后改为先轸 楚:令尹子玉	楚围宋,晋为释宋围伐曹、卫,楚救曹、卫,遂与晋战	晋胜楚败,楚令尹子玉自杀,晋文公称霸
6	僖公三十三年(前627)	殽之战	秦国 晋国	秦:孟明视、西乞术、白乙丙 晋:先轸	秦军袭郑,晋师伏击秦军	秦败晋胜,晋获秦三帅
7	文公十二年(前615)	河曲之战	秦国 晋国	秦:康公 晋:赵盾将中军	秦为报文公七年令狐之役败于晋之仇,故伐晋	晋先胜,寻转胜为败
8	文公十六年(前611)	灭庸之役	秦楚联军 庸国	楚:庄王 庸:未详	庸人乘楚大饥,帅群蛮以叛,故楚伐庸	楚灭庸
9	宣公十二年(前597)	邲之战	晋国 楚国	晋:荀林父将中军 楚:庄王亲战,沈尹将中军,子重左军,子反右军	郑亲附晋国,故楚围郑,晋师救郑	楚胜晋败,楚庄王成就霸业
10	成公二年(前589)	鞌之战	齐国 晋国	齐:顷公 晋:郤克将中军	齐伐鲁围龙,卫侵齐,齐报复,鲁、卫乞师于晋	晋胜齐败,齐顷公险些被擒

续表

序号	时间	名称	交战国	主帅	起因	结局
11	成公十六年（前 575）	鄢陵之战	晋国 楚国	晋：厉公亲战，栾书将中军 楚：共王亲战，子反将中军	郑人叛晋，晋、卫伐郑，楚人救郑	楚败，子反自杀
12	襄公十八年（前 555）	平阴之役	晋率诸侯围齐	晋：平公、荀偃 齐：灵公	齐伐鲁之北鄙，晋率鲁、宋、卫、郑等国围齐	晋胜齐败
13	定公四年（前 506）	柏举之战	吴国 楚国	吴：吴王阖庐、夫槩王 楚：令尹子常、左司马戌	楚申公巫臣、伍员逃吴，为吴伐楚	楚败吴胜，吴人攻入郢都
14	哀公十一年（前 484）	艾陵之战	鲁国 齐国	鲁：哀公、吴王夫差 齐：国书将中军	春，齐师伐鲁；五月，鲁会吴伐齐	齐败鲁胜，鲁获齐国书

三、春秋时期各诸侯国及各族重要会盟一览表

序号	时间	地点	参与国	事由	结果
1	桓公十一年（前 701）	恶曹	齐、卫、郑、宋	郑庄小霸，召盟	订盟
2	庄公十六年（前 678）	幽	鲁会齐侯、宋公、陈侯、卫侯、郑伯、许男、滑伯、滕子	夏，诸侯伐郑，此会与郑盟。	齐桓公称霸

续表

序号	时间	地点	参与国	事由	结果
3	僖公五年（前 655）	首止	鲁公及齐侯、宋公、陈侯、卫侯、郑伯、许男、曹伯会王世子	会王大子郑，谋宁周也	郑伯逃归不盟，第二年诸侯伐郑
4	僖公九年（前 651）	葵丘	鲁公会宰周公、齐侯、宋子、卫侯、郑伯、许男、曹伯	齐侯（桓公）盟诸侯于葵丘，寻盟，且修好	周王使宰孔赐齐侯胙，（齐侯）下，拜；登，受
5	僖公十九年（前 641）	曹南	宋公、曹人、邾人	宋襄公谋鄫	宋襄公使邾文公用鄫子于次睢之社
6	僖公二十一年（前 639）	盂	宋公、楚子、陈侯、蔡侯、郑伯、许男、曹伯	执宋公以伐宋	楚执宋公以伐宋
7	僖公二十八年（前 632）	践土	鲁公会晋侯、齐侯、宋公、蔡侯、郑伯、卫子、莒子	城濮之战晋胜楚	周王策命晋文公为侯伯，晋文公称霸
8	僖公二十九年（前 631）	翟泉	鲁会王人、晋人、宋人、齐人、陈人、蔡人、秦人	寻践土之盟，且谋伐郑也	明年晋人、秦人围郑，烛之武退秦师
9	宣公十七年（前 592）	断道	鲁公会晋侯、卫侯、曹伯、邾子	谋伐齐	成公二年，齐晋鞌之战
10	襄公三年（前 570）	鸡泽	鲁公会单子、晋侯、宋公、卫侯、郑伯、莒子、邾子、齐世子光	晋侯使荀会逆吴子于淮上（拟与吴国结好）	吴子不至
11	襄公四年（前 569）	晋国	晋魏绛、诸戎	无终子嘉父使孟乐如晋，魏绛请和诸戎	魏绛盟诸戎

续表

序号	时间	地点	参与国	事由	结果
12	襄公五年（前568）	戚	鲁公会晋侯、宋公、陈侯、卫侯、郑伯、曹伯、莒子、邾子、滕子、薛伯、齐世子光、吴人、鄫人	吴子使寿越如晋，且请听诸侯之好	会吴，且命戍陈也
13	襄公十四年（前559）	向	鲁叔孙豹会晋荀偃、齐人、宋人、卫北宫括、郑公孙虿、曹人、莒人、邾人、滕人、薛人、杞人、小邾人	诸侯之大夫从晋侯伐秦，以报栎之役也	迁延之役，无功
14	襄公十八年（前555）	鲁济	鲁公会晋侯、宋公、卫侯、郑伯、曹伯、莒子、邾子、滕子、薛伯、杞伯、小邾子	齐伐鲁，晋伐齐；诸侯会于鲁济，寻湨梁之言，同伐齐	平阴之役，晋胜齐败
15	襄公二十七年（前546）	宋	鲁叔孙豹会晋赵武、楚屈建、蔡公孙归生、卫石恶、陈孔奂、郑良霄、许人、曹人	向戌奔走，召开弭兵大会	订盟；诸侯弭兵（齐、秦未参加）
16	昭公四年（前538）	申	楚子、蔡侯、陈侯、郑伯、许男、徐子、滕子、顿子、胡子、沈子、小邾子、宋世子佐、淮夷	楚灵王大会诸侯，鲁、卫、曹、邾不会	伐吴，执齐庆封，杀之
17	昭公十一年（前531）	厥慭	鲁季孙意如会晋韩起、齐国弱、宋华亥、卫北宫佗、郑罕虎、曹人、杞人	楚师在蔡，谋救蔡也	楚子灭蔡，使弃疾为蔡公

续表

序号	时间	地点	参与国	事由	结果
18	昭公十三年(前529)	平丘	鲁公会刘子、晋侯、齐侯、宋公、卫侯、郑伯、曹伯、莒子、邾子、滕子、薛伯、杞伯、小邾子	晋成虒祁,诸侯朝而归者皆有贰心;晋将以诸侯来讨;遂合诸侯于平丘	齐服也
19	昭公二十五年(前517)	黄父	鲁叔诣会晋赵鞅、宋乐大心、卫北宫喜、郑游吉、曹人、邾人、滕人、薛人、小邾人	谋王室也(欲平定王子朝之乱)	定公五年,王人杀子朝于楚
20	定公四年(前506)	召陵	鲁公会刘子、晋侯、宋公、蔡侯、卫侯、陈子、郑伯、许男、曹伯、莒子、邾子、顿子、胡子、滕子、薛伯、杞伯、小邾子、齐国夏,	刘文公合诸侯于召陵,谋伐楚也	柏举之战,楚师败绩

注:根据《春秋》经文和《左传》的记载,春秋时期诸侯国及各族会盟九十多次,限于篇幅,今仅录比较重要的二十次会盟列于上表,供读者参考。

主要参考文献

史记 （汉）司马迁撰 （南朝宋）裴骃集解 （唐）司马贞索隐 张守节正义 中华书局1959年标点本

左传分国集注 韩席筹注 江苏人民出版社1963年版

国语 （三国吴）韦昭注 上海古籍出版社1978年点校本

春秋左传正义 （晋）杜预注 （唐）孔颖达疏 《十三经注疏》本 中华书局1980年影印本

春秋公羊传注疏 （汉）何休注 （唐）徐彦疏 《十三经注疏》本 中华书局1980年影印本

春秋穀梁传注疏 （晋）范宁注 （唐）杨士勋疏 《十三经注疏》本 中华书局1980年影印本

尚书正义 （汉）孔安国传 （唐）孔颖达疏 《十三经注疏》本 中华书局1980年影印本

春秋左传注 杨伯峻注 中华书局1981年版

春秋左传诂 （清）洪亮吉撰 李解民点校 中华书局 1987 年版

左传选 朱东润选注 上海古典文学出版社 1956 年版

春秋左传读本 王伯祥选注 中华书局 1957 年版

左传纪事本末 （清）高士奇著 中华书局 1979 年版

左传译文 沈玉成译 中华书局 1981 年版

左传疏证 徐仁甫著 四川人民出版社 1981 年版

春秋左传词典 杨伯峻 徐提编 中华书局 1985 年版

左绣 （清）冯李骅 陆浩辑 《四库全书存目丛书·经部》第 141 册 齐鲁书社 1997 年版

左传评 （清）王源 《四库全书存目丛书·经部》第 139 册，齐鲁书社 1997 年版

左氏博议 （宋）吕祖谦撰 《吕祖谦全集》第六册 浙江古籍出版社 2008 年版

左氏传说 （宋）吕祖谦撰 《吕祖谦全集》第七册 浙江古籍出版社 2008 年版

左传选 徐中舒选注 中华书局 2009 年版

左传（全本全注全译） 郭丹 程小青 李彬源译注 中华书局 2012 年版

左氏兵法 朱宝庆著 陕西人民出版社 1991 年版

春秋左传学史稿 沈玉成 刘宁著 江苏古籍出版社 1992 年版

《左传》与中国古典小说 孙绿怡著 北京大学出版社 1992 年版

左传国策研究 郭丹著 人民文学出版社 2004 年版

春秋书法与左传学史 张高评著 上海古籍出版社 2005 年版

中国历史研究法　梁启超著　商务印书馆 1922 年版

文则（宋）陈骙撰　丛书集成初编本　上海商务印书馆 1937 年版

文心雕龙注（南朝梁）刘勰著　范文澜注　人民文学出版社 1958 年版

史通（唐）刘知幾著（清）浦起龙通释　上海古籍出版社 1978 年版

文史通义校注（清）章学诚著　叶瑛校注　中华书局 1985 年版

中国史学史（第一册）白寿彝著　上海人民出版社 1986 年版

中国史学散论　瞿林东著　湖南教育出版社 1992 年版

《中华传统文化百部经典》已出版图书

书　名	解读人	出版时间
周易	余敦康	2017 年 9 月
尚书	钱宗武	2017 年 9 月
诗经（节选）	李　山	2017 年 9 月
论语	钱　逊	2017 年 9 月
孟子	梁　涛	2017 年 9 月
老子	王中江	2017 年 9 月
庄子	陈鼓应	2017 年 9 月
管子（节选）	孙中原	2017 年 9 月
孙子兵法	黄朴民	2017 年 9 月
史记（节选）	张大可	2017 年 9 月
传习录	吴　震	2018 年 11 月
墨子（节选）	姜宝昌	2018 年 12 月
韩非子（节选）	张　觉	2018 年 12 月
左传（节选）	郭　丹	2018 年 12 月
吕氏春秋（节选）	张双棣	2018 年 12 月
荀子（节选）	廖名春	2019 年 6 月
楚辞	赵逵夫	2019 年 6 月
论衡（节选）	邵毅平	2019 年 6 月
史通（节选）	王嘉川	2019 年 6 月
贞观政要	谢保成	2019 年 6 月
战国策（节选）	何　晋	2019 年 12 月
黄帝内经（节选）	柳长华	2019 年 12 月
春秋繁露（节选）	周桂钿	2019 年 12 月
九章算术	郭书春	2019 年 12 月
齐民要术（节选）	惠富平	2019 年 12 月
杜甫集（节选）	张忠纲	2019 年 12 月
韩愈集（节选）	孙昌武	2019 年 12 月
王安石集（节选）	刘成国	2019 年 12 月
西厢记	张燕瑾	2019 年 12 月

书　名	解读人	出版时间
聊斋志异（节选）	马瑞芳	2019 年 12 月
礼记（节选）	郭齐勇	2020 年 12 月
国语（节选）	沈长云	2020 年 12 月
抱朴子（节选）	张松辉	2020 年 12 月
陶渊明集	袁行霈	2020 年 12 月
坛经	洪修平	2020 年 12 月
李白集（节选）	郁贤皓	2020 年 12 月
柳宗元集（节选）	尹占华	2020 年 12 月
辛弃疾集（节选）	王兆鹏	2020 年 12 月
本草纲目（节选）	张瑞贤	2020 年 12 月
曲律	叶长海	2020 年 12 月
孝经	汪受宽	2021 年 6 月
淮南子（节选）	陈　静	2021 年 6 月
太平经（节选）	罗　炽	2021 年 6 月
曹操集	刘运好	2021 年 6 月
世说新语（节选）	王能宪	2021 年 6 月
欧阳修集（节选）	洪本健	2021 年 6 月
梦溪笔谈（节选）	张富祥	2021 年 6 月
牡丹亭	周育德	2021 年 6 月
日知录（节选）	黄　珅	2021 年 6 月
儒林外史（节选）	李汉秋	2021 年 6 月
商君书	蒋重跃	2022 年 6 月
新书	方向东	2022 年 6 月
伤寒论	刘力红	2022 年 6 月
水经注（节选）	李晓杰	2022 年 6 月
王维集（节选）	陈铁民	2022 年 6 月
元好问集（节选）	狄宝心	2022 年 6 月
赵氏孤儿	董上德	2022 年 6 月
王祯农书（节选）	孙显斌	2022 年 6 月
三国演义（节选）	关四平	2022 年 6 月
文史通义（节选）	陈其泰	2022 年 6 月

书　名	解读人	出版时间
汉书（节选）	许殿才	2022 年 12 月
周易略例	王锦民	2022 年 12 月
后汉书（节选）	王承略	2022 年 12 月
通典（节选）	杜文玉	2022 年 12 月
资治通鉴（节选）	张国刚	2022 年 12 月
张载集（节选）	林乐昌	2022 年 12 月
苏轼集（节选）	周裕锴	2022 年 12 月
陆游集（节选）	欧明俊	2022 年 12 月
徐霞客游记（节选）	赵伯陶	2022 年 12 月
桃花扇	谢雍君	2022 年 12 月
法言	韩敬、梁涛	2023 年 12 月
颜氏家训	杨世文	2023 年 12 月
大唐西域记（节选）	王邦维	2023 年 12 月
法书要录（节选）　历代名画记	祝　帅	2023 年 12 月
耶律楚材集（节选）	刘　晓	2023 年 12 月
水浒传（节选）	黄　霖	2023 年 12 月
西游记（节选）	刘勇强	2023 年 12 月
乐律全书（节选）	李　玫	2023 年 12 月
读通鉴论（节选）	向燕南	2023 年 12 月
孟子字义疏证	徐道彬	2023 年 12 月
嵇康集	崔富章	2024 年 12 月
白居易集（节选）	陈才智	2024 年 12 月
李清照集（节选）	诸葛忆兵	2024 年 12 月
近思录	查洪德	2024 年 12 月
林则徐集	杨国桢	2024 年 12 月